KB259792

트루 리더스

True Leaders

트루 리더스

TRUE LEADERS

비테 프라이스, 조지 리체스키 지음 | 김영우 편역

중앙경제평론사

* CIP는 본 책 p.340에 있습니다.

진정한 리더십 정신 고취와 개발을 위해 많은 일을 하고 있는
비영리 단체, 자유 기업 학회(Students In Free Enterprise)에
이 책을 바칩니다.

contents

서문

이 책은 이 시대에 성공의 열쇠가 되는 진정한 리더십에 대해 설명하고 있다.

현대 사회에서 시장 및 인적 자원은 빠른 속도로 변하고 있다. 이에 따라 인적 자원을 경제적 가치로 통합시킬 수 있느냐는 점은 효율적인 리더와 비효율적인 리더를 구분하는 대단히 중요한 요소다. 이 책에서 제시하는 여러 가지 개념 및 아이디어들은 이 시대의 흐름에 발맞추려 하는 기업에 필수적인 내용들이다.

최근의 리더들에게 이윤 자체는 더 이상 성공의 유일한 척도가 아니다. 경제적 부뿐 아니라 삶의 질을 추구하고 있는 그들이 변화를 주도하면서 미래에도 지속적인 성장을 유지하기 위해서는 인적 자원간의 원활한 의사소통과 기술 혁신을 적절히 통합하는 일이 필수적인 요소가 되었다.

이 책에는 약 30명의 CEO(최고경영자) 및 기업 회장과의 다양한 인터뷰가 실려 있다. 이 내용들을 통해 독자들은 현재 많은 회사들이 직면하고 있는 어려움, 즉 기존의 인력은 빠져나가고 새로운 고급 인력을 채용하기는 힘든 상황에서, 반드시 익혀야 하는 리더십의 요소에 대해 배우게 될 것이다. 그리고 임직원을 회사에 머물게 하기 위한 동기 부여를 금전적으로만 하는 것은 좋지 않으며, 오히려 직원들은 그들이 회사에 공헌하고 있다는 식으로 자신의 능력을 인정받고 싶어 한다는 점을 알게 될 것이다. 다시 말해 임직원들은 자신들이 목적 달성의 수단에 처한 업무 환경에서는 근무하고 싶어 하지 않는다는 사실을 배울 것이다.

다른 책들과 달리, 이 책은 특정 리더에게 초점을 맞추거나 리더의 요건에 대해 학술적으로 접근하기보다 다양한 업종의 다양한 리더에 대해 다루고 있다. 이들은 주식회사를 이끌기도 하고 개인기업을 이끌기도 한다. 남자도 있고 여자도 있으며 소수 인종도 있다. 정부 산하 단체 및 비영리 조직의 리더 또한 포함되어 있다. 이 책에서는 리더와의 인터뷰 전문을 수록하지 않고 단락별로 주제에 맞게 적절히 구성하였다. 따라서 주제별 예시로 리더들의 특성과 지혜를 배우고, 독자 스스로의 상황에 맞게 적용할 수 있을 것이다.

이 책을 쓰게 된 계기는 필자들이 사람의 가치를 이윤 이상으로 소중히 여기는 리더에 관해 주고받았던 대화였다. 필자들은 여러 공기업 및 개인 기업에서 리더십과 관련해 컨설팅을 담당한 컨설턴트들이다. 그렇다 보니 조직의 리더가 현실적 이해관계에 집착한 나머지 이윤 창출의 원천인 사람 자체를 소홀히 할 경우에 조직이 치명적인 타격을 입는 것을 많이 보았다. 또한 최고경영자와의 의사소통에 곤란을 겪는 중간 리더가 가지게 되는 혼란과 불신, 두려움, 심지어 무관심까지 보았다. 그들 중에는 회사 운영에 앞서 자신의 경력 관리를 더 신경 쓰는 리더들도 있었다.

이와 동시에 우리는 많은 미국인들이 지도자에게 기대하는 것을 꼼꼼히 검토하는 경향을 관찰했으며, 주식 시장의 위축과 닷컴 기업의 거품 현상 등에 따라 경제적 신뢰가 무너지는 모습을 목격했다. 또 능력 있는 사원의 모집을 위해 정상적 채용 절차를 무시하고 고액의 보상 시스템에만 의존하는 리더도 보았다.

이러한 혼란의 와중에도, 우리는 몇 몇 기업이 임직원과 일치단결하여 성장하고 번영하는 것을 보았다. 이러한 기업에서는 임직원들이 그들의 리더가 아무리 어려운 결정을 하더라도 리더를 존경하고 신뢰했으며, 그로써 어려운 시기에도 똘똘 뭉쳐 난관을 극복할 수 있었다. 그런 기업을 보면서 우리는 이 리더들의 어떤 점이 특별한지 궁금증을 가졌다. 조직의 임직원들이 그들이 회사에서 소중하게 평가받음을 인식시키기 위해 그들은 무엇을 했을까? 리더의 어떤 특성 덕택에 임직원은 자기 직무에 최선을 다하며 힘든 시기에 더욱 더 노력을 기울였을까? 임직원에게 실직하게 될 지도 모르는 결정조차 묵묵히 받아들이도록 이해시킨 원동력은 리더의 어떤 특성일까?

이 리더들이 어떤 식으로 생각하고 있는지, 그리고 리더로서 동기와 신뢰를 부여하는 그들만의 방식이 무엇인지를 알아내는 방법은 우리가 그 리더들과 직접 대화하는 방법밖에 없다고 결론지었다. 그래서 우리는 기업의 문화와 철학과 방향을 결정하는 사람, 바로 회장 및 CEO와의 대화를 시도하였다.

물론 필자들은 CEO 세계에서 그다지 유명하지 않기 때문에, 이 작업을 시작하기 위해서는 상당한 용기가 필요했다. 그러나 우리가 진정한 리더들을 제대로 판단하고 구분해 내기만 한다면, 그들은 우리의 뜻을 기꺼이 이해해줄 것이라고 믿었다. 또 우리의 뜻을 이해하고 동의하는 리더라면 인터뷰에 응할 뿐 아니라 그들과 비슷한 생각을 가진 다른 리더들에게도 우리 필진을 소개해줄 것이라 생각했다. 그런 믿음 아래 우리는 진정한 리더에게 필요하다고 생각되는 요소의 목록을 작성했다. 그런 다음 우리가 책을 쓰고자 하는 동기 및 책의 내용 소개, 필자 소개, 그리고 협조 요청 등의 내용을 기재한 편지를 작성했다. 우선 우리는 리더에게 필요하리라고 생각되는 특성 가운데 10가지를 뽑아서 순위표를 만들었다. 그런 다음 여기에 리더들이 동의하지 않거나 추가를 원하는 내용을 첨삭해 주기를 부탁하였다.

또한 TTI 퍼포먼스 시스템(TTI Performance Systems)에서 개발한 개인적 취미, 태도 및 가치관(Personal Interests, Attitudes, and Values)이라는 한 페이지 분량의 설문지를 작성해주기를 요청하였다. 이 설문지는 리더 개인의 가장 기본적인 가치관을 확인하기 위한 것이었다.

우리는 우리가 인터뷰하는 CEO와 사장들이 같은 시대 다양한 회사를 대표할 수 있도록 구성하고자 했다. 따라서 잘 알려진 유명 대기업뿐 아니라, 덜 알려졌으되 성공적으로 운영되는 중소기업, 개인 기업 및 비영리 조직까지도 연구 대상에 포함시켰다. 아울러 우리는 전 미국의 모든 지역을 대상으로 연구를 진행하고자 하였다. 하지만 미국 정부 조직에서 활약을 하며 변화를 주도하고 있는 리더까지 우리 연구에 참여하게 된 것은 우리조차 예상하지 못했던 일이었다.

우리는 기존에 함께 일했거나 면식이 있는 리더들을 대상으로 먼저 조사를 진행하였고, 그 다음에 포춘(Fortune)지에 게재된 '직원이 선정한 최고의 기업 100'의 내용을 확인한 후, 해당 기업과 우리를 연결해줄 수 있는 사람을 찾아보았다. 게다가 우리는 인터뷰 대상자에게 적당한 사람을 추천해줄 것을 부탁하기도 했다.

우리가 이 책을 쓴다고 말했을 때, 이 계획에 대해 부정적으로 말하는 사람도 있었다. 그들은 우리가 그 바쁜 CEO들을 만나고 다니는 계획은 실행 불가능하다고 했다. 그러나 우리는 진정한 리더들이라면 그들의 생각과 경험을 공유하여 다른 사람들에게 공헌하는 일에 동의하리라고 믿었다. 그리고 우리의 생각은 옳았다.

　대개의 경우 우리는 연락을 취한 후 곧 회신을 받았다. 어떤 경우에는 놀랄 만큼 회신이 빨랐다. TD 인더스트리(TD Industries)의 CEO인 잭 로워(Jack Lowe)는 직접 전화를 받았으며, 전화상으로 인터뷰 일정을 잡았다. 미합중국 감사원장(the Comptroller General of the United States)인 데이빗 워커(David Walker)는 4일 만에 이메일을 통해 스케줄을 잡기 위해 연락해야 할 사람을 알려주었으며, 프루덴셜 자산(Prudential Asset Resources)의 경영 이사인 앤 햄블리(Ann Hambly)는 우리가 보이스 메일에 음성 메시지를 남긴 그날 저녁에 전화를 걸어왔다. 그녀는 뉴저지주의 내왁(Newark)에서 사업 목적의 여행을 하는 중이었다. 라디오 셰크(Radio Shack)의 회장이자 CEO인 랜 로버츠(Len Roberts)도 우리의 인터뷰 요청을 흔쾌히 수락했을 뿐 아니라 우리의 질문지를 한 시간 만에 팩스로 답변해줄 만큼 협조적이었고, 맨코(Manco)의 창업자인 잭 칼(Jack Kahl) 역시 우리의 편의를 배려하여 자유기업학회(Students In Free Enterprise, SIFE : 우리는 그들에게 매우 큰 감명을 받았다. 우리는 이 책을 그들에게 헌정하며 또한 인세의 일부를 이 단체에 기부한다 - 저자 주)의 이사회 참석 기간에 달라스에서 만날 것을 제안했다. 그의 덕택에 우리는 SIFE의 CEO를 인터뷰할 수 있었고, SIFE의 CEO는 우리를 저녁 만찬에 초대하여 더 많은 CEO를 소개해주었다. 이들은 우리가 하고자 하는 바를 격려해주었을 뿐 아니라, 우리의 책이 더 나은 내용을 담을 수 있도록 엄청난 도움을 주었다.

만약에 이 CEO들이, 자신의 이야기가 책으로 출간된다는 사실에 자만심을 가지고 이렇게 응해주었다고 생각한다면 그것은 오산이다. 물론 그들도 약간의 자만심이 있기는 하다. 최고 위치에 올라간 사람에게 자만심이 없을 수는 없다. 그러나 우리는 이 자만심이라는 부분에 대해 연구할 점이 많다고 느꼈다. 그들의 자만심은 실력과 자신감 그리고 겸손함의 매우 독특한 조합이었다. 실제로 그들 가운데 몇몇은 인터뷰 도중에 우리가 생각하는 개념이 그들의 심금을 울릴 정도로 일치한다고 고백하기도 했다. 그렇게 볼 때 그들 대부분이 인터뷰에 기꺼이 응한 이유는 동일하다고 생각한다. 그것은 바로 사람에 대한 순수한 열정, 남을 돕고 싶어 하는 마음, 리더십을 통해 이윤 이상의 무엇인가를 만든다고 생각하는 마음이다.

조사 초기, 겉보기에 합당해 보여 인터뷰 대상으로 삼고자 했던 CEO와 회장들이 몇 명 있었다. 그러나 그들의 본질이 우리의 기준에 맞지 않는다는 것을 알아차리기는 어렵지 않았다. 어떤 경우에는 해당 CEO의 동료들이 진상을 말해주었고, 다른 경우에는 그들의 행동 자체에서 우리가 생각하며 찾던 사람이 아니라는 것을 알게 되었다. 이 경우는 두 가지 가운데 하나였다. 첫째는 리더와 연락이 닿기까지의 과정이며 둘째는 우리 요청에 대한 CEO들의 반응이었다. 예를 들어, 개방적이고 가식 없는 경영을 하는 것으로 유명한 어느 CEO의 경우, 그녀에게 요청이 전달되는 절차가 터무니없을 만큼 복잡했다. 경쟁사의 CEO를 만날 때에는 그런 적이 한번도 없었는데 말이다. 이 글을 쓰는 시점에도 우리는 과연 우리의 요청이 그녀에게 제대로 전달되었는지 알 수 없다. 유독 그 회사에만 권위적으로 복잡하게 짜인 절차가 존재한다는 사실은 우리에게 많은 것을 시사해 주었다.

포춘지가 선정한 또 다른 회사 CEO의 경우, 우리는 그가 인터뷰를 수락하지 않을 것이라는 생각을 즉시 예측했다. 그의 비서가 우리에게 전화를 걸어 장황하게 질문했는데, 그 질문들이 거의 스스로의 이익만 챙기는 것이었기 때문이다. 그 질문의 예를 들자면 이렇다. "얼마나 많은 서점에서 책이 판매될 예정이죠" "예상 판매 부수는 몇 권이죠" 당연히 우리는 이 CEO에게 인터뷰를 요청하는 것을 그만두었다. 다행히 이런 경우는 소수였으며, 이 책에 수록된 CEO 가운데에는 이런 사람이 아무도 없다. 이기적인 CEO가 아무리 좋은 말을 늘어놓는다고 하더라도, 결국 그들은 이기적인 행동을 하는 사람들 뿐이다.

그런가 하면 이 책에 포함되어야 마땅하지만 그렇지 못한 리더들도 분명히 있다. 문제는 우리가 시간에 쫓기었다는 사실이었다. 이 책을 최종 교정하는 시점에서도 우리는 시간 여유가 있었다면 꼭 포함시켰을 훌륭한 CEO를 만날 수가 있었다. 하지만 우리는 이 책에 이미 포함된 CEO들의 철학이 다른 훌륭한 CEO들의 철학과 유사하리라고 믿는다. 그것은 바로 진정한 리더십의 길이다.

초창기 IBM에서 근무하다가 지금은 엔헤런트(Enherent Corp) 회장 겸 CEO로 재직 중인 댄 우드워드(Dan Wood-ward)는 얼마나 많은 리더들이 진정한 리더십의 기본을 무시하는지를 잘 설명하고 있다. "엄청난 혼란의 결과, 경영자들은 비즈니스에서 가장 중요한 요소를 간과하고 있습니다. 너무도 많은 리더들이 인재 발굴을 소홀히 하고 있지요. 그들은 사람에 대해 투자하지 않고 오직 기술 개발에만 초점을 맞추고 있습니다. 가까운 시일 내에 그 대가를 치르게 될 것입니다"

우리가 생각하기에 이미 많은 기업들은 실제로 고급 인력의 이직, 충성심의 결여 등의 대가를 치르고 있다. 그런 점에서 딜로이트&터슈(Deloitte&Touche)의 CEO인 제임스 코프랜드 주니어(James Copeland, Jr) 또한 사람의 중요성을 강조하는 데 조금의 주저도 없다. 그는 뉴욕에 위치한 사무실의 빈 공간을 가리키면서 말했다. "여기에는 의자와 책상 몇 개 밖에 없습니다. 하지만 바로 그 인력들이 연간 120억 달러의 매출을 만들어냅니다. 우리의 자산은 사람입니다. 그 사람들은 우리의 중요한 여러 자산 가운데 하나가 아닙니다. 그들은 우리 회사의 유일한 자산이죠"

리더가 소유할 수 있는 가장 경쟁력 있는 자원은 인적 자원이다. 그러나 많은 회사들은 경제적 성장에 주력한 나머지 성장 유지에 필요한 리더십의 기본이자 절대적 원칙을 무시하고 있다. 다른 길이 없다는 것을 잊으면 안 된다. 아마도 이 책은 독자들에게 아침의 기상 전화와 같은 역할을 할 것이다. 독자가 고위 관리자이든 초급 관리자이든 이 책에 수록된 진정한 리더들의 원칙을 읽으면서, 무엇이 이들을 다른 평범한 리더들로부터 차별화시키는지를 알게 될 것이다. 즉, 그들은 균형 잡힌 생각을 하고 있으며, 의사 결정에 다른 사람의 가치관을 존중하며, 부하 직원을 진심으로 아끼고, 회사와 회사의 목적에 대해 열의를 가지고 있으며, 감정을 솔직히 표현하고, 이윤을 내는 데 균형 잡힌 시각을 가지고 있고, 그들의 민감한 부분을 감추려 하지 않으며, 어려운 때일수록 더 솔직해야 한다고 믿는다.

이 책을 읽다보면 진정한 리더십에 관한 직접적이고 모범적인 예시를 보게 될 것이다. 이것은 열정을 가지고 경영에 임하는 훌륭한 리더들의 생각을 생생하게 관찰할 수 있는 좋은 기회다. 독자가 리더가 되고자 하는 사람이든 이미 리더의 위치에 있는 사람이든, 그리고 큰 회사에 근무하든 개인 회사 및 비영리 조직에 근무하든 많은 것을 배울 수 있다. 각 장 끝부분에 수록된 〈자기탐색과 발견〉은 독자 스스로의 리더십에 대해 성찰하고 돌아볼 수 있는 기회를 제공할 것이다.

잭 칼(Jack Kahl)은 "당신 스스로를 개발하는 가장 좋은 방법은 다른 성공한 사람의 이야기를 읽는 것"이라고 말한 바 있다. 이 책에는 읽고 배울 만큼 훌륭한 사람이 서른 명이나 있다. 이 책을 읽으며 즐겁게 배워라! 그것을 진정으로 느끼고, 당신 자신의 스타일에 적용하라!

이 책에서 독자들이 만나게 될 진정한 리더들은 통찰력이 있고 솔직하다. 또 그들은 자신들의 믿음과 지혜를 독자에게 아낌없이 나누어 줄 것이다. 왜냐하면 그들은 진정한 리더십이 계발되어야 한다고 믿기 때문이다. 그들은 자신의 경험과 생각을 공유함으로써 독자들이 리더십을 계발하는 데 도움이 되기를 바라고 있다.

끝으로 이 책이 나오기까지 도움을 주신 가족과 친구, 자유기업학회 관계자, 그리고 출판사 여러분에게 진심으로 감사드린다.

1장

진정한 리더란?

진정한 리더는 드물다. 그들은 스스로를 격려하고 동기를 부여하는 일련의 가치관을 가지고 있다는 점에서 다른 리더와 구분된다. 그런 가치관의 예를 들어보자.

- 타인에 대해 애정을 가지며 남을 배려한다.
- 성과와 이윤에 지나치게 집착하지 않는다.
- 경쟁적인 태도를 지녀야 할 경우와 그렇지 않은 경우에 대한 분별이 있다.
- 중요한 의사 결정에 자신의 신념을 지킨다.

이 책에 수록된 진정한 리더들에게 동기를 부여하는 가치관들은 위와 같다. 그 사람들의 신념 및 가치관을 밝히기 위해 이 책에서는 직무수행 능력 교육 및 평가 전문 리서치 업체인 TTI 퍼포먼스 시스템(TTI Performance System)의 '개인적 취향, 태도, 가치관 평가'라는 널리 인증된 프로그램을 사용했다. 이 프로그램의 설문지를 이용해 우리는 경영자의 가치관을 여섯 부문으로 나누어 측정했고, 부문별로 평균 점수를 계산했다. 회수된 설문을 분석한 결과 진정한 리더가 공통적으로 가지고 있는 특징은 다음과 같았다.

타인을 돕는 것은 성취의 일부라는 사실에 강한 신념이 있

다. 타인을 배려하고 돕는 마음이 그들의 가장 기본적 동기다. 진정한 리더는 지위에 구애받지 않고 모든 임직원과 대화를 나눌 수 있으며, 모든 임직원이 각자 위치에서 수행하는 개별적 업무가 회사에 기여하고 있다는 사실을 존중한다.

성과와 이윤에 대해 현실적인 생각을 지니고 있다. 진정한 리더는 금전 자체만 추구하지 않으며, 현실적이고 실질적인 것에 따라 동기가 유발된다. 그들은 이익 및 이윤을 실질적으로 평가하며, 만족할 만한 결과를 위해 장기적이고 끈질기게 일한다.

경쟁적 성향을 지니고 있지만 지나치지 않다. 상황에 따라 어느 만큼의 경쟁적인 행동이 필요한지를 신축적으로 결정하며, 그에 맞추어 실행한다. 타인의 통제에 모든 힘을 소모하지 않으며 신중하고도 균형을 이루도록 실행한다.

타인의 운명 개척에 영향을 끼치고자 하는 강력한 욕구를 지니고 있다. 그들은 스스로 운명을 개척해 나가는 데 만족하지 않는다. 그들은 자신의 굳건한 신념을 수호하고자 하는 성향을 지니고 있다.

강한 회복력 및 탄성을 지니고 있다. 그들은 남에게 싫은 소리를 듣거나 또는 어렵고 힘든 상황에 처하게 되었을 때, 이것을 개인적인 불행이라고 생각하지 않는다. 이 상황을 잘 받아들이고 스스로를 추슬러 결국 앞으로 나아가는 탄성을 지니고 있다.

가치관 측정에 사용된 분류 항목은 여섯 가지였다. 이 여섯 가운데 상대적으로 높은 점수를 받는 항목이 진정한 리더에게 동기를 부여한 요소라고 할 수 있다. 이 책에서 측정된 여섯 가지 부문은 아래와 같다.

1_ 이론적 부문 : 지식을 탐구하고, 그 이론의 실질적 사용을 위해 지식을 체계화하려는 욕구.

2_ 실리적 부문 : 돈에 대한 가치, 시간 및 돈의 투자 대비 이윤, 실용성과 성과에 대한 측정.

3_ 미학적 부문 : 어떤 대상에 대해 실용성보다는 아름다움, 조화, 형태, 균형 등에 대해 탐구하고자 하는 욕구.

4_ 사회적 부문 : 남을 진정으로 아끼며, 그 잠재능력을 개발하기 위해 도와주고자 하는 욕구.

5_ 개인적 부문 : 자신의 운명을 스스로 개척하며 타인의 운명에 영향을 끼치고자 하는 욕구. 각 상황에 따라 통제의 강도를 판단하여 발휘하는 능력.

6_ 전통적 부문 : 체제 안에서 개인이 가장 자연스럽게 느끼는 신념. 종교, 보수주의, 유년의 경험 및 리더가 가이드로 사용할 만한 규칙, 원리와 같은 권위들.

우리가 설문 분석에 착수하였을 때, 리더들 사이에 행동 양식과 스타일은 다를지 모르지만, 그 가치관은 비슷할 것이라고 추측했다. 그리고 우리의 추측은 옳았다. 진정한 리더의 주된 동기 유발 요소는 아래와 같은 네 가지에 집중되어 있었다.

1_ 사회적 부문
2_ 실리적 부문
3_ 개인적 부문
4_ 전통적 부문

이 중 미학 부문의 평균 점수가 가장 낮게 나왔다. 이에 대해서는 뒤에서 다시 설명할 것이다. 진정한 리더들에게 가장 중요한 것은 이 중 사회적 부문인 것으로 밝혀졌다. 우리는 진정한 리더들이 이윤 도출만큼이나 타인 돕기를 중시한다고 전제했었는데, 분석 결과 우리의 전제는 사실인 것으로 판명되었다.

우리는 TTI 퍼포먼스 시스템의 CEO인 빌 본스테터(Bill Bonstetter)에게 이러한 결과에 대한 전문가로서의 의견을 부탁했다. 그는 데이터를 검토해보았을 때, 최고경영자의 자리까지 오르는 방법은 물론 여러 가지가 있겠지만, 설문에 응답한 리더들이 최고 위치에 이르게 된 것에는 이들이 가진 태도 및 가치관이 크게 작용했다고 말했다. "이들 리더에게서 공통적으로 발견되는 것이 있습니다. 사회성이었습니다. 그들은 진정으로 사람의 가치를 높이 인정하고 있습니다. 여기서 가장 중요한 것은, 그들이 타인을 배려하는 마음은 머리로부터 나온 것이 아니라 가슴에서 우러나온 것이라는 점입니다. 이들은 타인을 돕는 일에 강한 신념을 지닌 사람들입니다. 중요한 것은 사회성이란 아낌없이 무작정 주기만 하는 것도 아니고 남을 동정하는 것도 아니라는 점입니다. 사회성은 '내가 남을 배려한다'는 것입니다. 만약 자신과 타인 사이에서 선택의 기로에 있다면, 사회성이 높은 사람들은 진심으로 타인을 먼저 생각할 것입니다."

"그 다음으로 시선을 끈 것은 전통 부문입니다. 전통 부문을 통해 알 수 있는 것은 이들 리더가 타인의 삶에 영향을 끼치고자 한다는 것입니다. 전통 부문의 성향이 강한 사람은 대개 타인의 운명에 영향을 끼치고 싶어 합니다. 이 성향이 낮은 사람은 자신의 운명에 대해서만 관심이 있습니다. 그리고 전통에 높은 가치를 두는 사람은, 자신의 신념이 무엇이든 간에 이를 수호하기 위해 노력합니다." 개인적 신념과 비즈니스에 관한 목적 사이에는 차이가 있겠지만, 자신이 믿고 있는 것을 끝까지 수행한다는 점에서는 일치한다.

개인 가치에 대해 "리더들은 그들의 비전을 타인 돕는 것에 맞추고 실제적이고도 공리적인 가치와 결합하여 균형을 이

루고 있습니다. 그리고 그들은 자신이 믿는 것을 실행하고자
하는 강력한 욕구를 가지고 있는데, 이런 욕구가 없었다면 타
인과 지속적으로 일할 동인이 없었을 것입니다. 그들은 개인
적으로는 융통성이 있는 유연한 사람일 수도 있지만 그룹을
형성하는 직원들에 대해서는 동일한 신념체계에 속하도록 하
죠."

"미학 부문의 평균이 낮은 데 대해 말씀드리겠습니다. 조
사 대상 가운데 오직 두 사람만이 이 부문에서 높은 점수를 받
았습니다. 미학 관련 점수가 높은 사람은 성격이 예민하며, 점
수가 낮은 사람은 그다지 예민하지 않은 사람이라고 볼 수 있
습니다. 미학 관련 점수가 낮은 사람들은 어떤 상황을 개인적
으로 받아들이지 않습니다. 그들은 타인을 배려하면서 곤란한
일이나 나쁜 상황을 개인적 불행이라고 생각하지 않으며, 자
신의 신념을 실행할 비전 및 계획을 가지고 있습니다. 유쾌하
지 못한 상황이나 발언을 개인적으로 받아들이지 않는다면 미
래에 긍정적입니다. 그러나 그 상황을 개인적으로 받아들인다
면 마음에 상처를 입게 되어 앞으로 나아갈 수 없습니다. 저는
개인적으로 성공한 사람의 특징 가운데 하나가 바로 이 회복
력이라고 봅니다. 상황을 개인적으로 받아들이는 사람은 좌절
하게 되고, 쉽게 회복할 수 없습니다. 이 점이 리더십을 이루
는 요소 가운데 아주 중요한 부분을 차지합니다."

"이런 결과를 통해, 진정한 리더가 되기 위한 조건이 몇 해 전과는 상당히 다른 경향으로 변화하고 있음을 알 수 있습니다." 본스테터는 몇 년 전만 해도 사회 부문은 가장 낮은 비중을 차지했다고 말했다. "이와 같은 변화, 즉 타인을 향한 태도의 변화는 정말 획기적이라고 할 수 있습니다. 진정한 리더십의 모델이 바뀐 거죠. 이 결과는, 남을 배려하면서도 성공할 수 있다는 중요한 사실을 시사하고 있습니다."

진정한 리더의 태도와 가치관 그래프의 평균값을 보고자 한다면 부록 D를 참조하면 된다. 이를 통해 독자는 자신의 태도와 가치가 그들과 어떻게 다른지 비교해 볼 수 있다.

지금부터, 높은 점수가 나온 네 가지 부문의 가치관이 진정한 리더들의 행동과 결정을 하는데 어떤 영향을 끼쳤는지를 예시와 함께 설명하기로 하자.

사회성 : 사심 없는 리더

진정한 리더는 자신의 권한뿐 아니라 임직원의 가치를 인정한다. 그렇지 않으면 자신의 권한 범위가 제한될 수밖에 없다는 사실을 알고 있기 때문이다.

"냉정하게 경영한다면 단기적 성과를 거둘 수는 있을 것입니다." 루이스빌에 위치한 트라이콘(Tricon)의 CEO 데이빗 노박(David Novak)이 말문을 열었다. "그러나 조직의 지속성과 능력을 구축한다면 장기적으로 성공할 수 있어요." 이를 위해서는 사람을 아끼고 배려해야 한다. 컨테이너 스토어(The Container Store)는 1999년, 2000년 포춘지가 뽑은 '가장 일하고 싶은 기업' 가운데 하나였는데, 이 회사의 공동 창업주이자 회장인 개릿 분(Garrett Boone)은 이렇게 말한다. "타인을 진정으로 사랑해야 해요. 리더의 행동에는 진심 어린 애정과 열정이 깃들여야 합니다. 만약 억지로 꾸며서 행동한다면 사람들은 이를 금방 알아차리죠."

TD 인더스트리(TD Industries) 또한 4년 연속 포춘지 선정 10대 기업의 영예를 차지했다. 그러자 많은 사람들이 CEO인 잭 로워(Jack Lowe)와 이야기를 나누고 싶어 했다. "대부분 두 부류로 나뉘더군요. 한 그룹은 진지한 태도로 어떻게 하면 자신의 회사를 향상시킬 수 있을지를 배우려고 했습니다. 또 다른 그룹은 이렇게 말합니다. '성장하고 있으니 돈도 많이 벌었겠군요. 명성까지 얻었잖습니까. 사실은 나도 그렇게 되고 싶은데, 어디 속전속결로 그렇게 되는 비법 좀 알려주십시오. 과정이나 인간관계, 뭐 그렇게 복잡한 건 필요 없고, 빨리 결과를 내는 비법 말씀입니다.' 저는, 그러한 비법은 없다고 굳게 믿습니다."

로워는 임직원을 배려하는 문화를 구축함으로써 얻게 되는 힘을 믿고 있다. 몇 해 전, 회사가 위기에 직면했을 때 임직원들은 자신들의 퇴직에 대비해 적립해둔 백만 달러의 돈을 회사를 위해 내놓았다. "바로 신뢰에 바탕을 둔 헌신이지요." 로워는 자랑스럽게 밝혔다.

캔사스 시티에 있는 홀마크 카드(Hallmark Card)의 CEO 어브 하커데이(Irv Hockaday) 또한 리더는 재능과 잠재적 리더십이 개발되고 팀워크가 형성되며 대화와 조언을 주고받는 환경을 창조해야 한다고 믿는다. 하커데이는 공식적으로 조언을 할 수 있는 경로가 없는 경우에는 비공식적 조언의 경로를 활용한다. "꼭 양이 많다고 해서 조언의 질이 좋다고 할 수는 없지요. 양질의 조언이 더 낫다고 생각합니다." 하커데이는 또한 임직원들이 부담 없이 모험할 수 있는 문화를 만들기 위해 노력한다. 이를 위해 그는 사원들에게 뛰어난 야구 선수인 테드 윌리엄스(Ted Williams)의 예를 든다. "1941년에 그의 타율은 0.401이었습니다. 상당히 높은 타율이지요. 그 때가 야구 시즌 마지막 날, 더블헤더의 상황이었습니다. 구단주는 "이봐. 시즌이 끝나고 있는데 자네 타율이 4할을 넘었어. 경기에 출전하지 않으면 이 기록은 깨지지 않을 것이네.

어때? 타율이 더 낮아지지 않게 오늘 경기에서 빼주려고 하는데"라고 제의를 했습니다. 하지만 윌리엄스는 '그러지 않아도 됩니다. 나는 공을 맞힐 수 있거든요'라며 경기에 출전했습니다. 그 경기에서 그는 다섯 번의 안타를 내뿜으며 0.406의 타율 기록을 세웠습니다. 60년 동안 깨지지 않은 기록이지요."

하커데이는 몸을 사리면 안 된다는 메시지를 주기 위해 이 이야기를 종종 한다. 확실하지 않은 일에 대해 신중히 예측하는 것도 중요하지만, 회사의 장기적 성공을 위해서는 때때로 어느 정도의 위험은 감수해야 한다. "진부하게 들릴지 모르지만, 배려하는 환경이 이루어져야 지속적으로 성공할 수 있습니다."

린다 후잇(Linda Huett)이 웨이트 와처 인터내셔널(Weight Watchers International)의 CEO가 되기 전, 그녀는 이스트코스트(Eastcoast)에서 근무했다. 그녀는 당시 자신의 상사를 "내가 본 매니저 가운데 가장 분석적이고 냉정한 사람"이라고 묘사했다. 그녀는 당시 경영 분석 및 전략 계획을 배웠다. 하지만 더 중요한 것을 배웠다면 그것은 '임직원을 배려하는 따뜻한 마음이 결여되어 있으면, 업무는 잘 처리할지 몰라도 성공을 거둘 수는 없다'는 사실이었다. "임직원에게 왜 그 일을 해야 하는지 이유를 설득시킨다면 업무를 달성할 수 있을 것입니다. 그러나 더 중요한 것으로는 그들의 노고를 치하하고 격려한다면, 임직원은 진정한 마음으로 충성스럽게 일한다는 사실입니다."

퍼스트 텍사스 뱅코프(First Texas Bancorp)의 CEO인 개리 넬론(Gary Nelon)은 큰일을 하고자 할 때 목표 달성을 도와주는 것은 주위에 있는 사람이라고 굳게 믿고 있다. "아이디어와 비전이 있다고 하더라도 그것을 실천할 사람이 없다면 이를 이룰 수 없을 것입니다. 사람을 소모품이나 도구로 봐서는 안 됩니다. 단기적인 결과를 위해서만 노력을 집중해서는 안 됩니다." 넬론이 단기적 결과라고 표현한 것은, 말 그대로 짧은 기간동안만 지속되는 결과를 의미한다. 넬론은 이러한 철학을 짧게 표현했다. "빠른 새는 오래 날지 못해요. 비즈니스의 여정은 짧지 않다는 인식을 가져야 합니다. 그리고 임직원이란 여정에 필요한 소모품이 아니라는 사실도 깨달아야 하죠."

랜 로버츠(Len Roberts)가 라디오 셰크의 CEO로 취임했을 때 전임 CEO는 그에게 취임사를 5분 안에 끝내기를 권했다. 만약 첨단 기술 전문 업체의 신임 CEO가 패스트푸드 업계에서 경력을 쌓아온 사람이라는 사실을 알면 사원들이 충격을 받게 되기 때문이라고 했다. 로버츠는 이에 동의하지 않았다. 새로운 CEO로서 자신은 임직원을 얼마나 중요하게 여기는지를 알려야겠다고 생각했다. "저는 길게 말했습니다. '임직원 여러분은 이 조직에 어떤 변화가 생길 것인지 두려워하고 있습니다. 저 스스로 생각해도 이 변화가 CEO의 교체 수준에서 끝날지 아니면 임직원 여러분에게 파급될지 알 수 없습니다. 그러나 제가 확신할 수 있는 사실이 한 가지 있습니다. 저는 타인을 배려하는 사람들, 그리고 신뢰할 수 있는 사람들과 함께 일할 것이라는 사실이죠. 임직원 여러분들은 사무실로 돌아가서 업무 규정을 '찢어버리십시오'. 오늘부터 이 회사에는 오로지 두 개의 업무만이 존재하게 될 것입니다. 고객에게 직접 서비스를 제공하고, 고객에게 서비스를 제공하는 임직원에게 서비스를 제공하는 두 가지입니다." 로버츠는 그 당시를 회상했다. "사원들은 일어서서 갈채를 보내며 환영했죠."

진정한 리더는 타인을 배려하고 아끼며, 일상생활에서 끊임없이 그 원칙을 되풀이하며 행동을 통해 그의 원칙을 입증한다.

실리성 : 합리적이고 현실적인 적용

진정한 리더는 자신의 시간과 노력을 아낌없이 쏟는 한편, 투자에 상응하는 결과를 얻기를 기대한다. 그들에게 금전은 부의 물질적 축적이라기보다는 노력을 환산하는 척도다. 그들은 땀을 흘리면 대가가 돌아오게 마련이라고 믿으며, 목표를 달성하기 위해 최선을 다한다. 그리고 자신의 능력과 경제적 이익을 평가한 다음 실리적 결정을 내린다.

샤또 커뮤니티(Chateau Communities)의 CEO 개리 맥다니엘(Gary McDaniel)은 회사 성장을 위해서는 방향 전환이 필요하다는 판단을 내렸다. "우리는 한계에 다다랐습니다. 이익을 내기 위해선 방향을 바꿀 필요가 있었습니다." 그는 새로운 방향으로 전환하여 회사 성공과 이익 발생을 동시에 달성하기를 원했다. "무엇보다 나는 회사 변혁을 위해 새로운 바람을 불어넣고자 했습니다. 그래서 새로운 노선을 택하고 모든 부문에서 혁신하기를 원했습니다." 그의 계획은 1년여 시간을 거쳐 마침내 실효를 거두었다. 장기적 실행을 위해서 실용적이고 조직적 노력이 지속적으로 투입되었다.

앤 햄블리(Ann Hambly)가 프루덴셜 자산(Prudential Asset)의 경영진으로 있을 당시, 회사는 다섯 지역에서 다섯 시스템을 통해 운영되고 있었다. 이런 점이 햄블리의 생각에는 실용성이 없어 보였다. 그녀는 다각도의 분석을 거친 끝에 결정을 내렸다. "저는 한 지역만 남기기로 결론을 내렸습니다." 여러 사안을 고려한 끝에 그녀는 텍사스 주의 달라스를 선택했다. 실용적인 판단이 우선적이었으나, 동시에 그녀는 사회적인 가치를 고려하는 부분도 진지하게 생각했다. "어떻게 하면 사원들의 개인적 삶에 악영향을 끼치지 않고 이 프로젝트를 수행할 것인지를 고심했어요. 제 결정대로라면 임직원을 옮겨야 하는 것인데, 어떤 결정이 임직원과 회사를 위해 최선이 될 것인가를 고려하고 그를 따르려 했습니다." 어려운 결정이었지만 회사를 떠나게 된 임직원들조차 회사 방침에 협조적이었다고 그녀는 말한다.

"위대한 비전과 훌륭한 이상을 지닌 회사는 많지만, 이 목적을 달성하기 위해 모든 이들과 의견을 나누고 실제적으로 접목시키려 한 회사는 거의 없습니다. 나는 모든 매니저와 대화하고, 작은 일에서도 그들이 나를 돕도록 했습니다. 물론 저는 제가 가고자 하는 방향을 누구보다 잘 알고 있으며, 사소한 일은 제가 하는 편이 나은 경우도 있죠. 그러나 그들이 나와 같은 결론에 능동적으로 도달하도록 만들기 위해 대화를 합니다. 그리고 그들과의 대화를 통해 많은 진전을 볼 수 있습니다."

햄블리가 어려운 결정을 내리고 이를 실행한 위의 예에서, 두개의 중요한 가치관이 적용되었음을 알 수 있다. 그것은 사회성과 실리성이다.

　마이크 맥카서(Mike McCarthy)는 사회성과 실리성에 대해 강력한 신념을 가지며, 그의 신념은 의사 결정에 실질적인 영향을 미쳤다. 그가 맥카시 빌딩 컴퍼니(McCarthy Building Company)에서 퇴직할 때, 투자 대비 이윤을 극대화하기 위해 남에게 회사를 매각하느냐 또는 임직원에게 주식을 분배하고 적정 이윤만 챙길 것인가를 결정할 때에도 이 두 가지 가치관을 최우선적으로 고려하였다. "당시 나는 회사를 매각해버리고 이윤을 더 얻을 것인가, 또는 수년간 함께 일해 온 사원들에게 넘길 것인가를 결정해야 했습니다. 만약 다른 사람에게 팔았다면 회사의 문화를 엉망으로 만들었을 것입니다. 하지만, 회사는 제게 집이나 마찬가지입니다. 저는 우리 회사를 미국 최고의 건설 회사로 만들려고 했을 뿐 아니라 가정적인 회사 분위기로 만들기 위해 심혈을 기울였습니다. 제가 퇴직하고서 그런 문화가 사라진다면 무척 견디기 힘들 것이었습니다. 돈은 중요하지 않았어요. 저는 그들이 우리의 문화를 견지하기를 바랐습니다."

　진정한 리더는 경기 침체에 대해서도 실리적 입장을 취하고 있다. "나는 주식시장에서 주가는 단기적으로 반응이 일어난다고 생각합니다. 오늘날 사람들은 항상 분기별 성과를 바라며, 단기간의 숫자에 집착합니다. 사실 이런 데 스트레스를 받을 이유가 없습니다. 저는 CEO로서 가능한 임직원들이 주식과 관련된 스트레스를 받지 않도록 노력하며, 경영상의 결정이나 조직 차원의 판단을 내릴 때 주가에 영향을 받지 않으려고 노력해요."

데이빗 노박은 이어갔다. "짧은 기간동안 재계에서 수완가로 명성을 얻을 수도 있습니다." 그러나 노박에 따르면 그런 사람들은 오랜 기간 명성을 지속하지 못한다. 단기적 성과 때문에 언젠가는 힘든 결정을 내리게 될 때가 온다고 한다. "예전에 여러 번 회사의 구조조정을 담당하면서 임직원을 해고해야 했습니다. 구조조정을 할 때, 정리해고는 필요 불가결합니다. 운영 경비를 최소한으로 유지하기 위해서는 힘든 결정이지만 어쩔 수 없어요. 그것은 사원을 무시하는 것도, 사업 확장을 위해 애쓰지 않는다는 뜻도 아닙니다. 오히려 곤란한 상황에서 결정을 잘 내린다면, 장래에는 같은 문제 때문에 고난을 겪지 않아도 될 것입니다."

진정한 리더는 다른 사람과 마찬가지로 투자에 대해 이윤과 성과를 얻고 싶어 한다. 그리고 필요한 상황에서는 정리해고와 같이 힘든 결정을 내리기도 한다. 그러나 그 결정은 단기적 결과를 위한 것이 아니다. 그들은 장기적인 안목에서 성공하고 이윤을 얻고자 한다.

개인성 : 신중하게 힘과 영향력을 행사

진정한 리더는 힘과 영향력을 지니고 싶어 한다. 그러나 이것은 명령과 통제의 개념이 아니라, 방향 설정과 전략 수립의 의미다. "사람의 성향을 둘로 나누자면 크게 전략적인 사람과 전술적인 사람이 있을 것입니다. 저는 전략적인 부류에 속하며, 지금까지 쭉 그래왔습니다. 저는 어떤 문제에 대해 생각할 때는 보통 전술적이기보다는 전략적인 쪽으로 접근합니다." 짐 코프랜드(Jim Copeland)는 이렇게 말하며 딜로이트 & 터슈(Deloitte & Touche)에 대해 언급했다. "미세한 불투명성에 대해서는 크게 개의치 않습니다. 전문 서비스 업종에서 그런 작은 불투명성은 오히려 이득이 되기도 합니다. 기업 내에서 가지는 영향력은 사소한 결정 하나 하나에서 행사되는 것이 아니고 사내 문화에 따라 길러질 수 있습니다." 또한 코프랜드는, 최고 직위에 오를 때까지 견지해왔던 기본 원리를 어기는 방향으로 현 직위의 권한을 행사해서는 안 된다는 점을 강조한다. "지금의 직위에 오르기까지 지켜왔던 기본 원리가 있을 것입니다. 이것을 끝까지 견지해야 합니다. 높은 지위에 현혹되지 마십시오."

진정한 리더 가운데는 자신의 운명을 조절하는 힘을 일찍 깨우친 사람도 있다. 잭 칼(Jack Kahl)이 오하이오주 클리블랜드 소재의 존 캐롤 대학을 졸업할 때 여러 회사에서 스카웃 제의를 받았다. 대부분은 그가 리더 후보로서 다른 도시에서 근무할 것을 요구하였다. "저는 가정의 정서적 유대가 강한 환경에서 자랐습니다. 우리 가족은 모두 클리블랜드에 살고 있었구요." 그는 당시를 회상하였다. "나는 내 가족을 포기할 수 없다고 결심했습니다." 그래서 그는 조용히 앉아 스스로에게 다짐했다. "내게 능력이 있다면 여기서도 잘할 수 있을 것이다. 내게 능력이 없다면 어디로 가도 잘할 수 없을 것이다. 그렇다면 내가 얼마나 능력이 있는지 알아보는 일만 남았다." 그는 이렇게 결론을 내리고 자신의 능력을 증명할 수 있는 작은 회사에 입사했다. "성공을 위해서 전적으로 저 자신의 능력에 의존한 것이기 때문에, 일종의 도박과도 같았지만, 결과적으로 그 판단은 매우 성공적이었습니다." 작은 회사에서 일을 맡아 그는 자신의 운명을 개척하게 되었다. 나중에 그는 그 회사를 매입하여 맨코(Manco)로 넘겼으며, 백만장자가 되었다. 이런 성공은 명령과 통제에 따른 것이 아니었다. 그의 기본 원리는 가족적 정서였다. "정보의 공유, 의사소통의 공유, 상여금의 공유, 그리고 다른 모든 것의 공유입니다. 마치 저녁 식사 테이블에서 부모님과 대화를 나누는 것과 같은 원리였습니다. 나의 원칙은 언제나 가족이었습니다. 어떤 것이 옳은 것인가라는 의문이 들 때마다, 가족이라는 기본 원칙에 비추어 생각하여 답을 얻었습니다."

어떤 리더는 개인적 가치에 바탕을 두고 독자적인 방식으로 의사 결정을 내린다. 플란테&모란 유한회사(Plante & Moran, LLP)는 포춘에서 최고 회사로 선정되었으며, 15개의 사무실을 가지고 있는 미국 내 9번째 규모의 공인 회계 법인이다. 이 회사는 여타 5대 회계 법인들이 뉴욕에 본사를 둔 것과 달리, 미시간주 사우스필드에 본사를 두고 있다. 경영 이사인 빌 매튜(Bill Matthews)는 말했다. "우리는 독립적이며 앞으로도 그럴 생각입니다. 우리는 뉴욕 같은 대도시에서 명령을 받고 싶지 않으며, 우리의 운명은 스스로 개척하고자 합니다."

브루스 심슨(Bruce Simpson)은 대기업과 중소기업 양쪽에서 일한 경험이 모두 있다. 그리고 그는 규모가 작은 조직에서 일하는 편을 선호한다. "나는 대기업에서 수동적으로 행동하기 보다는, 일의 진행에 어느 정도 영향력을 행사할 수 있는 회사에서 일하는 편이 좋습니다." 그는 산호세에 위치한 인터넷 인프라스트럭처 회사인 AppGenesys를 운영하고 있다. "내가 대기업에 있을 때는, 회사 차원의 결정이 내 생각과 다른 경우가 많아 성미에 맞지 않다고 느꼈습니다." 그는 대기업에서 일할 때 잘못된 방침이 그대로 실행되는 경우를 종종 보았고, 이 때마다 자신이 영향력이 있는 직위에 있었다면 긍정적인 결과를 얻을 수 있으리라고 생각했던 경우가 많았다고 한다. 결국 그는 지금 자신이 원하는 대로 일하고 있다.

대부분의 경우 리더는 위기상황을 극복하기 위해 개인적 가치관을 적용할 필요가 있다. 그러나 예를 들어, 국회에 보고를 하는 경우라면 어느 정도의 통제권을 가질 것인지 기준이 있어야 할 것이다. 데이빗 워커(David Walker)는 미국 연방 정부의 감사원장이다. 그는 1998년 11월 이래 비정치적인 입장을 견지해오고 있다. 그는 이런 종류의 경계를 일찌감치 확실하게 했다. "나는 원리주의자입니다. 나는 내 가치관을 굳게 신뢰합니다. 그 중에는, 내가 하는 일을 추진하도록 하는 가치도 있고, 하고자 하는 일에 한계를 긋는 가치도 있습니다. 감사원에서 나는 그 합의점을 찾았습니다. 우리를 같이 엮어줄 수 있고 조직을 이끌어줄 가치는 어떤 것이 있을 것인가?

또한 우리가 내부적으로 그리고 외부적으로 행하는 모든 것의 기초가 될 핵심 가치는 무엇으로 할 것인가? 하는 질문을 던졌고 이에 대해 다음과 같은 결론을 도출하게 되었습니다."

1_ 책임 : 무엇을 할 것인가를 설명한다.

2_ 성실 : 어떻게 할 것인가를 설명한다.

3_ 신뢰성: 어떻게 전달되기 원하는지를 설명한다.

워커는 조직의 핵심 가치를 설정하는 것이 내부적인 사안이든 외부적인 사안이든 의사 결정에 도움을 준다고 말한다. "우리의 고객은 535명입니다. 100명의 상원의원과 435명의 하원의원이 그들입니다. 그들은 모두 똑똑하고 헌신적이며 공익을 위해 일하는 사람들입니다. 반면, 그들은 정치가이기도 합니다. 그들에겐 각자 모두 소속 정당이 있습니다. 각각 대변하는 지역이 있고 특정한 이데올로기가 있으며, 그들이 우리의 업무에 대해 원하는 방식을 이미 가지고 있는 경우가 많습니다. 그런 면에서 저희는 그들의 기대 이상의 행동을 할 필요가 있습니다. 우리의 고객에게 서비스를 제공하는 동시에, 미국 국민을 위해 서비스할 수 있어야 합니다."

미리 설정한 핵심 가치 덕택에 워커는 윤리적이고 공정하며 비정치적인 방법으로 업무를 할 수 있었다고 한다. "핵심 가치로 업무는 쉬워지고 효율성은 증대되었으며, 위험을 극복할 수 있었습니다."

비영리조직인 SIFE의 CEO 앨빈 로어(Alvin Rohrs)는 개인적 가치관을 가진 인물의 전형적 예가 될 것이다. 그는 SIFE의 CEO로서 일상생활과 공무에 자신의 가치관을 투철히 실행하고 있다. "저는 자유 기업이야말로 시장에서 개인의 자유를 표현하고 있다고 믿습니다. 단순하게 비즈니스나 기업 정신과 관련해서만 하는 이야기는 아닙니다. 바로 개인의 자유 의지에 따른 선택과 관련된 문제입니다."

SIFE는 학생들에게 리더십과 자유 기업의 원리를 가르치며 지역 프로젝트를 통해 전 세계 1000여개 대학의 학생들과 호흡하고 있다. (부록 A 참조)

"자유 기업의 원리 및 시장 경제학이 타지키스탄에도 통하는 이유는, 그들이 경제 여건이 호전되기를 기대하기 때문이 아닙니다. 그 이유는 타지키스탄 사람이든 클리블랜드 혹은 달라스 거주민이든 개인이 자신의 삶을 선택할 자유를 중요하게 여기기 때문입니다."

로어는 자신은 개인성이 강하다고 했다. "저는 감독받는 것은 싫지만, 감독하는 것은 좋아합니다. 그렇기 때문에 끊임없이 물러서는 법을 배웠습니다. 사람이라면 누구나 위에 누군가 군림하는 것을 싫어하죠." 로어는 통제 수준을 조절하는 규칙을 배웠다고 말했다. "통제 수준을 결정하기 위해 생각한 것이 보트의 수면 법칙입니다. 사람들에게 수면 위에서는 실수할 수 있는 여지를 준다면, 그 범위에서 원하는 대로 할 수 있습니다. 보트의 수면 윗부분에는 총으로 신나게 구멍을 낼 수도 있습니다. 나중에 구멍을 메우기만 하면 보트는 가라앉지 않습니다. 그러나 수면 아래에 구멍이 나면 보트는 가라앉고 맙니다. 그래서 저는 사람들에게 수면의 위치를 정확히 인식시켜야 한다는 것을 배웠습니다."

미시간주 디트로이트시에 소재한 PVS 케미컬(PVS Chemical)의 CEO 제임스 니콜슨(James Nicholson)은 힘의 원리에 대해 명쾌한 논리를 펼쳐 보였다. "리더란 세상에 변화를 일으키는 사람을 말합니다. 세상에는 콜린 파월 같은 리더도 있고 아돌프 히틀러 같은 리더도 존재합니다. 그들은 모두 리더이며, 사람의 삶에 큰 영향을 미쳤지만, 한 사람은 천국의 일을 했고 다른 한 사람은 지옥의 일을 했습니다."

진정한 리더는 힘과 통제의 진정한 의미를 알고 이를 정확하게 적용한다.

전통성: 삶의 시스템

진정한 리더는 가장 편안하게 느끼는 굳건한 믿음의 시스템을 가지고 있다. 때로는 이러한 그들의 삶의 법칙에 근거하여 타인을 평가하기도 할 것이다. 그러다 대부분 중요한 결정을 내려야 할 때에는 의식이 그 자리를 차지하게 한다. 그들의 믿음 시스템은 종교, 유년의 경험이나 삶에 커다란 영향을 미친 인물과의 만남 등에 따라 형성되곤 한다. 그들은 어떤 부분에선 굽히지 않을 것이고 어떤 부분에선 융통성을 보일 것이다. 그러나 그들이 강력하게 신봉하는 믿음은 중요한 결정에 커다란 영향을 미치는 것이 사실이다.

댄 우드워드가 헌신에 대해서 말할 때 믿을 수 없을 만큼 강력한 전통 가치를 발견할 수 있었다. 인터넷 솔루션, 아웃소싱 회사인 엔헤런트 사의 CEO인 그는 입을 뗀다. "대부분의 리더는 그들이 그 자리를 맡을 때 헌신하는 것이라 인식하지 못하고 있습니다. 그러나 사실 리더는 그의 사원들과 경영 그리고 고객들에게 헌신을 하는 것입니다. 이 단계에 이르기 전까지는 고객과 후원자를 위한 일을 다 해낼 수는 없을 것입니다."

38세 나이에 그는 19개월 전 Inc 잡지 커버스토리로 소개된 회사의 CEO 자리를 맡게 되었다. 회사 창립자인 더그 멜링거의 얼굴이 잡지 커버에 '차기 빌 게이츠' 라는 헤드라인과 함께 실렸었다. 이러한 기사가 실리고 몇 달 내 회사 주가가 한 달 만에 10달러에서 21.63달러로 치솟았고 다시 2달러 급락했다. 네 달 후 그 회사에서 한 달 반밖에 안 된 그를 새로운 CEO로 공표하였다. 그러나 다섯 달이 지난 1999년 11월자 Inc 잡지에 '주식 공개에서 망명-추락한 CEO 이야기' 라는 타이틀로 기사가 실리자. 우드워드는 주식보유자들의 소송과 세무국의 회계감사 등을 당하며 부도 위기에 직면하였다. 그러나 돌이켜보아도 당시에 그는 최적임자였다. 우리가 그를 인터뷰하면서 그의 수치가 전통 가치에서 가장 높은 결과가 나왔다고 하며 그렇게 굳게 신봉하는 가치가 무엇이냐고 묻자 그는 한 치의 망설임도 없이 대답하였다. "저는 융통성을 발휘하려고 애쓰는 편입니다만 타협할 수 없는 것들도 있죠. 사람들을 어떻게 대할 것인가 하는 것은 정말이지 윤리의 문제입니다. 말하자면 헌신과 진실이라고 할 수 있습니다. 저는 리더에게 합리화나 변명은 필요 없다고 생각합니다. 만약 이행할 수 없다면 결정을 내리고 수정을 가해야 합니다. 힘든 시기는 즐겁지 못한 것이 사실이지만 상황에 대해 책임을 저버릴 수는 없습니다. 다른 사람의 귀감이 되어야하며 말하는 것과 일하는 것이 달라서는 안 됩니다." 회사의 과거에서 벗어나

새롭게 신용을 쌓고 돌아오기까지 스무 달이 걸렸으며 그는
회사 이름을 바꾸고 현재 모습으로 이끌었다. "잘된 것은 그
런 것들은 이미 옛날 일이 되어버렸다는 것입니다. 우리는 새
롭게 탈바꿈을 하였고 훌륭한 비즈니스 모델이 있으며 헌신적
이고 재능을 갖춘 열정적인 사원들이 있습니다. 그뿐 아니라
그들의 팀으로서 유대가 강하고 이제 우리 고객은 더할 나위
없이 만족하고 있습니다."

우드워드는 그의 강력한 정신적 가치가 그의 거의 모든 행
동을 결정하며 이는 일에서도 마찬가지라고 인정하였다. "저
는 이러한 가치를 적용했다 안했다 할 수 있는 것이 아니라고
생각합니다. 특정하게 규정되는 것도 아닙니다. 제가 말하고
행동하고 반응하는 것을 일일이 규정짓는 것이 아니고 다만
지지하는 것입니다. 내가 하는 것을 어떻게 하느냐의 문제와
관련된 것이고 강력한 정신적 신념이라고 볼 수 있습니다."

피드백 플러스에서 임원진은 매일 아침 경건한 감사의 기
도로 하루를 시작한다. CEO인 비키 헨리는 서슴없이 최우선
가치를 꼽았다. "하나님이 우선입니다. 그리고 가족 그 다음
이 비즈니스입니다. 저는 반드시 이런 순위로 이루어져야 한
다고 믿고 있어요. 매일 아침 우리는 일을 시작할 때 기도를
합니다. 하나님이 보우하사 저희 회사는 번창할 수 있었고 우

리는 계속해서 이러한 은혜를 베풀어주십사 기도를 합니다. 저는 이 회사가 그분의 회사이고 그분이 맡고 계신다는 생각을 합니다. 그래서 우리는 무엇을 할 수 있는가에 상당한 책임감을 느낍니다." 헨리는 기도를 하는 것은 자유의사에 따르며 아무도 강요하지 않는다는 점을 말하였다. "이것은 절대 의무사항이 아닙니다. 이를 안 한다고 해서 개인의 평가를 달리 하지도 않습니다." 그러나 그녀의 기독교 원리가 회사와 고객을 위한 봉사철학의 초석이라는 점은 의심의 여지가 없다.

인터뷰를 진행한 많은 리더들이 정신적이든 종교적이든 신뢰에 근거한 원리로 회사의 철학을 규정하는 데에도 영향을 미쳤다는 것을 알 수 있다. 컨테이너 스토어의 CEO이자 공동 창립자인 킵 틴델은 예수회에 감화를 받아 철학을 견지하고 그룹을 이끈다. "제가 창립원리를 작성할 때 예전 일을 떠올렸습니다. 저는 달라스에 있는 예수회 고등학교를 다녔는데 당시만 해도 예수회는 매우 급진적이었어요. 철학 같은 것을 공부하는데 상당한 시간을 보냈고 제 자신의 철학파일을 만들었습니다. 저는 뛰어난 생각이나 새로운 생각들은 선생님이 가르친 것이든 혼자 생각해낸 것이든 파일에 첨가하였습니다. 이 파일에 넣을 때는 신중에 신중을 기울여 첨가하였죠."

10년여 경영 끝에 회사는 휴스턴에 상점을 열었다. 당시 직원들도 예상하지 못한 대성공을 거둬 예상의 4~5배의 생산을 하였다. 틴델은 상점에서 회의를 소집하였다. "나는 무슨 말을 할지 어떻게 직원들을 고무시킬지 그래서 그들을 조화롭게 할 수 있을지 생각하였습니다. 그런 끝에 제 파일을 생각해내고 그 곳에서 10개에서 12개 정도의 철학을 끄집어 기틀을 마련하였습니다. 정말이지 최고의 철학들을 엄선하였습니다. 저는 자신의 생활을 위한 철학과 경영을 위한 철학이 따로 있어서는 안 된다고 생각합니다. 그런 식의 사고를 지닌 사람은 비즈니스에서 성공을 거둘 수가 없습니다. 만약 직원들이 그 철학을 좋아하고 당신이 신봉하는 만큼 신봉한다면 최적의 기업문화가 형성되는 것입니다." 틴델의 파일에서 나온 것은 아래 여섯 개의 창립 원리들이며 오늘날 성공적인 소매상인이 되기 위해 취해야 할 행동의 지침이 될 수 있다:

1_ 다른 사람의 바구니를 채워 줘라. 그러면 돈은 자연히 벌릴 것이다.

2_ 사막의 인간(아래 설명 참조)

3_ 뛰어난 사원 한 명은 괜찮은 사원 셋과 같다.

4_ 준비된 자만이 기회를 감지할 수 있다.

5_ 다른 어느 곳보다 최고의 구색을 갖추고 다른 어느 곳보다 최상의 서비스를 제공하거나 동 시장분야에 최상의

가격조건에 상응하라.

6_ 신바람 나는 분위기

사막의 인간은 물을 갈구하며 사막을 기어 나온 사람의 이야기다. 그가 오아시스에 도착하자 상인이 그에게 물을 주었다. 그러나 이 사람이 만약 컨테이너 스토어에 간다면 그곳 직원들은 다음과 같이 말할 것이다. "여기 물이 있는데 먹을 것도 드릴까요? 손가락에 결혼반지를 끼고 있군요. 가족들에게 전화해서 여기 있다는 것을 알려드릴까요?" 이 이야기의 포인트는 컨테이너 스토어에서는 고객에게 단지 물 한잔을 건네고 그것이 고객이 원하는 전부라고 단정해선 안 된다는 철학을 담고 있다. "더 살 기회를 고객에게 제공하지 않는다면 그것은 고객을 기만하는 것"이라고 틴델은 말한다. 이야기의 요점은 물뿐 아니라 먹을 것을 권하고 고객이 요구하는 것 외에 더 파는 것은 고객이 문제를 해결하기 위해 필요한 모든 것을 갖추도록 도와주는 것이라는 점이다. 이러한 철학이 바로 컨테이너 스토어와 다른 상점을 차별화시키는 것이며 고객서비스를 격려하고 있다.

유년의 경험도 진정한 리더의 경영원리에 영향을 끼친다. 라디오 셰크의 CEO인 랜 로버츠는 가난한 집에서 태어나 인종차별폐지 시기에 시카고에서 자라났다. "내 아버지는 시민권리운동가였습니다. 우리는 비웃음을 당했고 경멸의 대상이었으며 아버지의 믿음 때문에 학교에서 얻어맞곤 하였습니다. 증오와 인종차별과 편견을 볼 수 있었습니다. 우리는 고통 받는 사람의 편에 있으려 했어요." 이러한 유년의 경험은 1980년대 로버츠가 패스트푸드 체인점인 쇼니의 CEO자리를 받아들였을 때 직면한 문제를 해결하는데 커다란 역할을 하였다. 당시 그가 사업체를 인수했을 때 쇼니가 막대한 빚에 허덕인다는 사실을 알고 있었다. 그러나 그가 몰랐던 것은 패스트푸드점이 역사상 전례 없는 인종차별 소송에 말려 있었다는 사실이었다. 그는 회사를 일신하는 한편 소송을 해결하는 데 정력을 쏟았다. 로버츠는 쇼니의 창립인이자 전 회장에게 65만 달러에 해당하는 돈을 지불하라고 제안하였다. 그는 결국 이를 받아들였는데 대신 로버츠가 회사에서 물러나는 것을 조건으로 하였다. 그는 사임했다. 월스트리트 저널에 '로버츠 사임하다'는 기사가 실리자 쇼니의 주가는 30% 하락하였으며 로버츠는 그의 공정함과 과단성을 높이 평가받아 라디오 셰크의 최고 경영자 자리를 제안 받게 되었다.

루 스미스는 캔사스시에 소재한 어윙 매리언 카우프만 기금의 CEO이며 이 기금은 청년개발및 기업가정신 관련 프로그램을 운영하는 것과 장학금 조성 사업을 하는 단체다. 비영리 기구의 CEO가 되기 전 그는 앨리드 시그널의 대표였다. 당시를 회상하며 그는 당시 젊은 엔지니어로서 반도체회사에 채용되어 기초적인 믿음을 형성하게 된 것이 얼마나 중요한 영향을 끼쳤는가를 말하였다. "그 때는 1966년이었는데 지금과는 많이 달랐지요." 그는 자신이 아프리카계 미국인이라는 점을 들어 설명하였다. "마틴 루터 킹이 말한 대로 나는 피부색이 아닌 성격과 특징이 중요시되는 조직에 들어갈 수 있었습니다. 그들은 저를 감싸주었고 제가 잘 하고 있는지 관심을 가져주었습니다." 그의 기억 중에 잊을 수 없는 것은 그의 초등학교 선생님이 학업을 계속하여 MBA에 들어가라고 한 것이었다. "선생님도 MBA가 없잖아요"라고 스미스가 그에게 대답하였다. 그러자 그는 두 손을 문지르며 자신이 아프리카계 미국인이라는 것을 상징하며 말했다. "바로 피부색 때문에 너를 끌어내리려는 사람들이 있을 것이다. 우리는 그들이 그런 짓을 못하도록 네 이력서에 가능한 많은 별표를 붙여줄 것이다."

이러한 스승의 지지에도 불구하고 불공정한 인종차별을 접할 때가 있었다. 그러나 스미스는 이미 오래 전에 어떻게 이러한 편견들을 다룰 것인가에 대해 정신적 원칙을 세울 수 있었다. "집에서도 저의 부모님은 피부색으로 변명을 하도록 하지 않았습니다. 인생에 개인 철학을 부정적으로 세우면 부정적으로 될 수밖에 없다고 하였습니다. 그래서 부정적인 면을 받아들여 자신을 약하게 하지 말라고 하였습니다. 헨리 포드가 말한 것처럼 '장애는 목표에서 눈을 떼는 순간 나타나는 것'과 같습니다. 자신이 할 수 있는 모든 것을 다하기 전까지는 피부색을 핑계로 대서는 안 된다고 배웠습니다."

진정한 리더들은 인생의 전환이 된 경험들, 종교와 정신적 믿음으로부터 인생의 시스템을 형성하였다. 이러한 가치들은 그들이 개인적인 삶을 사는 데 또 경영에 관계되었을 때에도 핵심적인 역할을 맡는다. 또한 이러한 가치들은 그들의 리더십에 중요한 역할을 담당한다.

리더는 타고나는 것인가, 만들어지는 것인가

이쯤에서 진정한 리더는 타고난 것인가, 형성된 것인가가 궁금할 것이다.

"진정한 리더는 만들어지는 것입니다. 태어나는 것이 아닙니다." 몬코의 창립자인 잭 칼은 이렇게 말한다. "그렇지만 그들이 속했던 사회, 가족 내 경험과 학교에서의 유년시기 경험이 상당한 영향을 미치는 것도 사실입니다." 우리도 어느 정도까지는 인터뷰를 통해 보았을 때 어렸을 적에 겪었던 일들에서 리더로서의 경향을 본 것이 사실이다. 이러한 인터뷰 결과와 기존 작업의 견해를 통합해볼 때 우리는 유전적인 면과 환경적 요소가 작용한다고 생각한다. "언제부터 자신을 리더로 생각하게 되었습니까?"라는 질문에 남들을 이끌고 싶은 욕구가 어릴 때부터 있었다고 대답을 하곤 하였다. 홀마크의 CEO인 어브 하커데이는 리더는 타고나는 것이냐는 질문을 받고 "그것 참 좋은 질문이군요. 저도 대답은 모르지만 때때로 리더들은 타고나는 것 같지만 그러나 대부분은 만들어지는 것이라고 봅니다. 잠재성과 욕망을 함께 지닌 사람들이 리더로 만들어지는 것이라고 생각합니다. 그러한 경우들을 봐왔기 때문에 그렇다고 말할 수 있습니다."

아메리칸 이탈리안 파스타 사의 CEO인 팀 웹스터는 아주 어렸을 때 이미 리더로서의 자신을 발견했다고 한다. "저는 또래 친구랑 있을 때나 스포츠 팀에서 놀 때나 학생 조직에 있을 때나 항상 리더가 되고 싶었습니다. 운동장에서 뛰어놀 때도 농구나 풋볼을 할 때도 언제나 야망이 높았고 계획을 세울 수 있는 능력이 있다고 믿었습니다. 야심으로 가득 찼으며 의견을 제시하길 좋아하였고 기꺼이 위험을 무릅쓰려 하였습니다." 프루덴셜 애셋 리소스의 앤 햄블리는 다른 사람들보다 더욱 어린 때에 리더로서의 자신을 발견하였다고 한다. -타고난 성정인 것처럼. "제가 다섯 살인가 여섯 살 때 어머니에게제 생일 파티를 열어도 되겠냐고 물어봤더니 '글쎄, 한번 생각해 보자꾸나' 라고 대답을 했어요. 그런 대답을 하고 나서어머니는 생일파티에 참가하겠다는 전화를 받기 시작했습니다. 저는 어머니가 '한번 생각해 보자꾸나' 라고 한 것을 허락으로 받아들이고 알아서 초대를 했던 것입니다. 어머니는 제가 그렇게 앞장서서 일을 추진했다는 사실에 놀라워 하셨고결국 파티를 열게 되었습니다." 햄블리는 어린 동생들이 있었기 때문에 -동생들이 원하지 않을 때에도- 리더가 되는 법을익혔다고 한다. 그녀가 비서업무를 시작했을 때도 이러한 리더십 기질이 인지되어 격려 받았다고 한다. "제 상사가 어느날 제게 놀라운 제안을 하였습니다. 저는 그 때 24살이었는데그는 제가 일한 이후로 쭉 지켜보았는데 3, 4개월 밖에 안 되었는데도 제가 일을 처리하는 것에 감명을 받았다고 하였습니다. '자네는 앞으로 크게 성공할 거야. 이 회사에서 오래 일할수 있도록 연봉을 올려야겠어' 라며 40% 인상을 하였습니다.아마 그는 제 가능성을 보았던 것이겠지요."

앱기네시스의 CEO 브루스 심슨은 중 2 때 자신을 리더로서 파악하였다고 한다. "그 전에도 그랬을 수 있지만 저는 그 때 제가 리더로 보였습니다. 저는 학급의 반장을 맡게 되었는데 제겐 정말 여러가지를 배울 수 있는 기회였습니다. 그 때 저의 학급에는 12명의 학생이 있었는데- 무척 작은 반이었지요.- 선생님께서 우리 가운데에서 반장을 뽑아야한다고 말씀하셨습니다. 그 때 반 아이들이 전부 '부르스요, 부르스요!' 라고 해서, 이를테면 떠밀려서 반장일을 맡게 되었습니다. 그 후로 제가 원하든 원하지 않든 저는 학급의 반장이 되었습니다. 사람들이 저를 그 자리에 올린 것입니다. 이런 경험이 제 유년의 아주 중요한 경험들입니다."

딜로이트 앤 터슈의 CEO인 제임스 코프랜드는 자신이 이끌지 않는 조직이란 생각할 수 없다고 말한다. "저는 평생 동안 리더십에 매료되었다고 할 수 있습니다. 리더를 리더이게 하는 지속적인 힘은 바로 그들이 남들을 이끌고 싶어 한다는 데 있습니다." 코프랜드는 리더십에 뛰어난 자질들-흡인력이 있고 친절하며 똑똑한 등등의-을 지닌 사람들을 봐왔다고 한다. "그들은 결국 리더가 됩니다. 그러나 그것은 그들의 성취에 따른 것이라기보다는 통제를 하고자 하는 욕망과 관련이 있다고 생각합니다. 그러나 제가 말하는 통제는 세세한 부분까지 관여하는 것을 말하는 것이 아닙니다. 저는 방향을 제시하는 단계에서의 통제를 말하는 것입니다. 저는 다른 사람들이제 조직의 전략과 방향을 세우는 것을 참지 못합니다. 저는 목표를 달성할 사람들을 가지고 있으며 어떻게 할 것인가에 관한 포괄적인 범위를 제시합니다. 그러나 전략의 최상층에서는 결정을 내리는 사람이 바로 저이기를 원합니다."

그렇다면 당신도 리더로 만들어질 수 있는가? 특히 진정한 리더로? 아마 아닐 수도 있다. "저는 사람들을 유능한 리더로 훈련시킬 수 있는지 잘 모르겠습니다." 샤또 커뮤니티의 CEO인 개리 맥다니엘은 말한다. "그들에게 틀을 제시하고 세미나에 보내고 설명을 할 수도 있으며 경영 수업에 보낼 수도 있을 것입니다. 그러나 사람을 좋은 매니저로 만드는 것은 시간과 경험, 그리고 실수를 하고 그에서 배울 수 있는 능력에서 나오는 것입니다. 이런 것을 경험한 사람들이 좋은 매니저가 되며 이런 것을 하지 않은 사람들은 살아남을 수 없거나 살아남더라도 좋은 매니저가 될 수는 없습니다." 자아 동기부여가 관건이라고 맥다니엘은 믿고 있다.

때로는 타인의 영향으로 리더십을 키우는 경우도 있다. PVS 화학의 CEO인 짐 니콜슨은 중학교 1학년 때 반장을 맡았다고 한다. "저는 제가 리더가 되리라고는 꿈에도 생각해본 적이 없었습니다. 저는 현실에선 사람들이 리더를 만드는 것이라고 생각합니다. 그 후로 저는 많은 것들을 이끌 수 있었지만 대부분의 경우 누군가 와서 '이거 맡아볼래? 이거 해볼래?'라고 제안을 하였습니다. 제가 나가서 리더가 되겠다고 하지 않았는데 말입니다. 저는 자신이 리더이기 때문에 리더인 것이 아니고 사람들이 따르고자 하기 때문에 리더가 되는 것이라고 생각합니다. 대부분 '누군가 이걸 해야겠어. 그가 제일 적당하겠군. 그로 결정하자!'고 해서 결정되는 경우가 많습니다."

퍼스트 텍사스 밴코프의 CEO인 개리 넬론은 전 상사가 그를 전적으로 믿고 은행의 부서를 맡겼을 때 리더로서 자신을 인식했다고 한다. 전에는 그 자리에 앉으리라고는 상상도 못했다고 한다. "저는 그 자리에 적임자를 찾기 위해 철저히 조사를 할 것이고 그 사람은 은행의 다양한 부문에 경험이 많은 사람일 것이라고 생각했습니다. 아마도 그들이 제게 그 일을 맡긴 것은 제가 할 수 있다는 판단에서였던 것 같습니다. 이어 저는 교회에서도 책임을 맡았고 제 두 아이를 입양한 엔딩 랜딩에서도 리더를 하게 되었으며 오스틴 유나이티드 웨이에서도 맡고 또 다른 곳에서의 역할 등 여러 기구에 리더를 맡게 되었습니다. 저는 이런 것들을 기회로 보았습니다. 이런 기회가 자연스럽게 찾아오고 이를 즐기는 것이 좋을 것입니다. 생각해보면 그 때가 나도 리더가 될 수 있을 거야. 해낼 수 있을 거야라고 생각했던 최초의 기회였습니다." 자신의 경험에서 그가 내린 결론은 리더는 만들어지는 것이라는 점이다. "많은 사람들이 리더는 타고나는 것이라고 생각합니다. 그렇지만 배경으로 타고나는 것이라면 그들은 그게 전부인 것입니다. 저는 그냥 리더가 되는 것은 아니라고 생각해요. 제가 가장 성취감을 느낄 때는 자신이 할 수 없다는 인식에서 사람들을 벗어나게 할 때입니다. 누구나 적절한 격려와 자원, 도구가 갖춰지면 해낼 수 있을 뿐 아니라 다른 사람의 귀감이 될 수 있다는 사실을 깨닫게 될 것입니다."

웨이트 와처 인터내셔널의 CEO인 린다 후잇은 자신이 행하고 있을 때 리더십에 대해 말하기는 어렵다고 한다. "오히려 자신을 위해 일하는 리더들을 관찰할 때 쉽게 알 수 있지요." 그녀의 관찰에 따르면 리더십을 향한 접근이 잘못된 사람들의 경우는 현재에 충실하지 않은 때라고 한다. "저는 사람들이 지금, 여기에 살고 있지 않기 때문에 작업 환경에서 재미와 기회를 발견하지 못한다고 생각합니다." 그렇다면 이에 대한 그녀 조언을 들어보자. "다음에 무엇을 해야 할지 어떻게 될지 고민하지 마십시오. 지금 있는 곳에서 집중을 하고 개발을 하도록 하십시오. 성과는 자연 따라오게 마련입니다. 만약 다음 업무에만 지나치게 집중하게 된다면 지금 당장 하고 있는 일을 잘못할 가능성이 높아집니다. 만약 지금 당장 하고 있는 일에 집중한다면 생각지도 못했던 좋은 결과들이 일어날 것입니다." 그녀는 리더십도 발전한다고 생각한다. 우리는 진정한 리더가 사원들에게서 리더십의 자질을 발견하고 격려와 기회인지를 통해 개발하려고 노력한다면 발전한다고 믿는다.

인터뷰에 들어가기 전 우리는 진정한 리더에게 중요한 특징이라고 생각되는 목록을 작성, 제시하였다. 그들은 순위를 매기고 작성하는 동안 그리고 인터뷰 도중에 의견을 제시하였다. 이 과정을 통해 진정한 리더들이 뽑은 10가지 중요한 특징들을 뽑을 수 있었다. 이 모든 것들이 사람과 이윤을 형성하는 데 핵심 역할을 담당하고 모두 중요하기 때문에 특별한 순서에 따른 등급을 매기진 않았다. 대신 다음 장들에서 이러한 원리들을 탐구하고, 리더들이 이러한 원리들을 어떻게 실행했는지를 사례를 통해 보여 주고 있으며 〈자기탐색과 발견〉란을 두어 여러분의 리더십 개발과 관련해 각각의 원리를 생각해 보도록 질문들을 실었다.

다른 사람의 개발을 돕는 것이 당신의 직업에 어느 정도 비중을 지니고 있습니까?

다른 사람들이 직업 능력을 개발하는 것이 당신에게 얼마나 중요한지 1에서 10의 수치로 설명해 보십시오.

결과에 좌우되는 편입니까?

자신의 성취를 위해 타인의 감정을 희생하겠습니까?

남에 대한 통제권을 지니고 있어야 합니까? 그렇다면 어느 정도 지녀야 합니까?

포기할 수 없는 굳건한 신념, 신조가 있습니까?

혼자 일하는 것과 팀으로 일하는 것 중 어느 것을 선호합니까?

자신의 가치체계와 배치되는 상황에 처한다면 어떤 행동을 취할 것입니까?

결정을 내리는 데 작용하는 원리는 어떤 것이 있습니까?

사람들은 당신을 과정의 동반자로 봅니까, 아니면 결과의 평가인으로 봅니까?

진정한 리더와 비교해 당신의 가치들은 어느 정도로 평가될 수 있습니까?

당신의 기본 가치를 드러내기 위해 어떻게 합니까?

2장

열정은 필수 조건이다

열정은 진정한 리더십을 위한 필수 조건이다. 그것은 목적의식을 견지하고 타인을 배려하는 작업 환경을 단단히 뿌리내리게 하는 원동력이다. 또한 이윤 자체가 아닌 더욱 큰 성과를 내고자 하는 열망을 일으킨다. 라디오 셰크(Radio Shack)의 CEO인 랜 로버츠(Len Roberts)는 열정을 자신의 "비결"이라 부른다. "무엇인가 이야기할 때에는 열의를 쏟아야 합니다. 그리고 타인을 배려해야 합니다. 그러나 배려하는 척 꾸며서는 안 됩니다. 비즈니스를 진행하고 임직원을 배려하며 그들이 개인적으로 성공하기를 바라는 것은 모두 열정의 소산입니다. 많은 리더들이 실패하는 원인은, 열정이 부족하기 때문입니다."

홀마크 카드(Hallmark Card)의 CEO인 어브 하커데이(Irv Hockaday)는 리더로서 성공하기 위해서는 열정이 반드시 필요하다고 말한다. "사람들에게는 동기 부여가 필요합니다. 어떤 경우에는 자기 스스로 동기를 부여할 수 있지만, 거대한 조직의 차원에서 이야기하자면 동기 부여는 커뮤니케이션을 통해서도 이루어져야 합니다. 리더가 새로운 비즈니스 기회와 고객에 대해 열정을 지니지 않는다면, 임직원에게 동기를 부여할 수 없습니다. 그래서 나에게 열정은 일을 잘하기 위한 필수 조건입니다. 동시에 다른 사람들이 일을 잘 해내도록 만드는 필수 조건이기도 합니다.”

탁월한 리더들과 열정에 대한 의견을 나눈 결과, 열정은 크게 세 가지로 구분할 수 있다고 분석했다. 첫째, 비즈니스를 향한 열정, 둘째, 사람을 향한 열정, 셋째, 더 높은 목표를 설정하려는 열정이다.

비즈니스의 목표를 향한 열정

맨코(Manco)의 창립자 잭 칼(Jack Kahl)은 여러 비즈니스 그룹에 강사로 초빙되는데 칼이 즐겨 하는 강연 가운데 하나는 “마음에 빗장을 걸지 말라”는 것. 이 연설에 대해 칼이 이야기했다. “마음을 가족에게만 열지 말라는 것입니다. 회사에서도 마음을 열어, 리더가 비즈니스에 100% 몰두하고 있으며 다른 사람들도 그러기를 바란다는 사실을 보여주십시오.” 칼은 대부분의 리더들이 실패하는 원인이 인간다운 면을 개발하지 못한 데 있다고 한다. “어리석게도, 리더들은 자신의 인간성을 나누고 싶어 하지 않습니다. 그들은 자기 자신을 드러내는 것에 애를 먹습니다.” 리더들에게 결여된 가장 큰 부분이 바로 여기에 있다는 게 그의 생각이다. 또 그는, 많은 리더들은 자기감정을 비즈니스에 끌어들였을 때 사원들에게 이를 감지당할까 두려워한다고 했다. "리더도 사람입니다. 감정이 없는 물건도 아니고, 손익 계산만 따지는 계산기 같은 인간도 아닙니다." 칼은 이러한 두려움을 이해할 수 없다고 하면서 다음과 같이 말했다. "역사상 가장 위대했던 군대 지도자나 정신적 지도자들은, 사람들의 머리가 아니라 영혼에 호소했습니다." 칼은 열정이야말로 가슴에서 나오는 것이라고 생각한다. 그의 생각에, 리더의 가슴에서 아무 것도 보여주지 않는다면 그 조직은 허약해진다. 그는 10억 달러의 자산을 보유한 동료와 이야기를 나누었던 것을 예로 들었다. 그 동료는 "나는 감정 없이 사업만 운영하는 것 같다"고 말하곤 했다. 칼은 말을 이었다. "그는 가슴이 아니라 머리로 회사를 경영했으며, 스스로도 그 사실을 알고 있었습니다. 그는 파산을 했는데, 사원들 또한 마찬가지로 냉정했습니다. 우수한 사원들은 모두 떠나버렸지요. 결국 회사에는 우수한 사원이 남지 않는 바람에, 그는 재기할 수 없었습니다."

컨테이너 스토어(The Container Store)는 리더가 열정을 드러내는 것을 두려워하지 않는 비즈니스의 전형을 보여준다. "나는 일을 정말로 사랑하는 사람들이 함께 일하고 있습니다." 공동 창업주인 개릿 분(Garret Boone)은 이렇게 말한다. "직접 고객과 상대하고 그들의 문제를 해결할 수 있다는 소매 개념을 도입하고 있다는 사실을 즐기고 있습니다. 그 결과 우리는 업무를 효율적으로 처리하며, 고객은 우리를 좋아합니다. 그들은 그 사실을 우리에게 말하고, 그들의 친구에게 이러한 만족을 이야기하고 그들의 친구는 다시 우리에게 이야기합니다. 이 사이클의 선결 과제는 열정입니다." 분은 또한 이러한 열정은 고객과 직접 대면하는 직원뿐 아니라 다른 부문의 임직원에게도 해당된다고 말했다. 자신들과 같은 시스템을 성공적으로 도입하지 못하는 다른 회사의 실패 요인은 대부분 이러한 전면적인 열정을 이해하지 못했기 때문이라 한다. "그들은 상점에 들어가 보고는 '그래. 뭐 상품과 직원뿐이군' 이라고 말하고 맙니다." 하지만 사실은 바로 상품과 직원이야말로 쉽지 않은 부분이다. 첫 번째는 고객의 구매를 유도하기 위한 지속적인 상품의 개량, 향상이다. "두 번째로, 임직원에 관련된 문제가 가장 어렵습니다. 우리는 뛰어난 직원을 채용해야 합니다. 그리고 그 직원은 회사가 요구하는 수준의 서비스를 어김없이 제공해야 합니다. 컨테이너 스토어는 뛰어난 직원 한 명이 괜찮은 직원 세 명과 같다는 철학을 가지고 있습니다." 그래서 그들은 단지 뛰어난 사람들만 뽑는다. 그리고 교육을 통해 진정으로 임직원을 개발시킬 수 있다는 사실을 믿어야 하며, 정말로 그렇게 믿는다면 모든 필요한 교육을 제공해야 한다. "우리에게는 열정을 지닌 사람들이 필요합니다. 그들을 통해 고객과 상호작용을 해야 하기 때문입니다. 그러기 위해서는 선결 과제가 있습니다." 이를 위해서는 눈앞에 보이지 않는 일에 대해서도 열정을 지녀야 한다고 말한다. 그는 열정에 대해 이야기하면서 회사의 "엘파"라는 제품 판매에 대해 이야기하였다. 엘파는 컨테이너 스토어의 상품으로 선반 정리용 도구다. "우리는 엘파의 판매를 위해 일년을 노력했습니다. 회의 때마다 우리는 계획의 어떤 부분이 잘 이루어졌고 어떤 부분에 향상이 필요한지를 의논했습니다. 이 기나긴 과정에 열정이 필요하였습니다. 물품 판매와 재고 파악을 비롯한 여러 분야의 근무자들이 모두 열정을 지녀야 합니다. 왜냐하면 질 좋은 물건이 있고 뛰어난 점원이 있더라도 뒤에서 일하는 직원들이 열정적으로 일하지 않는다면 원하는 결과를 얻을 수 없기 때문이죠."

분은 컨테이너 스토어의 임직원이 모두 열정적이며 그들의 일에 최선을 다한다는 사실을 부각시켰다. 그러면 그들은 어디에서부터 이 뛰어난 인력을 발굴해냈을까? 바로 보유하고 있던 인력에서부터였다. 회사에서 일하는 임직원이 다른 뛰어난 직원을 추천하고 채용하는 역할을 담당하고 있다. 작년도 신규 직원의 44%가 내부 추천을 통해 채용되었던 것이다.

비즈니스에서 열정이 결여된 사람에 대한 분의 조언을 들어보자. "그냥, 다른 직장을 찾아보는 편이 나을 것입니다."

아메리칸 이탈리안 파스타(American Italian Pasta)를 오늘날 북미 최고의 파스타 생산업체로 끌어올리는 데서도 열정은 핵심적 역할을 했다. CEO인 팀 웹스터(Tim Webster)는 "진정한 리더는 회사의 존재 가치를 임직원에게 명확하게 이해시키고, 열정과 끈기로 목표를 달성해내야 한다고 생각합니다." 웹스터는 자신을 이성적이기보다는 열정적이고 감정적인 사람이라 소개한다. "저는 감정에 따라 동기가 유발되고 감정에 따라 이끌어집니다. 저는 아주 경쟁심이 강합니다. 그래서 승리를 거두거나 무언가 잘 해내는 것을 매우 기뻐하며, 반면 남에게 지거나 실패하는 것을 무척 두려워합니다. 제 생각에 동기를 유발하는 것은 논리적 믿음보다는 가슴에서 우러나는 감정이며, 그것이 더 강력하고 지속적이라고 생각합니다. 동기는 내부에서 우러나야 한다고 생각합니다." 그의 열정은 젊어서부터 시작되었다. 25살 때 개인 기업의 재정 책임자로 합류했고, 29살 때는 회사가 구조조정되면서 사장으로 임명되었으며, 일년 후 CEO가 되었다. 5년 후 그는 회사를 주식 시장에 상장했으며 정력적으로 이윤을 내기 시작하였다. 회사는 엄청난 상승을 거듭하여, 2000년에는 최근 3년의 성장률이 37.7%을 기록하였다. 이것은 시장의 평균 성장률인

4.4%를 훨씬 넘는 수치다.

웹스터는 품질, 가격, 서비스에 고객에게 선택받는 최고 회사로 키우고자 하는 그의 열정, 그리고 법의 한도 내에서 무엇이든 하려는 의지가 임직원에게 가장 깊게 영향을 끼쳤을 것이라 말하였다. "나는 우리 회사의 임직원이 단지 오백 명이라는 사실을 강조합니다. 미국의 이억 칠천 오백만 인구 가운데 단지 오백 명만이 우리 회사에서 일하고 있다는 사실을 늘 강조합니다. 우리 직원 모두는 〔품질, 가격과 서비스〕 이 세 가지 요소에 직접적으로 영향을 미치고 있습니다. 그래서 나는 고도로 복잡한 비즈니스에서 인적 자원이야말로 가장 중요한 자산이라 생각하고, 우리 회사의 리더로서 책임을 느낍니다."

비즈니스 스쿨의 교과 과정에서는 열정에 관한 과목을 찾을 수 없다. 선택 과목으로도 지정이 되어 있지 않다. 그러나 실제 지도하는 과정에서는 핵심적인 역할을 수행한다. 웹스터는 "나는 MBA 과정을 '어떻게든 되게 하라' 대학교에서 수료하였다"고 농담을 했다. "요즘의 비즈니스 스쿨에서는 과정을 수료한 사람을 투자 은행이나 컨설팅 업체로 보내고 있습니다. 다른 실무 분야로는 보내지 않는데, 여기에 큰 문제가 있다고 생각합니다." 그는 고급 교육을 받은 컨설턴트들이 사실은 그들이 컨설팅하는 산업의 실무를 모른다고 말한다. "그들은 우리가 그대로 실행하지 않았다고 비난할 수 있겠지요.

그렇지만 그에 대한 책임은 없습니다. 그러니까 결국 실제적인 상업적 원리 안에서 자신의 결정에 고민하게 됩니다." 웹스터는 자신이 내린 결정에 고민하게 될 지위에 오를 때까지 직장에 근무해야 한다고 말한다. "입사만 하면 근무 연수에 따라 자동으로 승진이 이루어지는 시스템을 좋아하지 않습니다." 그는 이러한 방식은 기업의 인적 자원의 가치를 깎아내리는 것이라고 생각한다.

포춘지가 선정한 가장 일하고 싶은 회사 가운데 10위에 오른 플란테&모란(Plante&Moran)의 경영 이사인 빌 매튜(Bill Matthews)는 다음과 같이 말한다. "저는 하버드대 학위도 없고, MBA도 다니지 않습니다. 그러나 우리 회사를 위해 헌신하고자 하는 열정을 가지고 있습니다." 그는 이어서 회사의 존립 이유와 기본 원칙에 대해 이야기하였다. "사실 이러한 것들은 종이쪽지에 불과할 수도 있습니다. 여기 기재된 내용은 아마 다른 조직에서도 많이 사용되고 있을 것입니다. 그러나 우리는 다른 조직과 달리 이 종이 위에 쓰인 대로 실천하기 위해 노력합니다. 어떤 것이 옳은 결정인지를 판단하는 순간에는 회사의 기본 원칙을 펴보고 이것을 적용합니다. 또한 어느 방향으로 갈 것인가를 결정할 때에도 언제나 이것을 적용하고 있습니다. 그러므로 우리 임직원들은 회사가 내릴 결정을 예상할 수 있습니다. 우리에게 이것은 십계명과도 같습니다." 때로는 실수가 있기도 하다. 그는 회사의 덕목 가운데 '우리는 배려합니다. 우리는 황금률의 원칙에 따릅니다. 우리는 공정함을 위해 애씁니다' 는 구절을 상기하였다. "우리 목표는 노력하는 것입니다. 물론 우리가 항상 공정하다고 말할 수는 없겠지요. 그러나 우리는 공정해지기 위해서 노력합니다. 결국 '우리는 배려합니다' 라는 철학에 집약되어 있다고 할 수 있습니다. 우리 회사에 오래 근무한 사람은 이러한 원리와 핵심 가치, 창립 이념에 흠뻑 젖어있습니다. 바로 이런 강력한 기업 문화 덕택에 우리는 목표를 향해 지속적으로 집중할 수 있습니다."

웨이트 와처 인터내셔널(Weight Watcher International)의 CEO인 린다 후잇(Linda Huett)은 열정이야말로 비즈니스에 새로운 아이디어를 공급하고 성장을 촉진하는 요소라고 강조한다. "우리 회사는 상품을 생산하면서 동시에 정서를 창출하기도 합니다. 다이어트의 경우를 예로 들자면, 칼로리 흡수량을 줄이면 살이 빠진다는 것은 누구나 아는 상식이고 사실입니다. 그러나 체중 때문에 고민하는 대다수 사람들에게는 그렇게 간단한 문제가 아닙니다. 대개 그들의 문제는 논리적인 면보다는 정서적인 면에 가깝습니다. 음식을 대하는 태도라든지, 삶에 음식이 차지하는 비중, 그런 문제들이지요." 후잇은 리더가 이런 부분을 이해하지 못한다면 임직원들은 회사의 제품을 단순하게 생각한다고 말한다. "자사 제품에 대한 정확한 이해, 그리고 시장에 대한 자신감에서 비롯된 열정, 이 두 가지만 있다면 최상의 의사 결정, 제품의 선택과 개발 등의 문제가 반드시 필수적이지 않을 수도 있습니다." 후잇은 회사가 새로 도입한 프로그램의 성공 사례에 대해 이야기하였다. 만약 영양사들만 참여하였다면 그 프로그램의 성공은 불가능했을 것이라 하였다. 이 프로그램의 디자인에는 영양사뿐 아니라 연구 분야, 마케팅 분야의 직원 및 기타 임직원이 모두 참여하였다. "이러한 쌍방향 접근은 많은 노력과 시간을 요합니다. 개발하기도 쉽지 않습니다." 그녀는 난점을 인정하면서도 장기적인 관점에서는 충분히 가치가 있다고 말한다. "리더로서 이러한 어려운 과정을 수행할 열정이 없다면, 조금 간단한 방법을 택할 수도 있겠지만, 장기적으로 좋은 결과를 얻지 못할 것입니다."

PVS 케미컬(PVS Chemical)의 CEO인 제임스 니콜슨(James Nicholson)은 안전의 중요성 및 자신의 회사가 사회에서 하는 역할에 대해 대단한 열정을 지니고 있다. "화학 관련 산업은 아마 대중이 생각하기에 두 번째쯤으로 나쁜 산업일 것입니다. 제일 나쁜 회사는 담배 회사겠지요. 다시 말해서, 우리는 담배 산업 다음쯤이라는 것입니다. 화학 산업에 종사하는 모든 사람이 알아야 하는 점은, 일반 대중은 화학 산업 및 우리가 하는 일에 대해 잘 모르고 있다는 사실입니다." 그는 이어 그가 가진 열정을 이야기했다. "오늘 여기에 올 때 차를 타고 오셨을 것입니다. 마이크로프로세서가 시동을 거는데 도움을 주면, 배터리의 황산이 차를 움직이게 만듭니다. 만약 우리가 황산을 만들지 않는다면, 자동차는 움직일 수 없습니다." 그는 계속해서 이야기하였다. "매일 우리는 안심하고 물을 마실 수 있습니다. 우리가 염화제이철을 만들어 물을 정화시키므로 물을 마셔도 이질에 걸리지 않는 것입니다. 그래서 이러한 우리의 노력과 공헌에 대해 감사하고 계십니까?" 그는 자문자답하였다. "그렇지 않을 것입니다. 사람들은 이를 당연하게 생각합니다." 그는 이 세상 어딘가에는 깨끗한 물이 존재하지 않는다는 사실을 지적하였다. "우리가 하는 일들을 일반 대중은 그 사실을 모르고 있습니다. 하지만 여기서 일하는 임직원은 이러한 사실을 알아야 하며, 또 우리가 하는 일에 자부심을 가져야 합니다."

그는 회사의 목적과 중요성에 대해 대단한 열정을 가지고 있어서, 〈PVS 101〉이라는 과정을 강의할 정도다. "이 회사에 일하는 사람들은 모두 PVS101 교육을 이수해야 합니다. 저는 사정에 따라 일년에 서너 번 정도 강의를 합니다. 과제도 내줍니다." 과정은 모두 8시간이며 강연, 게임, 역할극, 그리고 테스트로 구성되어 있다. "테스트에서 70점을 맞지 못하면 다시 여덟 시간의 교육을 받아야 합니다. 그러나 포상도 있습니다. 만약 100점을 받으면 즉석에서 상금 100달러를 받습니다." 그는 회사의 핵심 가치 목록 아홉 가지(회사에서 '니콜슨 9'라고 불린다) 가운데 안전을 최우선으로 꼽고 있다. 만약 '니콜슨 9'를 소지하고 다니는 사원을 발견하면 그는 즉석에서 20달러를 준다. 그에게 타협할 수 없는 최상의 가치는 바로 안전이다. 그는 우리에게 이렇게 말하였다. "우리 회사 어디에서든 아무 직원이나 붙잡고서 우리 회사의 최상 가치가 무엇인지 물어보십시오. 만약 안전이라는 대답을 듣지 못한다면, 그 직원을 그 자리에서 당장 해고시켜버려도 좋습니다." 어째서 그는 이처럼 안전에 열정을 품고 있는 것일까? "안전은 품질보다 중요합니다. 고객보다 중요하고 이윤보다 중요합니다. 만약 안전에서 실패한다면 모든 것이 실패하게 되기 때문입니다."

퍼스트 텍사스 뱅코프(First Texas Bancorp)의 회장인 개리 넬론(Gary Nelon)은 비즈니스 열정에 대해 이렇게 말한다. "열정이 없이는 무엇도 성취할 수 없습니다. 열정이란 단순히 회사가 잘 되기를 바라는 욕망과는 다릅니다. 열정은 언제나 우리 마음속에 있어야 합니다. 언제나 열정을 가지고 살아야 합니다. 편할 때만 열정을 가져서는 안 됩니다. 회사의 목적과 가치에 대해 열정이 있어야 합니다. 그리고 동일한 목표를 향해 노력하는 임직원에 대한 열정을 가지고 있어야 합니다."

사람을 향한 열정

데이빗 노박(David Novak)은 리더십은 날마다 확인해야 하는 것이라 생각한다. "자기가 리더라는 사실을 당연하게 여겨서는 안 됩니다." KFC, 피자헛과 타코 벨 등의 패스트푸드 체인점을 운영하는 트라이콘 글로벌 레스토랑(Tricon Global Restaurant) CEO인 그의 언급이다. "많은 사람들은 내 직책을 부러워합니다. 나 스스로도 내 일이 멋지다고 생각합니다. 하지만 이런 일을 계속해 나가기 위해서는 그에 상응하는 권리가 있어야 합니다." 리더십을 유지하기 위해서는 전 세계의 모든 임직원이 그의 철학을 알아야 한다. 그래서 노박은 회사 중역들에게 〈인적 자원의 개발 : 팀과 더불어 성과를 얻어라〉는 제목의 과정을 개발하여 교육시킨다. "리더로서 최우선 과제는 사람들의 능력을 인지하고 계발하는 것입니다. 이것은 리더 개인의 능력보다 중요합니다. 사람들이 없으면 어떤 일도 할 수 없기 때문입니다." 노박은 왜 리더들이 이렇게 간단한 개념을 이해하지 못하는지 알 수 없다고 한다. "임직원들이 조화롭게 일한다면 비즈니스를 통해 더 많은 고객을 만족시킬 수 있습니다. 사람들이 조화를 이루어 직무를 처리할 때 고객이 만족하는 것을 보면 놀라지 않을 수 없습니다. 그리고 더 많은 고객을 만족시키는 것은 바로 더 많은 돈을 버는 것입니다."

"사람이 없다면 어떤 일도 할 수 없습니다. 고객은 레스토랑에 들어서자마자 임직원들에게서 에너지를 느낄 수 있어야 합니다. 그리고 팀워크를 느껴야합니다. 그들이 고객의 만족에 헌신한다는 사실을 느끼도록 해야 하며 이러한 느낌을 모든 점포에서 지니고 싶습니다. 이런 것은, 해당 레스토랑의 리더가 팀을 조화롭게 구성하고 적절하게 동기 부여를 할 때 가능합니다." 바로 이 때문에 트라이콘에서는 레스토랑 매니저가 가장 중요한 리더라고 노박은 설명한다. "가장 중요한 리더는 제가 아닙니다. 저는 CEO이고 경영 전략적 이슈나 기타 몇 가지 사항에 대해서 최종 결정을 내립니다. 그러나 회사로서는 레스토랑 매니저야말로 가장 중요한 리더입니다. 그들이 팀을 지휘하고 고객을 만족시키기 때문입니다." 이러한 철학을 전 세계 지점에 전파하기 위해 그는 CEO가 된 이후 지금까지 세계 곳곳의 600여 중역진을 교육하였다. "낮이고 밤이고 그들과 함께 있었습니다. 그들에게 팀의 지휘 및 운영에 대한 13가지 리더십 원칙을 가르쳤습니다. 효과는 대단했습니다." 우선 노박은 회사 내외에서 그가 배운 것과 그가 저지른 시행착오에 대해 이야기한다. 그 다음으로는 삼일하고도 반나절동안 회사에서 어떤 일이 벌어지고 있는지 그들의 견해를 경청한다. "정말 대단한 일입니다." 그는 펩시콜라에서 근무하였을 때 회사 임직원들이 열정을 품는 것이 중요하다는 사실을 배웠다고 한다.

"저는 펩시콜라의 마케팅 부서에서 근무하고 있었고 저는 회사 대표가 되고 싶었습니다." 노박은 당시 회사에서 인사이동이 있다는 사실을 알고 상사에게 말하였다. "저는 펩시콜라사의 경영진이 되고 싶다고 말하였습니다. 제 상사는, 제가 경영에 대해 아는 바가 없다고 대답하였습니다." 그 때 노박은 이렇게 대답하였다. '지금 당장은 그렇습니다. 하지만 8주만 시간을 주십시오. 그 때에도 제가 직무를 수행하지 못하면 저를 해고해도 좋고, 좌천시켜도 좋습니다. 최선을 다해 보겠습니다. 부족한 점을 보완하기 위해 모든 노력을 다 하겠습니다." 그래서 노박은 일을 맡게 되었는데, 자신의 부족한 부분을 메우기 위해 택한 방식은 사람들에게 다가가는 것이었다. "저는 일선으로 갔습니다. 매장에 가서 영업 부문의 직원에게 영업에 대해 묻고, 창고 관리 직원에게 창고에 대해 물었습니다. 직위가 있었으니까 가능했던 일입니다. 아무튼 저는 실질적인 노하우를 가지고 있는 사람들로부터 배웠고 정말 대단한 경험이었습니다." 그는 매장에 나가서 직접 경험을 통해 얻은 정보를 얻었으며, 저녁에는 사무실로 돌아와 중요한 업무를 모두 처리했다. 이런 과정에서 리더십 역할에 필요한 기술을 하나 더 배웠는데, 그것은 인적 자원을 보상하는 일에 대한 중요성이었다. "적절한 보상의 중요성은 펩시의 경영진으로 근무하며 배웠습니다. 나는 그 때 경험을 늘 이야기합니다."

노박은 세인트루이스에 있는 매장에서 저녁 여섯 시에 원탁회의를 가졌다. "그 때 약 열 명 정도 사람이 있었습니다. 저는 그들에게 판매에 대해 질문하였습니다. 어떻게 해야 판매를 더 잘 할 수 있을 것인가? 누가 판매를 잘 하는가? 어떤 방법을 쓰는가? 이런 질문들이었죠. 그러자 자리에 있는 사람들이 모두 제 맞은편에 앉아 있던 밥(Bob)이란 사람을 이구동성으로 불렀습니다. 그들은 "밥이 전 회사를 통틀어 판매의 일인자"라고 말했습니다. 회의실에 있던 모든 사람들은 밥이 어째서 판매의 일인자인지 말하기 시작했습니다. 그는 단 여섯 시간 만에 그는 제가 6년간 쌓아온 지식보다 더 많은 것을 보여주었습니다. 어떻게 병을 유통시키는가, 매장 관리자에게 디스플레이 공간을 더 따낼 수 있는가, 하는 것들에 대해 배웠지요. 그런데 조금 후에 밥은 울음을 터뜨렸습니다. 그래서 나는 왜 우느냐고 물었습니다. 밥은 '제가 이 회사에 몸담은 지 43년이 되었습니다. 꼬박 43년입니다. 그런데 오늘처럼 제 말을 귀담아 들어준 사람은 처음입니다." 노박이 회의실을 돌아보았을 때, 울먹이지 않은 사람은 아무도 없었다. "저는 그 때 다짐했습니다. 내가 회사 대표가 되는 날이 온다면 이런 사람을 포상하리라고 말입니다." 이 책의 8장에서 노박이 사람을 포상하는 것에 대해 자세히 설명하고 있다.

"만약 우리가 임직원의 능력 향상에 초점을 맞추고 그들을 성장시킨다면, 결국 더 많은 고객을 만족시키게 될 것입니다. 직원들은 마케팅 관점에서 고객 의견에 귀 기울이고 그들에게 서비스하기 때문입니다. 모든 레스토랑에서 이런 일이 일어나면 판매가 증대되고 이윤이 커져, 결국에는 주가가 오르게 됩니다. 임직원을 교육시키고 동기를 부여하며, 좋은 여건을 조성해주고 능력에 대해 포상한다면, 그러면 성공은 자연히 뒤따를 것입니다."

세계 최대 회계법인 가운데 하나인 딜로이트&터슈의 CEO 또한 인적자원의 가치에 대해 열정을 가지고 있다. CEO인 짐 코프랜드(Jim Copeland)는 많은 리더들이 사람과 이윤을 함께 보지 못해 실패한다고 말했다. "우리는 그 둘을 함께 봅니다. 인력은 비용이 아닙니다. 인력은 투자입니다. 인건비를 비용이라고 생각하는 것은 잘못된 인식입니다. 만약 임직원이 비용일 뿐이라면, 별로 좋지 못한 임직원을 고용하고 있는 것입니다. 그들을 해고하고 다른 사람을 얻으십시오." 그는 충고했다. "임직원을 비용으로 간주하고 그들 때문에 이윤이 낮아진다고 생각한다면, 절대 만족스런 성과를 내지 못할 것입니다. 우리가 임직원을 잘 대우할수록 그들은 오랜 기간 회사에 머물 것입니다. 이직률이 낮아지면 신규 직원의 채용 및 교육에 투자되는 비용이 줄어들 것입니다. 숙련된 노동력이 많을수록 회사의 시장 가치는 더욱 높아질 것이며, 그들의 서비스 기여분을 가격에 포함할 수 있습니다." 코프랜드는 좋은 경주마를 가지고 있으면서 먹이를 아끼는 것의 비유를 들었다. "경주마의 가격과 비교하면 먹이에 드는 비용은 정말 작습니다. 그 비용을 아끼려 하는 것만큼 어리석은 일이 없습니다."

코프랜드는 사람의 가치에 대해 다시 한번 강조한다. "현대 사회에서 상품 또는 서비스의 가격은 재료뿐 아니라 지적 자본에 따라 결정이 되고 있습니다. 이 현상은 계속 심화되는 추세입니다." 그는 계속해서 설명했다. "가장 평범한 예로 전기담요를 들어보겠습니다." 전기담요는 지적 자본과 별 상관이 없다고 여겨질지도 모르겠다. 계속해서 그의 설명을 들어보자. "발이 시려워 전기담요를 사는 경우에, 어느 전기담요는 신체 부위의 체온 차이를 감지해서 각각 다른 온도의 열을 제공합니다. 이 경우에도 상품의 가치를 결정짓는 것은 지적 자본에 기초하고 있습니다. 만약 그렇지 않다면 전기담요가 어떻게 타사 제품과 차별화될 수 있겠습니까? 가격을 고려해도 마찬가지입니다. 오늘날처럼 격심한 가격 경쟁에서 지적 자본을 적절하게 사용하지 않는다면 경쟁력을 지닐 수 없을 것입니다." 코프랜드는 전기담요가 매우 작은 예일 뿐이라고 덧붙였다. "의약 분야가 가장 좋은 예가 될 것입니다. 아마도 제품 가격의 99.9퍼센트는 재료비용이 아니라 지적 자본의 몫일 것입니다. 컴퓨터용 플로피 디스크의 경우 재료값은 몇 센트 되지 않고 그 나머지는 디스크에 적용된 지적 자본의 값입니다. 그러므로 리더로서 할 수 있는 최선의 행동은 유능한 인재를 유도할만한 환경을 조성하고 그들을 개발하는 일입니다. 여기에 승부의 관건이 달려 있습니다."

미연방의 감사원장인 데이빗 워커(David Walker) 또한 사람의 중요성에 대해 비슷한 태도를 견지하고 있다. "어떤 조직이든지 잠재적 능력을 극대화시킬 수 있는 요소는 세 가지가 있을 것입니다. 지식 기반 산업의 경우 가장 중요한 것은 무엇보다 사람입니다. 특히 미국과 같이 인건비로는 경쟁이 불가능한 경우에 더욱 그렇습니다. 지식 기반 산업에서는 생산성과 기술 혁신이 필수적이기 때문에, 결국 사람이 가장 핵심적인 요소가 됩니다." 연방 정부의 경우 오랫동안 인적 자원을 가치 평가의 대상인 자산으로 보지 않고, 비용으로 보았다고 한다. "아직도 많은 자영기업들이 이와 같은 생각을 가지고 있습니다. 하지만 현대 사회는 노령화로 인력 성장이 둔화되고 있으며, 산업은 지식 기반으로 이동하고 있습니다. 이 시대에는 비즈니스에 대한 인식과 대처 방식이 바뀌어야 할 것입니다." 그는 세계적 규모의 회계 법인에 몸담았던 경험을 정부 조직의 운영에 접목시켰다. 그에 따르면 사람의 가치에 대해서는 공기업이나 사기업, 정부 기관 등에서 다를 바가 없다. "감사원의 예를 들면, 전체 비용의 83%가 인건비입니다. 하지만 동시에 자산의 100%가 사람입니다. 물론 소유하고 있는 빌딩도 있습니다. 그러나 이 빌딩만으로는 아무 것도 할 수 없습니다. 그러므로 선행되는 것은 인적 자원의 중요성을 인지하는 것입니다. 임직원들이 경쟁 우위를 획득하고 유지할 수 있어야 합니다. 지식 기반 산업에서는 더욱 중요합니다."

이러한 가치를 몸으로 실천하기 위해 워커는 일찍부터 대인 관계를 원만하고 부드럽게 하려고 노력했다. 예를 들어 임직원을 사무실로 부르지 않고, 자신이 직접 그 임직원의 사무실로 찾아간다. "저는 단지 이름뿐인 리더가 아닙니다." 그는 설명했다. 그는 최고경영진과의 회의석상에서도 새로운 시도를 했다. 그가 처음 회의실에 들어섰을 당시를 회상하며 말이다. "그들은 말 그대로 딱딱하게 굳어 있었습니다. 목까지 단추를 꽉 잠그고, 몇 해를 앉아 있었을지 모를 의자에 똑같은 모습으로 앉아 있었습니다. 저는 그 때 자리에 앉기 전에 코트를 벗어 의자 뒤에 걸었습니다. 이 회의실에서 의자에 코트를 건 사람은 50년 만에 내가 처음이었다고 하더군요." 그는 사람들의 얼굴에서 충격을 읽어낼 수 있었다고 한다. "우리가 여기에 멋있게 보이려고 모이는 것이 아니지 않습니까. 우리는 업무를 위해 회의를 하는 것입니다. 코트를 벗는 쪽이 더 편하다면 그렇게 하십시오." 이제 지금은 그들도 비즈니스 캐주얼을 입는다고 한다. "우리는 근 70여 년 간 비즈니스 캐주얼을 입지 않았습니다. 하지만 오늘날은 누구나 이런 복장을 하고 있습니다."

그는 중역진과의 두 번째 회의에서 아무 무늬 없는 머그잔을 들고 갔다. "아마도 그 사람들은 감사원장이 회의석상에서 싸구려 잔에다 차를 마시는 모습을 처음 봤을 것입니다." 그는 웃으며 말했다. "세 번째 회의에서는 다른 사람들도 보통의 편한 머그잔을 들고 들어오더군요. 회의에는 다섯 개 부서에서 참석하는데, 각각 수백 명의 임직원을 대표하는 사람 한 명씩이 참석합니다. 대표자들은 자기 부서의 수백 명이 하는 일에 대해 이야기를 시작합니다. 그들은 이만큼 두꺼운 바인더를 들고 옵니다." 그는 손가락으로 십여 센티미터 정도를 어림하며 말했다. "여덟 명의 경영진 앞에서 그 바인더 내용을 브리핑합니다. 세상에, 도대체 이 바인더를 만들고 브리핑 연습을 하느라 얼마의 시간을 들이는지 알 수 없습니다. 그래서 나는 입을 열었습니다. 앞으로는 회의에 참석할 필요 없습니다. 내가 여러분에게 가겠습니다. 회의에 참석시키고 싶은 사람만 참석시키십시오. 그리고 저런 바인더는 필요 없습니다. 나는 업무에 관계된 사람과 이야기해서 정보를 얻으면 됩니다." 그는 바로 이를 실천했고 직접 업무에 종사하는 사람들과 회의를 가졌다. 그는 왜 이처럼 임직원 중심의 사고방식을 가지고 있는 것일까? "이런 방식을 통해 저는 임직원들과 접촉할 수 있습니다. 그 뿐 아니라, 임직원들이 저와 접촉할 수 있는 기회가 됩니다. 저는 직원 중심으로 생각합니다. 저는 조직의 대표이며 사람들의 리더이니, 제가 그들에게 다가가는 것이 당연하다고 생각합니다."

좀 더 큰 목표를 향한 열정

많은 리더는 자신의 조직을 재정적으로 안정적이며 생산적인 동시에 이윤을 발생시키는 회사로 이끌고 싶어 한다. 그러면서 그 조직이 좀 더 커다란 목표를 향해 봉사할 수 있기를 희망한다.

앨빈 로어(Alvin Rohrs)의 경우 자신의 열정을 다음과 같이 토로한다. "비영리 기업에서 일하는 것은 아무래도 정신 나간 짓 같아 보입니다. 그러나 저는 비영리 기업 자유 기업 학회(SIFE)의 대표를 맡았지요. 언젠가 이 조직이 탄탄해질 것이라고 확신하고 있었으며, 조직에 대해 활활 타오르는 열정을 갖고 있었습니다. 만약 그 때 제가 하는 일에 대한 열정이 없었다면 이처럼 머리 아픈 일을 끈기 있게 할 수 없었을 것입니다."

로어가 비영리 단체의 CEO로 취임했을 때, 당시 경기 침체로 기부를 받기 어려웠고, 전임 대표는 아들이 백혈병에 걸리는 가정 문제 때문에 조직을 제대로 돌볼 수 없었다. 45만 달러에 달하던 연간 기부 실적이 8만5천 달러로 감소했고, 참여 학교도 백 개 교에서 열여덟 개 학교로 감소했다. 로어는 당시 로스쿨을 졸업한 이후 다시 대학으로 복학해서 SIFE팀의 조언자로서 활동하고 있었다. 가을 학기가 시작되었을 때 SIFE의 CEO는 누군가 조직의 리더를 넘겨받지 않으면 이번이 SIFE의 마지막 해가 될 것이라고 했다. 이 소식을 듣고 그는 SIFE가 사라지는 것을 참을 수 없다고 생각했다. 그는

SIFE의 구조를 개편했고, 1985년에는 월마트의 창립자 샘 월튼은 이 소식을 듣고 중역진 임원인 잭 슈메이커에게 이 일을 돕도록 지시했다. 이것이 SIFE의 전환점이 되었다. 오늘날, 이 조직의 프로그램은 미국 전역의 750개 대학 및 전 세계 20개 국가의 250개 대학에서 운영되고 있다. (자세한 정보를 보려면 부록 A를 참조)

여러 해 동안 월마트의 샘 월튼, 잭 슈메이커, 맨코의 잭 칼 등의 경영진에게 도움을 받으면서, 로어는 그들에게서 배운 것이 있다고 한다. "자신이 하고 있는 일에 열정적이고 회사의 목적에 대해 열정적이라면, 이런 열정은 다른 모든 사람에게 활력을 옮겨줍니다. 열정은 전염되는 경향이 있지요. 자신이 하는 일에 열정이 없는 리더를 따르고자 하는 사람은 아무도 없을 것입니다."

"임직원에게 멕시코의 작은 마을에서 SIFE의 팀 하나가 일구어낸 성과를 종종 이야기합니다. 그들은 마을 사람들이 지역 내 사업을 할 수 있도록 도왔습니다. 평균 소득이 하루 5페소에 불과하던 주민들이 곧 25페소를 벌게 되었으니, 그야말로 마을의 GNP를 연간 500% 올렸습니다. 이 마을은 영세민에서 6개월 만에 중산층으로 성장했습니다. 이런 이야기를 SIFE의 우편 발송 담당자에게 말해주기도 합니다. 만약 편지를 봉투에 넣어 우편으로 발송하지 않는다면 아무도 우리에 대해 알 수가 없을 것입니다. 앉아서 우표를 붙이고 봉투를 쓰는 것이 지루하고 단순할 수도 있지만, 그런 사람이 없다면 아무 일도 이루어질 수 없다는 것을 일깨워줍니다. 마치 병원과 같다고 볼 수 있습니다. 생명을 구한 공로는 의사가 인정받지만, 병실과 수술실의 살균 담당자가 없다면 환자는 생명을 잃을지 모릅니다. 사소해 보이는 업무덕택으로 큰 공로가 가능하다는 것을 이해시켜야 합니다." 로어는 조직의 선행에 대해 언급했다. "SIFE팀은 매년 3백만 명의 아이들과 접촉합니다. 이 아이들이 경제학을 공부하고 싶어 한다면, 필요한 자료를 모두 제공하고 학생에게 아이를 가르치도록 합니다. 이 방법이 다른 어떤 방법보다 효과적이라는 것을 깨닫게 될 것입니다. 우리는 학생들이 리더십과 팀워크, 그리고 의사소통에 대해 배우기를 바라며, 그러기 위해서 학생들에게 자유 기업의 원리를 배우고 실천하고, 아이들에게 가르치도록 합니다. 우리는 그들이 교실에서 배운 내용을 가지고 "마케팅 수업 시간에 배운 내용을 토대로 저 모퉁이에 분식집을 여는 사람을 도와주어라. 그 분식집이 더 잘 되게 할 수 있는지 시험해 보아라"고 말합니다. 그러면 그들은 경영 계획과 실무 사이의 차이점을 인식하게 됩니다." 이런 프로그램은 미국에서뿐 아니라 말레이시아, 한국, 카자흐스탄, 우즈베키스탄, 브라질 등 전 세계의 여러 국가에서 성공을 거두고 있다. 그 때마다 더 높은 목적을 달성하기 위한 그의 열정은 더욱 불타오른다.

　영리 기업에서도 지역 사회에 더 나은 제품과 서비스를 공급하고자 하는 열정을 보이고 있다. 랜 개비(Len Gaby)와 데비 개비(Debbie Gaby)가 애리조나의 피닉스에서 사업을 시작할 때의 열정이 이러했다. 슬리프 아메리카(Sleep America)는 1개 매장에서 시작하여, 이미 시장이 포화상태였는데도 불구하고 4년 만에 17개로 매장을 증설했다. 그들은 미국 남서부 일대 최대 매트리스 공급업체가 되었다. 그들은 그들이 판매하는 것이 단순한 물건이 아니라 '숙면'이라는 신념을 가지고 회사 상호를 지었다. "우리 기업이야말로 사람들을 돕는 회사입니다. 건강하게 오래 사는 문제의 핵심은 숙면이기 때문"이라고 데비는 말했다. 공동 창립자 또한 숙면의 중요성에 열성적이어서, 대중을 위한 숙면 세미나를 열기까지 한다. 데비는 광고에 등장하여 유명인이 되었다. 그들은 지역 사회에서의 노력을 멈추지 않았다. 그들의 텔레비전 광고 가운데 일부는, 슬리프 아메리카가 후원하는 지역 자선 사업에 관한 것이었다. 이 광고에 데비가 모델로 나서서 더 많은 호응을 얻었다. 슬리프 아메리카가 후원하는 자선 단체 가운데에는 플로렌스 크리텐튼(Florence Crittentton)이라는 젊은 여성을 위한 민간 저택이 있다. 이들이 주택 증축을 위해 7백만 달러를 모금할 때 데비는 큰 도움을 주었다. 또한 그들은 로날드 맥도날드 하우스, 가정 폭력 희생자 지원 단체 등의 지역 자선 단체에 매트리스를 기증하고 있다. 매장에서는 알츠하이머와 관절염 환자 기금 조성을 위해 모금 활동을 하며, 언젠가는 토요일 근무 때문에 걷기 캠페인에 참가를 못하게 되자 스물다섯 명의 경찰이 슬리프 아메리카 모자와 유니폼을 입고 참가하도록 한 적도 있다. 데비는 그녀의 개인 시간 75%를 지역 사회 봉사에 할애한다고 밝힌다. 자신의 시간과 자본을 어떻게 자선 단체에 쏟아 부을 생각을 하게 되었는지에 대해 그녀는 대답한다. "단지 내 가슴이 하라는 대로 따를 뿐입니다. 내가 왜 이런 일을 하는지 논리적 이유가 없을 경우에도 내 가슴은 그 일을 해야 한다고 말할 때가 있습니다."

개비는 환경보호에도 책임감을 느낀다. 그래서 그들은 피닉스에서 사업을 시작하기 전에 벌써 이 문제에 대한 계획을 세웠다. "우리는 지역 자선단체에 우리 고객들이 쓰던 매트리스를 기증하고 싶다고 말했습니다." 고객이 새로운 매트리스를 사러 오면 슬리프 아메리카는 고객이 쓰던 매트리스를 자선단체에 기증하고 고객에게는 기증에 대한 세금 감면용 영수증을 발행해준다. 그런 다음 그들은 매트리스를 청소하고 위생 처리를 마친 뒤 자선 단체에 제공했다. "정말 성공적인 시도였습니다. 이를 통해 우리 매트리스가 매립지에 쌓이는 것을 막을 수 있었습니다." 상점이 개점하고 기증 프로그램이 진행되자 지역 기자는 이를 기사화하기로 마음먹었다. 당시 데비는 일주일 동안 트럭으로 매트리스를 모은 후에 세어보았다. 데비조차 그 결과에 놀라고 말았다. 무려 400장의 매트리스가 모인 것이었다. 물론 이것은 자선 단체에도 큰 도움이 되었다.

비즈니스를 향한 것이든 사람을 향한 것이든 더 나은 목표를 위한 것이든, 또는 이 모든 것을 위한 것이든 간에 리더에게 강력한 열정은 필수적이다.

귀하의 사업 목적에 대해 열정을 가지고 있습니까?

남에게 어떤 식으로 자신의 열정을 내보입니까?

임직원 개개인이 조직에서 중요한 역할을 담당하고 있다는 사실을 인식시키기 위해 무엇을 합니까?

열정을 표출하는 편입니까?

아이디어를 얻고 의사 결정을 내리는 일에 얼마의 시간을 투자합니까?

팀워크의 촉진을 위해 무슨 일을 합니까?

가장 일선에서 근무하는 임직원들의 의견을 얼마나 물어봅니까?

임직원의 가치를 어떻게 평가합니까?

귀하가 하는 일 가운데 가장 마음에 드는 것은 무엇입니까?

지역 사회의 활동에 얼마나 관심이 있습니까?

3장

미래를 보는 눈

진정한 리더는 대개 전술적이기보다는 전략적이다. 그들은 일반인이 보지 못하는 미래 가능성에 대해 생각하며, 막대한 양의 데이터 가운데 시장 추세를 반영하는 정보를 선별하는 훌륭한 감각을 가지고 있다. 그들은 자신의 업계와 직접적으로 관련된 정보뿐 아니라, 업계의 미래에 영향을 주는 여타 산업의 동향을 함께 고려한다. 진정한 리더들이 가진 최대 강점은 기존 지식과 새로운 정보를 접합하여 발전적인 기술과 아이디어를 얻는다는 점이다. 그들은 커다란 그림을 그릴 수 있을 뿐 아니라, 목표를 달성하기 위해 퍼즐 조각을 체계적으로 조립하는 논리적 사고력도 보유한다. 고객이 문제를 제기하고 불만을 토로하면, 리더는 불만을 해결할 뿐 아니라 고객의 새로운 요구를 파악하는 능력까지 보유하고 있다. 이처럼 그들이 미래에 대한 비전을 가진 것이 자연스러워 보이는 이유는 그들이 의식적으로 새로운 사고와 아이디어에 열려 있기 때문이다. 그들은 자신의 능력을 충분히 인지하며, 자신만의 사고에 갇혀 있지 않다. 그들은 타인의 비전과 아이디어를 경청함으로써 자신의 사고 깊이와 폭을 확장시킬 수 있다는 사실을 알고 있다.

진정한 리더는 예지력을 가지고 있다. 개인 사업을 하든, 주식회사를 운영하든, 기업의 운영자라는 측면에서 그들은 예지력이 있다. 비즈니스 방향을 제시하고 목표를 달성하는 과정에서 예지력은 중요한 역할을 담당한다. 뿐만 아니라 회사운영의 기반이 되는 핵심가치와 기업 문화 창달에 주춧돌이되기도 한다.

비전의 건설

테리 바워삭(Terri Bowersock)은 비전을 가진 사람의 전형이다. 냉정하게 말하자면, 그녀는 비즈니스에서 성공할 가능성이 조금도 없었다. 아직도 그녀는 학창 시절 과제물에 '형편없음, 게으름'으로 평가한 빨간 색의 메모를 기억하고 있었다. 대학 시험 성적이 발표되었을 때 사람들은 모두 그녀가 바보가 아닌지 의심했을 정도였다. 그녀에게 학창 시절은 고난과 난관, 불유쾌한 경험의 연속이었다. 그렇지만 진짜 그녀가 바보였을까? 장담할 수 없다. 그녀는 태어날 때부터 난독증(難讀症)이 있어, 좌뇌의 글자 및 숫자 기억 능력에 문제가 있었다. 적절한 치료 및 훈련이 없다면 이런 증상은 결국독서 능력을 해치게 된다. 그녀는 지역의 전문대학에서 2년간보고서 작성보다는 토론과 발표에 집중하여 간신히 졸업할 수있었다. 하지만 그녀가 애리조나 주립 대학에 편입해서는 겨우 두 달을 지탱할 수 있었을 뿐이다. 그녀는 일자리를 얻으려 했을 때 이력서를 채울 만한 것이 없었기 때문에 장사를 시작했다. 그녀는 어머니가 테니스 강사로 근무하던 피닉스의 테니스 코트에서 청량음료와 샌드위치를 팔았다. 후에 그녀 어머니의 도움으로 선물 센터를 개업하고, 어머니가 테니스 강습을 하는 동안 이 가게를 경영했다. 이 경험을 통해 그녀는 자신이 비록 읽거나 쓰기를 잘하지는 못하지만 판매는 할 수 있다는 것을 알게 되었고 풍부한 상상력을 가지게 되었다.

어느 날 소규모 위탁 상점을 경영하던 친구를 만난 다음 그녀에게 아이디어가 떠올랐다. 그녀는 자신의 생각을 남에게 설득하기 위해 비즈니스 플랜을 작성했다. 철자법에 자신이 없었기 때문에 크레용과 색연필로 자신의 계획을 그림으로 그렸으며 가지고 싶은 상점, 언젠가 가지게 될 전국 지점의 위치를 표시했다. 가슴에 커다란 그림 한 장, 크레용으로 그린 비즈니스 플랜, 어머니에게 얻은 거실 가구, 자신의 침실 가구, 할머니에게 빌린 2천 달러, 그녀가 1979년에 테리 뉴 & 컨사인 퍼니싱(Terri's New and Consigned Furnishings)을 창업할 때 가지고 있던 모든 것이었다. 지금 이 회사는 프랜차이즈 매장 및 부동산, 투자 회사를 포함해서 전국 17개 도시에 지점을 가진 업체로 성장했다. "저는 은행 대출 없이 우리 회사를 총자산 3천만 달러 규모로 성장시켰습니다." 그녀는 자랑스럽게 말하며, 창업할 때부터 전국에 지점을 갖는 것이 자신의 비전이었다는 점을 강조했다. "중요한 것은 자신의 꿈을 기억하고 날마다 이것을 그리는 것입니다. 꿈이 언젠가 이루어질 것을 전적으로 믿는다는 뜻입니다. 어떻게 이룰지는 몰랐지만, 언젠가는 이루리라고 믿고 있었습니다. 만약 리더가 어디로 가는지 모른다면, 누가 그 리더를 따르려 하겠습니까?" 그녀는 말했다. "성공한 사람들은 자신의 마음속에 미래를 결정할 힘이 있다는 사실을 알고 있습니다. 그들은 자신의 생각에 의해 조종되지 않고 자신의 생각을 조종합니다." 또한 그녀는 사람들이 그녀가 여자이기 때문에 사업이 이처럼 번창할 수 없었을 것이라고 했던 사실을 지적했다. "사회적 여건과 편견을 생각한다면, 나 스스로도 내 성공에 깜짝 놀랐다고 말해야 정상이겠지요." 그녀는 웃으며 입을 열었다. "그렇지만 사실 제가 크레용으로 비즈니스 플랜을 그렸을 때, 저는 이미 사업이 성장하리라는 사실을 확신하고 있었습니다." 그녀 마음속에는 언제나 여러 지점을 가진 그녀가 있었다고 한다. 또한 그녀는 자신의 상점에 들어와 섬세하게 다루어진 가구를 둘러보느라 즐거워할 고객을 그려볼 수 있었다고 한다. "저는 제 꿈과 희망에 의심을 품어본 적이 없습니다. 저는 제가 마음 먹은 것은 이루어진다는 사실을 믿었습니다."

슬리프 아메리카의 CEO인 랜 개비는 무척 실리적이고 꼼꼼한 사람이다. 그러나 그가 사업을 시작했을 때 가지고 있던 것은 비전 하나 뿐이었다. "시작도 하기 전에 우리는 이미 사업에 대한 비전이 있었습니다." 그는 4년 전 애리조나 주 피닉스에서 부인과 함께 매장을 개업하던 것을 이야기했다. 집에서 쓰던 텔레비전 테이블을 창고에 가져다놓은 것이 사무실이었다. "시멘트로 된 천장에 전구가 달려있었습니다. 우리는 아직 시작도 안한 사업을 위해 직원을 고용하려 했습니다. 그들에게 회사 소개를 해줄 칠판조차 없었어요. 나는 우리가 앞으로 무엇을, 어떻게 하려는지 말을 했습니다. 우리는 우수한 인재를 모을 수 있었고, 그들은 오늘날까지 우리와 함께 일하고 있습니다. 이들은 우리가 말로 한 것을 개념화하고 이해할 수 있는 사람들이었습니다. 그러나 만약 내가 큰 그림을 가지고 있지 않았다면, 누구도 우리의 일을 이해할 수 없었을 것입니다."

개비의 비전을 이해했던 사람들은, 그가 꿈꾸던 것이 모두 이루어졌다고 말한다. "우리가 약속했던 모든 것, 우리가 그려보았던 모든 것이 실현되었습니다. 예외 없이 말이죠." 그는 자신의 비즈니스 플랜은 스스로를 확신시키기 위해서 필요했다고 말한다. 그래서 "나"라는 표현을 강조했고 언젠가 재무 및 경영면에서 목표를 달성하고자 다짐했다. 그는 자신의 계획을 공인회계사와 함께 나누었는데, 그 회계사는 25년의 회계 경력 가운데 계획을 그대로 실천한 사람은 개비가 처음이었다고 귀띔했다. "물론 우리의 미래를 손에 쥐듯 정확하게는 알 수 없기 때문에 어려움이 있기도 했습니다. 그러나 그것은 또한 미래를 창조할 수 있으며 현실에서는 비전을 가져야 한다는 의미이기도 합니다."

비전을 통한 여건 조성

프랭크 헤네시(Frank Hennessey)가 미시간주의 그로스 포인트에 위치한 제조업체인 마스코테크(MascoTech)의 CEO가 되었을 때, 그는 이 업체에 '전혀 응집력이 없었다"고 말했다. 그래서 약 스물다섯명의 매니저로 별도 팀을 만들고 회사 개혁을 위해 상당한 시간을 들여야 했다. "우리는 모든 임직원에게 제시할 비전을 창출해야 했습니다." 그가 말했다. "리더가 모든 것을 대답할 필요는 없습니다. 리더보다 많이 아는 사람도 있으므로, 모든 해결책을 다 가지지 않아도 된다는 사실을 인식하는 것이 중요합니다. 사실 그것이 당연합니다." 그에 따르면 리더는 취약점을 보여주는 것을 두려워하지 말되, 자신의 계획을 가시화하고 실천하는 데에는 확고한 자세를 가져야 한다. "그래서 우리는 아주 간단하면서도 강력하게, 사람이 가장 중요한 가치를 창출한다는 비전을 창조했습니다. 사람이야말로 어떤 상황에서건 가장 중요한 부분을 이룹니다."

"경험과 지식, 경쟁력, 노력, 행동 및 협동으로 무장된 사람들로 회사가 차별화될 수 있습니다. 모든 것이 사람과 연관되어 있습니다. 에너지에 넘치는 사람들이 회사 목적을 위해 헌신한다면, 시장에서 우리를 앞설 자가 있을 수 없습니다."

"무엇보다 사람이야말로 우리의 비전에서 가장 강력한 부분을 차지합니다. '창조하다'라는 말은 동사입니다. 무엇인가를 하고 있다는, 즉 창조하고 있다는 것을 의미합니다. 창조하는 것이 인정받게 되면 사람들은 힘을 얻습니다. 성공을 위해선 새로운 사고, 혁신적 사고를 향해 열려 있어야 합니다. 다시 한번 말하자면 〈사람이 뛰어난 가치를 창출한다〉라는 것이 우리의 비전입니다. 이런 비전은 스스로의 좌우명이 되며, 자신의 경영 스타일의 일부가 될 것입니다. 사무실 바깥의 공장을 방문하고, 복도에서 만나는 사람에게 이야기하면, 그들 또한 이 가치관을 이해하게 될 것입니다. 조직이 스스로 변화하는 것을 볼 수 있을 때, 비전이 성공했다는 것을 깨닫게 됩니다. 이것이 바로 진정한 리더십입니다."

변화와 발전을 위한 비전

라디오 셰크에서는 매년 임직원들의 애사심을 조사하는 설문을 하는데, 이 때 첫 번째 질문은 "당신은 얼마나 CEO인 랜 로버츠(Len Roberts)를 신뢰하고 존중합니까?"다. "이 질문이 가능한 이유는, 임직원 모두가 우리 회사의 방향과 전략과 비전을 이해하고 있기 때문입니다. 그들은 왜 우리가 이렇게 하는지, 왜 우리가 다른 기업과 파트너관계를 가지는지 알고 있습니다. 그런 것들이 우리의 전략과 합치한다는 사실을 잘 알고 있지요." 로버츠는 자기 스스로를 웅변가이며 달필가라고 한다. 하지만 그는 자기 자신을 무엇보다 전략에 능한 사람이라 자부한다.

로버츠가 라디오 셰크의 대표 이사로 취임한 다음, 그는 회사의 가장 커다란 강점은 상품도 가격도 아니라는 사실을 깨달았다. "그것은 바로 미국인들이 기술을 좋아하면서 동시에 위협을 느낀다는 사실이었습니다. 1992년 조사에 따르면, 실제로 사람들은 기술에 대해 별로 이해하지 못하고 있다는 사실을 알 수 있습니다. 오늘날 조사결과에 따르면 고객들이 라디오 셰크를 좋아하는 이유는 가격도 아니고 뛰어난 품질의 상품도 아닙니다. 바로 우리 임직원들 때문입니다. 고객들은 상점에 들어와서 VCR를 어떻게 텔레비전에 연결하는지, 이 때 필요한 부품은 무엇인지와 같은 간단한 질문을 합니다. 우리의 임직원은 이런 질문에 대해 충분한 대답을 해줄 수 있습니다." 로버츠는 그들 회사의 사명은 상품을 판매하는 것이 아니라 질문에 대한 대답을 판매하는 것이라 말한다. "우리 상점은 더 이상 기술 제품을 판매하는 매장이 아닙니다." 그 것이 그가 회사의 CEO로 취임한 이후 가지게 된 관점이라고 한다. "그렇다고 해서 기술을 이해하는 사람들에게 기술이 중요하지 않다고 주장하는 것은 아닙니다. 다만, 대량 생산의 시장에서, 기술에 대해 가지고 있는 경외감을 걷어내려는 것입니다." 이런 의미에서 라디오 셰크의 슬로건은 이렇다. "궁금한 게 있으십니까? 저희에게 해답이 있습니다." 다른 회사들이 보지 못한 것을 볼 수 있는 능력 덕택으로 회사 진로가 전면 수정된 예시다.

캘리포니아주 산호세에 있는 조그만 기술 회사를 운영하기 위해 포춘지 선정 500대 기업을 박차고 나온 브루스 심슨(Bruce Simpson)은, 리더십 측면에서 볼 때 그가 임직원에게 가져다준 최고 가치는 바로 회사의 큰 그림을 알려주고 그것의 실천을 위한 우선순위를 결정해준 것이라 말한다. 그는 끊임없이 변화하는 테크놀로지 업계의 추세와 관련된 이야기를 했다. "우리는 수많은 변화를 겪었습니다. 가령, 작년에는 자본은 넘쳐나고 일은 순조롭게 풀렸지만 지금은 상황이 바뀌었습니다. 우리 회사의 많은 임직원은 대부분 지금까지 경기 침체를 경험해보지 못한 젊은 사람들이었습니다. 그래서 이러한 변화 하나 하나는 젊은 임직원들에게 두려움의 대상이었습니다. 이 때 저는 리더십에 도전을 받았습니다. 사실 모든 일이 순조롭게 풀릴 때 임직원을 고무시키기는 쉽습니다. 진정으로 어려운 일은, 사업이 난관에 부닥칠 때 임직원을 고무시키고 업무에 집중시키는 거죠." 시장의 변화 및 이에 따라 회사가 받는 영향을 임직원에게 이해시키기 위해 심슨은 미국의 동쪽 끝과 서쪽 끝에서 두 번 회의를 열었다. "저는 사람들이 업무에 집중하지 못하는 것을 보고만 있을 수 없었습니다." 그는 설명했다. 회의 결과는 대성공이었다. "커다란 그림을 볼 수 있는 안목을 가지는 것은 조직의 성공에 필수적이에요. 그리고 누군가는 그 커다란 그림을 제공할 수 있어야죠." 심슨의 견해에 따르면, 비전을 제시하는 것은 리더의 몫이다.

"조직의 하부에 있는 직원에 비해 상사의 경우 좀더 큰 그림을 보고 비전을 지니기가 쉽습니다. 그들은 사실을 좀 더 큰 시각에서 바라볼 수 있는 입장을 가지기 때문이죠. 저는 CEO로서 많은 사람들과 정기적으로 대화를 해요. 투자자, 산업 분석가, 고객, 그리고 임직원 등의 모든 사람을 만납니다. 전략적 결정의 중심에 제가 있다고 할 수 있습니다. 이처럼 사방에서 정보가 유입되는 중심에 있다는 사실만으로 제가 큰 그림을 그리는 것이 쉬울 거예요." 그는 이어 자신은 세부 사항에 꼼꼼한 편이 아니라고 했다. "저는 세부 사항에 끌리기보다는 발상 및 큰 개념에 끌리는 편입니다. 우리 직원 가운데에는 업무에 따라 세부 사항을 잘 진행하는 사람이 있습니다. 이렇게 서로 보완이 되는 거죠. 그러면 저는 결국 세부 사항과 큰 그림, 두 가지를 한꺼번에 가지게 되는 것입니다."

심슨은 모든 과정에서 가장 중요한 것은 '열려있음'이라 한다. "저는 새로운 아이디어와 가능성에 대해 언제나 열려 있습니다. 제가 신봉하는 전략과 방향이 있기는 하지만, 그것에 묶여 있지는 않습니다. 우리는 매우 역동적이고 급격한 변화가 발생하는 세상에 살고 있죠. 명확하지 않은 세상을 살아가려면 모호한 것들이 필요하다고 생각합니다. 임직원 중에는 어려움을 겪고 있는 상황에서 확실한 것을 알고 싶어 하는 사람도 있습니다. 그들은 내게, 그들이 무엇을 해야 할지 일러달라고 합니다." 임직원들에게 확신을 심어주기 위해서 심슨은 가상의 시나리오를 만들기도 한다. "저는 미래에 발생 가능한 상황에 대해 이성적이고 다양한 시각을 가지기 위해 노력합니다." 그는 각각의 시나리오에 대해 검토하고, 경영적 측면에서 어떻게 풀어나갈지 생각해본다. 만약 해결할 수 있다면 다행이고, 그렇지 않다고 해도 절망적인 것은 아니다. "만약 이런 시나리오 가운데 하나라도 발생할 경우, 어떻게 신속하게 대처할 수 있을지 생각합니다. 마음속에 우발사건에 대한 긴급 대책과 계획을 정리하는 거죠." 그는 또한 리더로서 커다란 그림을 진행시키는 것도 중요하지만, 커뮤니케이션이 더 중요하다고 강조했다. "저는 무엇보다 커뮤니케이션이 중요하다고 생각합니다. 이를 통해서 임직원에게 커다란 비전이 무엇인지를 알려주어야 합니다."

때때로 리더의 비전에도 융통성이 필요하다. 딜로이트&터슈에서 두 명이 임시로 회사를 운영해보자고 그랬을 당시 코프랜드가 느낀 바다. "나는 재고할 가치도 없다고 딱 잘라 말했습니다." 그러나 지역 내에서 동업하고 있던 그들은 코프랜드의 반대에 굴하지 않았다. 그들은 코프랜드에게 전화를 해서 계획안을 재검토해줄 것을 종용했다. 코프랜드는 그 제안이 생각해볼 가치도 없고 시장성이 없으니 시도가 불가능하다고 했지만, 그들은 주장을 굽히지 않았다. 결국 코프랜드는 계획안을 들여다 본 후 말했다. "시장성이 없는 것이 확실합니다. 하지만 이 계획안은 이제껏 보았던 것 가운데 가장 뛰어나군요. 좋습니다. 한번 시도해보지요." 회사는 이 계획을 위해 25만 달러를 투자했다. 아홉 달 후에 그들은 초기 투자금 전액을 회수했고, 이듬해 현금 200만 달러의 수익을 올렸으며,

그 다음 해에는 회사를 5천만 달러에 매각할 수 있었다. "우리는 우리의 성공을 자축했습니다. 이 두 사람이 회사의 문화를 창조했습니다. 뛰어난 능력을 가진 사람을 정확하게 알아볼 수 있다면, 성공을 자축하는 날이 올 겁니다."

맨코(Manco)의 창립자인 잭 칼(Jack Kahl)은 즐겨 쓰는 표현이 있다. "비전 없는 자는 멸망한다." 그는 성공적인 조직을 구축하고 유지하기 위해서 리더가 갖추어야 할 가장 커다란 조건이 비전이라 말한다. "리더의 비전이 올바르다면 임직원은 이를 믿고 따를 것입니다." 그로서는 리더가 비전을 가지게 되는 과정을 설명하기 어렵지만, 그것은 인생 경험과 이상이 결합된 축적물이라 믿는다. "정확하게 어느 부분이 남으로부터 습득된 것이고 어느 부분이 자신의 아이디어에 대한 열정인지 구분해서 말하기는 어렵습니다. 아무튼 많은 사람들이 이상과 꿈을 가지고 있으면서도 성공하지 못하는 이유는, 타인에게 이를 말할 만큼의 확신이 없기 때문이라고 생각합니다. 확신의 결핍에서 오는 두려움을 극복하고, 다른 사람들이 어떻게 생각할 것인가에 대한 걱정에서 자유로워진다면, 결국은 비전을 향해 도전하게 될 것입니다. 제가 바로 그 전형적인 예죠."

칼은 어느 날 월마트의 토요일 조례 회의에 참석해 달라는 초대를 샘 월튼으로부터 받았다. 그는 이 회의가 사기 진작 목적으로 열린다는 사실을 들은 바가 있어 이를 직접 볼 수 있다는 사실에 흥분되었다. 회의에서 칼은 모든 사람이 일어서서 회사이름을 외치는 것을 지켜보았다. W! A!의 순서로 계속해서 Wal-Mart의 하이픈을 외칠 순서가 되었을 때, 회의에 참석한 모든 사람들이 무릎을 구부리고 몸을 비틀기 시작했다. "샘이 나에게 몸을 비트는 법을 가르쳐 주었습니다." 칼이 회상했다. "지금은 어떻게 하는지 다 잊어버렸지만, 그 때 회의에 참석한 사람들이 모두 즐겁게 웃던 기억이 납니다." 칼은 이러한 구호 연창에 열정과 에너지가 넘치는 것을 보고서, 어떻게 하면 자신의 회사에도 이런 에너지를 충전시킬 것인가 생각했다. "구호를 연창해서 기분이 매우 고조되었으면서도, 우리 회사에 이를 시도할 수는 없을 것이라는 생각이 들었습니다." 그러나 며칠이 지나도 월마트의 뛰어난 팀워크가 머릿속에서 떠나지 않아, 결국 그는 마음을 고쳐먹었다. "그래서 저는 우리 회사에서도 맨코라고 구호 연창을 하기로 했습니다." 이에 칼은 이제부터 토요일 오전 일곱 시 반에 중역 회의를, 오전 아홉시 반에 중간 경영진 회의를 시작하겠다는 공고를 붙였다. 또한 이 회의를 마치고 오전 11시까지는 회사에 나가 주말을 가족들과 보낼 수 있을 것이라는 사실도 덧붙였다. 회의에서는 구호연창을 하려 한다고 밝혔다. 목요일이 되자 칼의'비서가 와서 말했다. "공고하신대로 실천하신다면 회사 직원의 3분의 2는 사직하겠다고 말하고 있습니다. 저도 그 중 한 명이죠." 칼은 그 말을 듣고서 비서에게, 돌아가서 그 직원들은 다른 좋은 일자리를 찾길 바란다고 말해달라고 했다. "우리는 이 회의를 토요일 아침에 예정대로 할 겁니다."

그는 사실 토요일 아침에 아무도 나타나지 않을까봐 두려웠다고 한다. "변화를 추진하는 것은 쉬운 일이 아닙니다. 그렇기 때문에, 변화를 일으키기 위해서는 자신의 계획을 밀고 나가야합니다." 그리고 그 때 한 사람도 빠짐없이 회의에 참석했다. "저는 평생 잊지 못할 것입니다. 지금도 우리는 그 때 일을 떠올리면 웃곤 합니다. 사람들 눈빛이 만약에 비수였다면, 그 비수는 모두 내 몸뚱이에 꽂혔을 겁니다. 저는 일어서서 말했습니다. '자, 이제 우리 구호 연창으로 회의를 시작하겠습니다.' 그들은 토요일 아침에 한 군데에 모아둘 수 있는 사람들 가운데 가장 무뚝뚝한 사람들이었습니다. 그러나 저는 M! A! 라고 외쳤고, 결국 MANCO!를 다 외치기는 했습니다. 물론 그들도 따라하기는 했지만, 순전히 억지로 했을 것입니다. 그러나 그 날 그들은 회사에 속한 다른 임직원들과 대화를 할 수 있었으며, 모두가 좋은 사람들이라는 것을 서로 알게 되었습니다. 회의를 마칠 때 나는 다시 한번 구호 연창을 했는데, 이 때는 소리가 좀더 커졌습니다. 그 뿐 아니라 회의가 아홉시 반에 끝났는데도 많은 사람들이 자리를 떠나려 하지 않았습니다. 어떤 사람들은 처음 회의 때 이미 매료되어 버리기도 했습니다. 그들은 이러한 시도를 좋아하게 되었고 자리를 떠나려 하지 않았습니다. 시간이 흐를수록 연창하는 것이 수월해졌습니다. 지금은 구호 연창 없이 회의를 시작하는 것은 상상도 못할 일이 되어버렸습니다."

때로는 안주하지 않기 위해 새로운 비전을 주입하는 것이 중요하다. 엔헤런트(Enherent) CEO인 댄 우드워드(Dan Woodward)는 실패 경험이 쌓이면 가능한 것과 시도해볼만한 것, 불가능한 것을 구분할 수 있게 되며 또 합리적인 것과 비합리적인 것을 분별할 수 있게 된단다. "저는 성공과 실패를 통해 많은 것을 배웠습니다. 대부분 사람들이 그렇듯 실패를 통해서 더욱 많은 것을 배웠습니다. 다시 한번 생각해 볼 기회를 가지게 되니까요. 상황이 순조롭기만 하면 금세 안주하게 될 것입니다. 모든 사람은 편안한 것을 좋아하게 마련이며, 저 또한 예외가 아닙니다. 그러나 편하려고만 한다면 그 사이 경쟁자에게 추월당할 겁니다. 저는 몽상가가 아닙니다. 여러 가능성과 해법을 생각하고 어떤 것이 제대로 작동할지를 생각해봅니다. 여러 번 숙고를 통해 좀 더 가능성 있는 일을 추려내고, 현실적인 시각을 적용하며 실행 방법을 정리한 다음, 약간의 정신무장을 하게 된다면 목표 달성을 위한 준비를 마치게 되죠. 이 때는 자기 스스로를 믿어야 합니다. 자기 스스로에 대해 낙천적이어야 하죠."

데이빗 워커(David Walker)는 언제나 한 걸음 이후의 일을 보려고 노력한다. "리더는 현 시장 추세가 조직에 어떻게 영향을 미칠 것인지 파악해야 하고, 외부와의 대화, 독서, 고객과의 면담, 그리고 임직원과의 대화를 통해 가능한 많은 정보와 지식을 갖추어 분석해야 합니다. 그런 다음에 '우리가 달성해야 될 목표는 이것입니다. 경쟁력을 획득하기 위해 우리가 취할 수 있는 방법은 이것입니다' 라고 결론을 제시해주어야 합니다. 진정한 리더라면 그렇게 해야 합니다." 이것은 미연방 감사원 원장인 워커의 방법이다.

비전을 통한 목표에의 집중

신시내티에 위치한 BHE 인바이런먼탈(BHE Environmental)의 회장인 존 브룩(John Bruck)은 매년 회사의 비전을 강화시키고 다음 해의 전략과 목표를 수립하기 위한 경영진 회의를 실시한다. 이 때 브룩은 회사 비전과 사명, 전략과 목표를 세우기 위한 아이디어를 수집하고 회의를 통해 뛰어난 발상만을 걸러낸다. "우리는 서로 다른 아이디어를 조합하여 전 조직이 나아갈 방향에 관한 밑그림을 그립니다. 이를 통해 몇 가지 결과를 얻을 수 있습니다. 우리는 회사 내부에서 개인이 달성한 성과에 대한 평가를 내릴 수 있습니다. 이를 통해 임원진 모두가 자기 직무를 전체 조직 차원에서 평가하므로, 자신의 업무 수행 능력에 대한 이해를 가질 수 있게 됩니다. 그룹의 세부 계획도 도출할 수 있습니다. 어떤 부서의 계획은 다른 부서의 계획과 겹칩니다. 결국 이런 개별적 계획을 회사 전체의 계획으로 수렴하면, 모두가 자신의 직무를 알게 되고 달성 방법을 숙고하게 되며, 회사의 기본 방향을 따르게 됩니다. 또 우리는 서로에게 리더가 수행한 업무 가운데 가장 중요한 것이 무엇이었으며, 회사가 비전을 달성하기 위해 할 수 있는 가장 중요한 일이 무엇인지 물어봅니다. 이런 질의를 통해 우리는 업무의 우선순위를 결정할 수 있습니다. 그리고 조직 차원에서 전략적 우선순위를 수정할 수 있습니다."

브룩은 스무 개의 전략적 행위 목록을 작성한 다음 경영자들에게 다섯 장의 스티커를 나누어 주고, 브룩이 리더로서의 시간과 회사의 자원을 우선적으로 쏟아 부어야 할 곳을 지정하라고 한다.

"이 회의에서 작성한 전략적 우선순위에 따라 제가 어떤 일은 시간을 적게 투자하고 다른 일은 더 많이 투자해야 하겠습니까?" 브룩이 자문했다. "물론이지요. 회의 참가자가 스티커를 특정 항목보다 다른 항목에 더 많이 붙였다면, 그 부분이 바로 제가 시간을 투자해야 할 항목입니다. 그 뿐 아니라 제가 우선순위에 따라 시간을 투자하다가 도움을 요청하게 된다면, 요청받는 사람도 왜 도움이 필요한지 이미 잘 알고 있습니다. 우리가 올해 회사에서 가장 중요한 우선순위를 매긴 업무라는 사실을 이미 알고 있기 때문이죠." 브룩은 리더로서의 의사결정에, 이 우선 순위 목록이 중요한 참고 자료라고 말한다.

존 브룩은 경영진에서부터 비전을 이끌어냈다. 이와 같이 어윙 매리언 카우프만 재단(Ewing Marion Kaufman Foundation)의 CEO인 루 스미스(Lou Smith) 또한 다른 사람들로부터 비전을 창조해내도록 유도하는 것이 중요하다고 믿고 있다. "훌륭한 리더는 자신의 경험에서뿐 아니라 다른 사람의 경험에서도 조직 방향을 정하기 위한 요소를 도출하는 능력을 지니고 있어야 합니다." 그는 말한다. "많은 경우, 실패 원인은 타인에게서 비전을 끌어내지 못하기 때문입니다. 만약 비전에 대한 믿음을 다른 사람으로부터 끌어낼 수 없다면, 그것은 자기만의 비전입니다. 진정한 리더가 비전을 가지는 방식은, 자기 스스로를 비전으로 무장시킨다기보다는 함께 하는 임직원 전체에게서부터 비전을 창출하는 겁니다. 모든 사람이 같은 비전을 따르는 분위기로부터 생겨난 열정과 에너지는 그 무엇으로도 대체할 수 없어요."

샤또 커뮤니티(Chateau Communities)의 CEO인 개리 맥다니엘(Gary McDaniel)은 모든 일이 순조롭게 진행되는 때에도 비즈니스는 좀더 새롭고 신선한 비전을 찾을 필요가 있다고 믿는다. "물론 일이 순조롭게 진행되고 있을 때라고 해도 좀 더 나은 방법이 있지 않을까라는 생각을 할 수 있어야 합니다. 특히 조직 규모가 커질수록 관성의 법칙이 작용하여 사람들은 단지 이제까지 해오던 대로 관성적으로 행동하는 경향이 있습니다. 그러나 현실은 이를 묵과하지 않습니다. 새로운 일을 하지 않고, 전진하지 않고, 행동하지 않으면 곧 발육 불능의 상태가 오죠. 이렇게 되면 모든 것은 퇴보하고 맙니다." 관성을 깨기 위한 맥다니엘의 방법은, 새로운 (때로는 얼토당토하지 않은) 아이디어를 제시하고 사람들로 하여금 그 아이디어에 대한 생각을 말하게 하는 것이다. 대체 방안을 강구하도록 할 때도 있고, 좀 다른 방향에서 바라보는 안목을 가지게 하는 것이 목적일 때도 있다. "물론 제가 제시한 아이디어에 따라, 그리고 이들을 얼마나 강력하게 주장하는지에 따라 달라지기는 합니다. 그러나 비즈니스에는 언제나 새로운 방법이 있을 수 있다고 생각합니다. 회의에 참가하거나 기사를 읽거나 다른 생각을 지닌 사람들과의 대화가 도움이 됩니다. 조직 외부의 전문가들과 다양한 의견을 나누어 보는 것도 좋은 방법이죠." 맥다니엘은 이러한 아이디어 제시가 꼭 정식 회의에서 행하게 될 필요는 없다고 말한다. "저는 보고서로 작성해서 브리핑하는 것보다는, 넓은 범위의 사람들과 이야기를 나누는 형식으로 시행합니다. 특히 비행기로 여행을 하거나 식사를 할 때, 또는 자동차를 타고 가거나 컨벤션에서 일 대 일로 대화를 나눌 때 효과가 있다고 생각하죠." 맥다니엘은 자신의 주된 업무는 바로 사람들이 좀 더 나은 업무 수행을 하도록 자극하는 데 있다고 말한다. "중요한 것은 그들에게 어느 정도의 방향은 제시해주어야 한다는 점이에요. 우리가 어디로 가고자 하는지, 어느 부문에서 더 성과를 낼 수 있는지 하는 것들 말입니다. 이것을 달성하는 구체적인 절차와 방법은 그들이 직접 발견하도록 합니다."

홀마크 카드의 CEO인 어브 하커데이는 비전의 중요성에 대해 다음과 같이 말한다. "사람들에게 어디로 가야할 지를 설명해야 할 뿐 아니라, 왜 그곳에 가려는지를 이해시켜야 합니다. 그리고 목적에 대한 설명에는 설득력이 있고, 흡인력을 지녀야겠지요. 이를 통해서 사기를 고취시킬 수 있습니다."

비전을 명확한 용어로 설명해주지 않으면, 그것이 추상적으로 보일 수도 있다. 홀마크의 CEO는 비유를 들어가며 설명했다. "리더에게는 기본적으로 세 가지가 필요합니다. 멀리 내다볼 수 있는 망원경, 치어리더의 역할을 하기 위한 메가폰, 그리고 사람들이 늘어지기 시작할 때 속도를 높이기 위한 채찍도 필요합니다. 물론 채찍은 자주 쓰지 않는 편이 좋습니다만, 현대 사회는 분초를 다툴 만큼 빠르게 움직이고 있거든요."

귀하가 속한 부서의 비전을 명확히 알고 있습니까?

부서의 비전에 대해 다른 사람과 얼마나 자주 이야기합니까?

결정을 내리는 상황에서 비전을 어떻게 활용합니까?

비전을 알고 있는 것이 시장 경향 및 산업 흐름을 파악하는 데 도움이 됩니까?

시장 흐름을 읽는 눈을 가지며 스스로의 인식을 넓히기 위해서 어떤 노력을 합니까?

업계는 앞으로 어떤 방향으로 진행될 것 같습니까?

다른 사람을 비전의 결정 과정에 끌어들이는 방법은 무엇입니까?

업계 변화가 귀하의 비전과 어떻게 연관되어 있습니까?

지금으로부터 일년 후, 다른 사람들이 귀하의 비전 달성 정도에 대해 어떻게 평가할 것 같습니까?

경쟁사 및 다른 회사가 시행하고 있는 정책이 귀하가 속한 조직의 비전에 신선한 충격이 될 수 있도록 끌어올 수 있습니까?

4장

연결하고 소통하기 위해 힘써라

진정한 리더는 자신의 사람들을 연결하고 중요한 사항을 전달하는 탁월한 재능이 있어야 한다. 리더가 반드시 카리스마를 지닐 필요는 없지만, 회사의 비전과 목적을 향한 열정을 다른 이에게도 전파시켜 회사가 성공에 이르도록 할 수 있어야 한다. 의사소통 과정에서 가장 중요한 부분이 종종 간과되고 있다 – 경청(傾聽)이 그것이다.

경청은 리더의 성공에 결정적인 역할을 담당한다. 루 스미스는 배우기 위해 경청하고 그로부터 배워야만 진정한 효과를 거둘 수 있다고 말한다. "개인적으로 또 리더로서 뛰어난 사람들이 많지만 가장 중요한 것은 말하는 것이 아니라 경청을 통해 배운 것으로, 상황을 판단하고 이끈다는 점을 모르고 있습니다. 만약 이대로 하지 않는다면 이는 결국 개인뿐 아니라 조직에도 치명적인 영향을 끼치게 될 거예요." 스미스는 조직에 오래 몸담았건 이제 막 리더가 되었건 이는 변함없는 진리라고 설명한다. 진정한 리더는 자신이 모든 것을 알지 못한다는 사실을 받아들일 뿐 아니라 다 알 필요도 없다는 사실을 이해하고 있다. "그래서 리더들이 듣고 배운다면 그리고 자신이 아는 것과 다른 이들이 아는 것을 합친다면 조직을 활기 있게 할 수 있습니다." 또한 그는 적임자의 의견을 듣는 것이 중요하다는 사실을 지적하였다. "적임자는 특정 지위나 부서의 사람이 아닙니다. 적임자란 필요한 정보를 가지고 있는 사람입

니다. 제가 전 직장에서 엔지니어로 일했을 때 엔지니어 의견
뿐 아니라 공학자 의견에도 귀를 기울여야 했습니다. 그들이
바로 당신의 아이디어와 꿈을 현실로 이루어주기 때문입니다.
이 회사의 경우도 다를 바 없습니다."

스미스가 광범위하게 경청을 실행하는 방법은 〈루와 시간
을!〉이라는 시간을 마련하는 것이다. 일년에 다섯 번 그는 서
른 명에서 쉰 명에 이르는 직원을 그룹으로 묶어 아이디어와
제안 혹은 그들이 말하고 싶은 것은 무엇이든지 듣는 데 시간
을 할애한다. 이 시간동안 듣기에 집중하게끔 하기 위해 회사
에는 인디언이 예배를 드리던 곳과 같은 구조로 따로 회의실
을 마련하였다. 좌석은 겹겹이 둘러싼 원의 형태로 스미스가
가운데 앉았을 경우 모든 사람이 볼 수 있고 스미스 또한 모든
참가자를 쉽게 볼 수 있도록 디자인되었다. 방에는 어떠한 도
청장치도 없어 그들을 방해하는 것은 아무 것도 없다. "남의
의견을 들을 수 있는 환경을 조성할 수 있다면 리더십을 발휘
할 수 있을 뿐 아니라 그에 대한 비전과 방향을 제시할 수 있
습니다."

〈루와 시간을!〉을 통해 사원들은 스미스와 말할 기회를 가
지게 되며 스미스는 이를 통해 배우고 이끌 수 있는 중요한 정
보들을 얻게 된다. 그는 또 매주 핵심리더간부와 일대일 미팅
시간을 연다. "우리는 하루에도 여러 번 마주치고 있지만 특

별히 시간을 할애하여 여러 이슈와 문제 상황에 대해 얘기를 나눕니다." "그러나 이것은 그들이 말한 대로 제가 행한다는 것을 의미하지는 않습니다. 다만 제가 그들의 의견에 귀를 기울이고 고려한다는 것을 의미합니다. 우리 조직에서는 정기적으로 피드백이 이루어져요. 사람들은 이를 뭉뚱그려 '도대체 내 말을 듣기는 한 건가?' 라고 하곤 하지만 우리 조직에서는 결정권자가 결정을 내리기 전에 필요한 모든 정보를 가능한 많이 얻도록 하고 있습니다. 때론 이런 정보가 중역진에게서 나올 수도 있고 동료에게서 나올 수도 있습니다. 그러나 결정권자는 어떠한 정보를 택하든지 간에 최종결정을 내리는 책임을 회피할 수는 없습니다."

우리는 본문에서 경청을 크게 세 영역으로 나누어 보았다: 배우기 위한 경청, 고무하기 위한 경청, 성장하기 위한 경청이 그것이다.

배우기 위한 경청

퍼스트 뱅코프의 CEO인 개리 넬론에게 경청은 필수 요소다. "다른 사람으로부터 피드백이 없다면 자신의 의도가 전달이 되었는지 파악할 수 없습니다." "경청하는 부분을 무시한다면 리더로서 필요한 부분 중 중요한 부분을 잃게 되는 것입니다." 그렇다면 넬론은 경청하기 위해 어떤 방법을 취하는가? 우선 그는 시간을 내야 한다고 말한다. "경청은 실행되어야 합니다. 사람들이 의견을 줄 시간을 할애할 뿐 아니라 그들의 의견에 귀 기울인다는 것을 보여 주어야합니다. 의견을 듣는데 미리 모든 해답을 가지고 있어야 할 필요는 없습니다." 그가 비즈니스에서 보아온 상당 부분의 분쟁이 상대방의 입장을 충분히 이해하려 하지 않고 상대편이 말한 내용이나 중요한 부분을 확인하려 하지 않는 데서 비롯된다고 한다. 그는 "이렇게 생각하면 제가 제대로 이해한 것이 맞습니까? 말씀하신 것 말고 더 다루어져야 할 부분이 있습니까?"의 문장을 제안한다. 이러한 확인과정이 이루어지면 사람들에게 진정으로 시간을 할애한 것이다. 만약 다른 사람의 의견을 들었다면 당신이 경청했다는 사실을 알리도록 하라. "그들은 당신이 제공한 피드백을 통해 그들이 문제를 해결했다는 느낌을 가지게 됩니다. 이를 통해 복잡한 경영환경에서 공동 목표를 향해 전진할 수 있는 분위기를 조성해주죠."

랜 로버츠는 자신에게 진정한 영웅은 뛰어난 일을 해내는 라디오 셰크의 평범한 사원들이라고 한다. "저는 그들로부터 많은 것을 배웁니다. 그들의 눈을 통해 배우기 때문에 그들로부터 영감을 받는다고 할 수 있습니다. 직접 고객과 대면하여 일을 처리하는 매장 매니저야말로 진정한 영웅입니다."

프랭크 헤네시는 경청은 주의 깊게 듣는 것, 솔직한 대화와 상호 존중으로 이루어진다고 말한다. "말하는 것만큼이나 듣는 것이 강력한 효력을 지닌다는 사실을 알게 되면 진정한 영향을 끼칠 수 있게 됩니다"라고 마스코테크의 CEO인 그는 생각한다.

아메리칸 이탈리안 파스타의 CEO, 팀 웹스터는 의견을 들을 때는 진실로, 그리고 실제로 귀 기울이는 것이 무엇보다 중요하다고 강조한다. "겸손하십시오. 그들에게 묻고 그들이 답하게 하십시오. 그들이 왜 그렇게 생각하는지 설명할 기회를 주기 전에 그들이 틀렸다고 말하지 마십시오."

존 브룩은 자신은 경청해야 할 때 하지 않는 수가 있다고 시인한다. "이 점이 제가 앞으로 고쳐야 할 부분입니다. 그렇지만 저는 의견을 듣기 위해 많은 노력을 기울입니다." 배우기 위해 듣는 법을 몸에 익히기 위해 그는 "리더로서 성공하고자 한다면 '내가 세상에서 제일 잘났지'라는 생각을 버려야 합니다. 그리고 사실 그 반대입니다. 저보다 똑똑한 사람들을 곁에 두어야 한다고 생각합니다." 뛰어난 사원들을 다루는 일이 쉬운 일은 아니지만 그들에게 존경심을 보이는 것이 최선의 방법이 될 수 있다고 한다. 이에 경청의 묘를 발휘해야 한다. "당신이 리더로서 세계적인 설계사를 데리고 있다면 그의 연구에 관해 읽고 그의 사무실에 가서 이에 대해 대화를 나누고 질문을 하고 대답을 들을 수 있어야 합니다." 브룩은 회사 내에 문화자원파트를 이끌고 있는 사람이 2년 연속 내무부장관상을 수상한 경우가 좋은 예가 될 것이라 한다. 이 설계사는 문화적으로 가치 있는 건물에 깊이 구멍을 내 이를 복원하는 기술의 일인자다. "리더는 이들의 성취가 어떤 의미를 지니는지 그들의 작업은 어떠한 것인지 등을 충분히 이해하고 있어야 합니다."

진정한 리더들은 자신들이 아직도 배울 게 많으며 끊임없이 배울 수 있는 최고 방법은 바로 사원에게 경청하는 것이라 일러준다.

고무하기 위한 경청

앤 햄블리는 경청을 통해 협동을 이끌어 낼 수 있다고 생각하며 이런 이유로 다양한 의견에 귀 기울이려 한다. "저는 다양한 견해를 접하는 것을 좋아합니다. 매니저들이 모두 다른 의견을 가질 것을 기대합니다. 이러한 의견들을 모아서 모두가 동의할 만한 의견을 도출해 낼 수 있게 됩니다. 물론 이러한 절충안에 따르지 않는 사람들이 있게 마련이지만 저는 그룹 대부분이 공통분모에 다가가도록 노력합니다. 만약 동의를 얻을 수 없다면 우선 이를 젖혀두었다가 다른 방향으로 접근하는 식으로 시도합니다. 이런 과정에서 사람들의 의견을 끊임없이 듣게 됩니다"라고 그녀는 말한다. 회사를 옮겨가며 지금의 프루덴셜자산에 이르기까지 햄블리 밑에서 15년을 일한 브렌트 하드먼은 그녀의 커뮤니케이션 능력이 남다르다고 말한다. "그녀가 사람을 다루는 것은 거의 예술의 경지에 이르렀다고 해도 무방할 것입니다. 특별한 비결이라기보다 그녀의 원칙이 있는데 바로 절대로 남을 깎아내리는 표현을 하지 않는다는 점이죠. 그녀는 결코 목소리를 높이거나 자제력을 잃는 법이 없습니다. 그녀는 한 무리의 사람을 소집하고 제기한 문제에 대한 답을 이미 가지고 있으면서도 그들의 의견을 듣습니다. 그들이 결론을 도출하는 과정에 참여하고 있다는 느낌을 가지길 원하기 때문이죠. 그래서 그녀는 '이것이 우리가 해결해야 할 문제입니다. 어떻게 하면 좋을까요?' 라고 문제를 던집니다. 그들은 화이트보드에 이런 저런 방법을 쓰기도 하다가 결국 '이렇게 하는 것이 좋겠다'고 결론에 이르게 됩니다. 이 과정에서 왜 그렇게 하면 안 되는지에 대해 타당한 이유를 제시할 수 있다면 그녀는 이런 의견에도 귀를 기울입니다. 그녀는 직원들이 의사결정과정에 참여하기를 원합니다. 언제나 의견을 물으며 많은 사람들이 그런 것처럼 '그냥 이렇게 하자'고 하지 않습니다."

햄블리는 예전에 자신이 옳다고 주장하고 남의 의견을 듣지 않는 사람들과 일한 경험이 있다고 밝혔다. 종종 이런 경우엔 부정적인 결과가 초래된다고 한다. "만약 시간을 들여 사람들의 의견을 들으려 하지 않는다면 바람직하지 못한 결정을 내리기 쉽습니다. 직원들에게 가서 묻고 말하는 과정에서 다른 의견들을 수용하고자 합니다. 만약 그들이 저를 만나고자 한다면 그들에게 동등한 기회를 줍니다. 제가 상사를 존중하는 것처럼 직원들을 존중합니다. 좌우명은 '모든 사람을 똑같이 존중하자'입니다. 그들이 서류를 정리하는 사람이건 비서진이건 차별이 있어서는 안 됩니다. 모든 사람이 당신과 회사 성공에 중요한 부분을 담당하고 있기 때문이죠. 만약 그렇지 않다고 생각한다면 일주일간 그들 없이 회사를 경영해보십시오." 햄블리는 듣는 것을 다음과 같이 요약하였다: "만약 자신의 사업을 잘 알고 남의 의견에 경청하는 법을 잘 안다면 결정을 내리는데 두려움이 없을 것입니다. 당신이 대접받고 싶은 대로 남을 대접하는 것이 바로 리더가 되는 핵심 요소라고 생각합니다. 이러한 기술을 항상 적용하고 항상 경청하려 하고 변화하려 애쓴다면 계속 발전하게 될 것입니다."

마이크 맥카시 또한 모든 직위 사람들의 의견에 귀 기울이고 그들 의견이 중요하다는 것을 느끼게 해야 한다고 말한다. 맥카시 빌딩 컴퍼니를 이끄는 그는 회사 컴퓨터에 문제가 생겼을 때를 예를 들어 말하였다. 전 직원이 회사 시스템에 곧장 접속할 수 있는 프로그램을 회사에 들였는데 원인을 알 수 없는 고장이 생겼다고 한다. 그러던 어느 날 맥카시는 시애틀 사무실로부터 이 문제가 해결되어 정상적으로 작동하게 되었다는 전화를 받았다. 전화는 정보기술부서에서 걸려왔었고 맥카시는 이 문제를 해결한 사람이 누구인지를 물어보았다. 알아본 결과 이 문제를 해결한 사람은 IT 부문에 속한 직원이 아니라 경영부문 비서였다는 사실을 알아냈다. "저는 그 부문의 대표와 통화로 이 젊은 여성에 대해 물어보았습니다." 맥카시가 서부 출장 때 그는 샌프란시스코의 보석가게에 들러 다이아몬드가 박힌 팔찌를 샀다. "그 후에 시애틀에서 파티가 있었는데 저는 그녀를 파티석상의 앞으로 불러 '자신의 업무가 아닌데도 회사를 위해 노력해준 것에 감사하고 싶습니다: 당신의 재능과 동료를 돕는 태도를 높이 사 감사 표시로 작은 선물을 준비했습니다.' 그녀는 무척이나 기뻐했습니다." 맥카시는 "직원들이 하는 일을 살피고 보이지 않는 곳에서 묵묵히 일을 하는 사람들을 찾아내는 것이 중요합니다." 라고 말한다.

진정한 리더는 경청함으로써 대화에 참여하며 그들이 경청하였다는 사실을 보여주기 위해 피드백을 준다. 이런 과정을 통해 직원들은 고무되고 힘을 얻게 된다.

성장하기 위한 경청

경청은 또한 교감을 이루는데 중요한 역할을 한다. 교감이 형성되면 더 나은 결과가 도출되게 마련이다.

짐 코프랜드는 딜로이트 & 터슈의 애틀랜타 사무실에 있으면서 자원봉사를 할 때 교감의 위력을 체험했다. "자원봉사의 경우와 같이 일단 교감이 형성되면 결정을 내리는 데 더욱 커다란 효과가 발생됩니다. 이러한 것은 특히 자신의 지위나 권위를 사용하지 않고 절제할 때 형성될 수 있습니다." 그는 지위와 권위가 가치 있는 도구가 될 수 없다고 믿는다. 만약 아무런 이유 없이 모든 것을 리더가 결정한 대로 따라야 한다면 리더의 자질이 있는 우수한 직원들은 회사를 떠날 것이라 말한다. "그래서 저는 직원들이 일을 할 때 절대적인 행정적 권위가 없도록 리더십을 형성하려 노력합니다." 코프랜드는 자신의 권위를 사용하지 않고 다른 사람의 의견을 경청하여 배운 점을 자신의 것과 조합하면 강력한 효과를 발휘한다고 한다. "사무실에 들어가서 '당신의 의견은 어떻습니까?'라고 묻게 되면 결정은 자신이 내리더라도 사람들을 그 과정에 끌어들일 수 있습니다." 이것이 바로 경청이 가져다주는 효과다. 이를 통해 얻은 결실은 대개 리더 혼자서 내린 결정으로 얻는 것보다 낫다.

짐 니콜슨은 경청을 통해 매일 무언가를 배우고 있단다. "리더는 모든 것을 알고 있다는 고정관념이 있는 것 같습니다. 그렇지만 실제로는 리더는 정보 수집가이자 분석가입니다. 만약 듣지 않는다면 정보를 수집할 수 없어요. 자신의 편견 범위에서 벗어나지 못하게 됩니다. 이런 이유로 다른 사람의 설명을 바라는 질문을 하고 직원들이 현재 벌어지고 있는 일에 대해 얘기할 수 있도록 열려 있는 것이 무엇보다 중요합니다. 조직 내 각 지위의 사원들로부터 의견을 듣는 리더야말로 진정한 의미에서 남의 의견에 열려있다고 할 수 있습니다." PVS 화학의 CEO는 모든 회사가 각각 나름의 의사소통체계를 갖추고 있다고 생각하지만 차를 마시거나 간식을 먹으며 잠깐씩 쉬는 동안 서로 회사에서 실제 일어나는 일들에 대해 얘기할 때만큼 좋은 방법은 없을 것이라 믿고 있다. "소소한 이야기들을 하려고 모였다가 긴장이 풀어지면 현 이슈에 관한 이야기들이 조금씩 스며 나오게 됩니다." 이 때 경청함으로써 정보를 얻을 수 있다고 그는 설명한다.

프랭크 헤네시는 경청을 통해 사내작업환경의 안전을 강화할 수 있었다고 털어놓는다. 그가 마스코테크의 CEO를 맡은 지 얼마 안 되어 생긴 일이다. "공장 가운데 한 곳에 문제가 있었습니다. 그리고 그들이 노조를 결성하려 한다는 위협도 있었습니다. 이 공장은 24시간 교대 체제로 돌아가고 있었습니다. 저는 새벽 4시에 도착해 오전반 직원 전부와 한 시간 반 동안 대화를 나누며 무엇이 문제인지 들었습니다. 저는 하루 종일 그곳에 머물면서 오후와 밤 작업반과도 대화를 나누었습니다." 헤네시는 이 경험이 값진 경험이었다고 한다. 그 때까지 CEO 중 누구도 이 공장을 방문한 적이 없었다. 그는 직원들이 의견을 얘기하도록 하였고 이를 경청하였다. 뿐만 아니라 그들은 작업개선을 위해 내놓을 수 있는 제안을 듣기 위해 모든 작업반을 만나느라 24시간을 할애하는 사람들을 본 적이 없었다. 이 과정에서 헤네시는 매우 중요한 사실을 알게 되었다. 그가 여러 질문들을 던질 때 직원 가운데 한 명이 마스크와 스프레이 통을 그에게 건네며 말하였다. "이 마스크를 쓰고 페인트를 칠해보시겠습니까?" 헤네시는 물었다. "이렇게 요청하는 데는 이유가 있겠지요. 그 이유를 말씀해 주실 수 있겠습니까?" 그 직원은 스프레이 통에 붙어 있는 라벨을 가리키며 "이 통에 붙어 있는 라벨을 읽으신다면 이 마스크가 이러한 종류의 페인트에 적합하지 않을 뿐 아니라 유해가스로부터 보호해주는 기능이 없다는 것을 알 수 있을 것입니다. 그런데도 우리는 이런 장비를 제공받고 있습니다"라고 대답하였다. 헤네시는 이를 통해 중요한 것을 배웠다. "우리는 이들에게 필요한 것이 무엇인지 진솔한 대화를 나눌 수 있었고 상호 합의에 이를 수 있었습니다. 뿐만 아니라 작업반과 매니저로 구성된 작업안전위원회를 구성하여 작업환경에 존재하는 건강위해요소를 가능한 규정하고 이를 해결하기 위한 조치를 취하고 있죠. 이를 계기로 회사 전반에 건강과 안전 캠페인을 실시하였습니다. 회장으로부터 받는 상에도 안전 기준에 적합한 업무수행항목을 추가하였습니다. 이러한 것들이 직원들을 진정으로 배려하고 아끼는 것이라 생각합니다."

때로는 경청을 통해 제대로 일을 해내고 있는지를 평가할 수 있다. 슬리프 아메리카의 CEO 랜 개비는 고객이 점원과 나눈 대화를 들었던 경험을 얘기해 주었다. 그 고객은 슬리프 아메리카에서 이제 막 물품을 구매하고서 개비의 경쟁사에서의 경험을 점원에게 얘기하기 시작하였다. "고객이 계산을 마치고 나서 저는 그녀에게 다가가 왜 경쟁사에서 구매하지 않기로 결심했는지 물어봤습니다." 그러자 고객은 그녀가 그 가게에서 쇼핑을 할 때 괜한 호기심이 발동하여 점원에게 근무하는 곳이 마음에 드느냐고 물어보았다고 대답한다. "질문을 꺼내기 무섭게 회사가 얼마나 형편없는지에 대해 말하기 시작했어요. 회사에서 사용할 화장실 휴지를 직원들이 사도록 할 뿐 아니라 점원을 혹사하고 더구나 점원들에게 자신의 상점에서 휴지를 사도록 하는 등등 끝이 날 줄 모르더군요." 이러한 얘기를 듣고 나서 그 상점에서 물건을 사고 싶지 않아졌다고 그녀는 개비에게 말하였다. 개비는 그녀 이야기를 다 듣고 나서 "그랬군요. 혹시 이 가게에서도 똑같은 질문을 하지 않으셨나요?"라고 물었더니 그녀는 그럴 필요가 없었다고 대답하였다. "이곳 점원은 회사 앞으로 지역사회로부터 받은 감사편지를 보여주면서 이곳이 정말 일하기 좋은 곳이라 했어요. 물어볼 필요도 없었지요." 개비는 이 경험이 시사하는 바가 컸다고 한다. 조직의 상부조직에서 하부조직에 이르기까지의 태도와 자세가 대중에게 미치는 영향이 크다는 것을 깨달았다고 한다. "진실로 배려할 때 고객들도 이를 알아차립니다. 시능만 해서는 안 됩니다. 진실로 마음에서 우러나와야 하고 하루도 빠짐없이 이를 행해야죠." 이러한 사실을 그는 경청을 통해 확신할 수 있었다.

고객을 단골로 유지하기 위해 경청의 방법이 이용되기도 한다. TD 인더스트리의 CEO, 잭 로워는 "우리는 고객에게 끊임없이 질문을 합니다. 우리가 어떻게 하고 있는지 그리고 정기적으로 고객이 중요시 여기는 것은 무엇인지를 묻곤 합니다. '우리가 잘 하고 있습니까? 우리의 경쟁사는 어떻습니까? 당신의 거래처는 어떻게 일을 하고 있습니까?' 등등의 질문을 합니다. 그리고 나서 어떤 것이 중요한 것인지를 알 수 있게 됩니다." 고객 의견에 경청하자 회사는 눈에 띨만한 성과를 거두게 되었다. "1998년에는 텍사스 품질 대상을 수상했습니다. 또한 올해에는 다른 상의 후보에 올라 있습니다."

플란테 & 모란의 빌 매튜는 경청이야말로 고객 유치와 개발에 중요하다고 확신한다. 그들이 전략계획을 세울 때 고객 설문을 실시하였다. "우리는 조금 더 고객에게 다가가야 한다는 사실을 깨달았습니다. 우리는 계속해서 설문을 진행하고 있습니다. 사실 대부분 회사들은 고객 의견에 그다지 비중을 두지 않습니다. 아마 자만심의 결과이겠지요." 매튜는 고객 의견에 귀 기울이고 회사에 바라는 점을 알아내는 것이 중요하다고 한다. 이를 알아내는 최상의 시기는 고객을 잃고 나서가 아니라고 그는 강조한다. 고객이 어떻게 느끼는지가 회사에 중요하며 이를 알아낼 수 있는 방법은 조사를 통해 그들이 말하는 바를 직접 듣는 것이다. 고객을 잃고 나서 조직 내에서 그 원인을 알아내려 한다면 가격 부담이 됐다던가 고객이 이상한 사람이었다는 등의 보고만을 얻게 된다. "이런 식으로 조사를 한다면 고객만 이상한 사람이 되어버립니다. 결국 문제를 해결할 수 없게 되는 거죠." 매튜가 웃으며 말하였다. 커뮤니케이션, 그 중에서도 듣는 것이 이러한 부정적인 상황을 방지해줄 수 있다.

경청을 통해 리더들은 새로운 아이디어가 생기기도 하고 힘을 얻기도 한다. 때로는 경쟁사를 앞설 능력을 갖추게 해주기까지 한다.

경청을 통한 커뮤니케이션과 지도

효율성을 따지고 볼 때 리더는 반드시 명쾌한 커뮤니케이션을 해야 한다. 회사 비전을 전달함으로써 사람들을 격려하고 자극하고 끊임없이 정보를 제공해야 한다.

루 스미스는 "가능한 모든 사람으로부터 정보를 얻는 것이 단지 직함을 가졌다는 이유로 저와 직접 대화를 나눌 수 있는 다섯 명으로부터 정보를 얻는 것보다 낫지 않을까요? 새로운 직원들로부터 이야기를 듣는 것도 중요하지 않을까요?"라고 반문한다. 스미스는 신입사원과 아침식사를 하면서 이 회사는 계급체계로 일이 이루어지는 곳이 아니고 누구라도 아이디어만 있으면 앞에 나와 의견을 얘기할 수 있다는 사실을 밝히곤 한다. 스미스는 성공적인 조직을 위해서는 다음과 같은 세 요소가 필요하단다. 상호 존중, 신뢰, 정직이다. "만약 이러한 세 요소를 모두 갖췄다면 의견이 다를지라도 서로 존중할 수 있습니다. 다루는 문제가 무엇일지라도 이는 개인적인 감정의 문제가 아니죠. 우리는 완벽하지 않기 때문에 실수를 할 수도 있지만 어느 경우라도 이 기본 원리를 위배해서는 안 될 것입니다." 스미스가 이러한 결론을 내리게 된 것은 "만약 조직의 리더가 되고자 한다면 직원들도 당신과 같은 목표를 가지도록 해야 합니다. 이 과정에 시간이 조금 더 걸리더라도 이것이 그들의 것이 되도록 해야 합니다." 이를 달성하기 위해서는 열린 자세, 정직함과 효과적인 커뮤니케이션- 경청이 요구된다.

비전, 가치와 환경을 전달하기 위한 커뮤니케이션

맥카시는 말한다. "가치를 밝히면서 이게 진정한 맥카시라고 할 수 있어야 합니다. 직원들이 하는 일에 감사하는 것, 즉 그들이 직접 이뤄낸 일을 살피고 그들이 겪고 있는 애로사항에 공감을 보이는 것이 중요해요. 그들이 성취한 것을 자랑스럽게 여겨야 합니다." 이를 위해 맥카시는 일대일 회의를 통해 현장에서 문제를 해결하는 사람들과 유대를 형성한다고 한다. "한 지역 사무실이 다루는 프로젝트만 해도 수없이 많기 때문에 직접 그곳에 가서 그들이 팀의 일원이며 가족의 일부라는 사실을 느끼게 해줘야 합니다. 그들이 하는 일에 진심으로 감사해야 합니다." 이런 이유로 그의 회사에서는 "만남을 위한 출장"이 빈번하게 이루어진다고 한다. 이를 통해 직원들은 자신들이 한 지붕 아래 구성원이라는 느낌을 가지게 되고 회사에 오래 남게 된다고 한다. "그들은 회사 목표와 자신의 목표를 한데 섞게 됩니다. 결국 우리는 생산을 증대할 뿐 아니라 성공도 합니다."

BHE 존 브룩은 지도자 역할을 전도사 역할에 비유한다. "주마다 성경구절을 읽어주는 것과 마찬가지입니다. 이를 통해 그들이 하고 있는 일과 달성해야 하는 목표-비전과 회사의 기본 원리 등를 일깨웁니다." 브룩은 상당한 시간을 복도를 거니는데 할애한다. 자신의 사무실에서 회의를 여는 일은 극히 드물다. 대신 그는 직원들이 실제로 일하는 곳을 직접 방문한다. "저는 중역진과 함께 상점을 방문하기도 합니다. 이를 통해 우리가 얼마나 고객을 중시하는지 보여줄 수 있어요. 저는 조직에서 그들이 성공하기 위해 제가 할 수 있는 것을 보여주고자 애씁니다."

어브 하커데이는 오늘날과 같이 변화가 끊임없는 때에 효율적인 커뮤니케이션이 가지는 중요성은 말로 할 필요가 없단다. "이상적인 조직에서라면 자신이 가고자 하는 목적지를 속일 수 없습니다. 만약 그렇다면 그에 대한 명확한 이유가 있어야 할 거예요. 대개 직원들은 결국 '회사 편한 대로 하는 거겠지'라고 생각하는 경향이 있습니다." "지금 가고 있는 방향이 무엇인지 밝혀야 할 뿐 아니라 왜 그 목적지에 가려 하는지를 밝힐 수 있어야 하며 그들에게 납득이 가는 이유가 있어야 할 것입니다. 이를 위해서는 직원들에게 말을 하고 그들을 상황에 끌어들여야 합니다." 때로는 이런 과정을 통해 자신이 간과했거나 미처 고려하지 못한 부분을 발견하기도 한다고 한다. "어디로 가는지 그리고 왜 그곳에 가는지에 대해 협력을 얻어낼 수 있다면 이러한 결과를 양산하기 위해 각 부서가 해

야 할 일이 무엇인지 설명하는 것이 중요하죠." 하커데이는
이러한 커뮤니케이션이 명확하게 이루어지지 않은 채 일이 행
해질 수 없다고 생각한다. "이를 위해 지도자가 카리스마를
지닐 필요는 없습니다. 그러나 자신의 신념에 대해 용기를 가
지고 명확히 밝힐 필요가 있어요. 이를 잘못하면 리더로서 일
을 해낼 수 없을 것입니다."

하커데이는 거대한 조직에서 끊임없이 정보를 명확하게 전
달하는 것이 쉬운 일은 아니라고 시인한다. 이러한 정보의 흐
름을 원활하게 하기 위해 그가 택한 방법 중의 하나는 CEO
포럼을 가지는 것이다. "우리는 매일 발행하는 사보에 몇 시,
어디서 CEO 포럼이 있으니 관심 있는 사람은 오기 바란다는
공고를 냅니다"라고 그가 설명하였다. 대개 그 날 다룰 주제
를 함께 공고한다. 그러나 어떤 때는 질의응답 시간을 가지기
로 한다. 홀마크는 여러 곳에 조직을 가지고 있기 때문에 그는
전국 곳곳을 방문하여 비슷한 회의를 열곤 한다. 홀마크는 조
심스럽고 정중한 기업문화를 가지고 있었다고 한다. "여러 해
가 지나도록 사람들은 예의에 어긋나는 질문 따위는 회피하였
습니다. 대개 이런 것들은 우리가 알고 싶어 하는 경우가 많은
데 말이죠. 단지 이러한 것을 묻는 것이 부적절하다고 생각하
는 것이었습니다. 저는 이런 질문을 하지 않는다면 저로서도
대답할 방도가 없다고 재차 강조했습니다. 그러나 그들은 역

시 입을 열지 않았습니다. 그래서 제가 이러한 질문을 해대야 했죠."

포럼을 진행하던 초기에 하커데이는 직원들이 예상하지 못한 질문을 스스로 꺼냈다. "그곳을 방문했을 때 마침 제가 비서와 애정행각을 벌였다는 루머가 돌고 있었습니다." 그는 킥킥 웃으며 말을 이었다. "그 때 저는 부인과 휴가를 보내고 있었습니다. 도대체 말이 안 되는 소문이지요. '이봐요, 나한테 궁금한데 묻지 못하는 게 있다는 걸 알고 있습니다. 가령 제가 왜 비서와 놀아났는지 하는 것이죠.'" 이 사건 이후로 직원들은 그들이 마음에 담고 있는 것을 얘기하기를 덜 꺼리게 되었다고 한다. 하커데이는 대화의 물꼬를 텄을 뿐 아니라 인간적인 면모를 보여줄 수 있었고 신뢰의 분위기를 일궈낼 수 있었다. "훌륭한 연사가 될 수도 있지만 신뢰를 얻어내는 것이 더 중요하다"고 그는 강조한다.

브루스 심슨은 직원들에게 커다란 그림을 그려주는 것이 리더십의 중요한 부분을 차지한다고 믿는다. "저는 가능한 많은 커뮤니케이션을 하고자 하며 또 색다른 방법으로 하려 합니다." 심슨은 회사가 성장함에 따라 직원들이 서로 편하게 얘기하는 것이 줄어듦으로써 다양하게 정보를 전달하는 것이 더욱 중요해졌다고 한다. "사람들은 여러 방법을 통해 배우게 마련입니다. 저 같은 경우는 시각적인 효과에 민감합니다. 예를 들어 차트와 그래프 같은 것을 좋아하지요. 어떤 사람들은 문서를 선호하고 구두전달을 선호하는 사람들도 있습니다. 만약 이를 활용할 수 있다면 이들 모두가 커뮤니케이션의 효과적인 수단이 될 수 있습니다." 심슨에 따르면 무엇보다 중요한 것은 시간이 흐름에 따라 상황 또한 변화하기 때문에 정기적으로 커뮤니케이션을 하는 것이라 한다. 그는 보이스메일을 선호하는데 어떤 사람들은 이메일을 선호하기도 한다. "그렇지만 그 어떤 것도 얼굴을 대면하고 직접 대화를 나누는 것 만한 것이 있을 수 없습니다. 상호 작용할 수 있고 실시간으로 이루어질 수 있기 때문에 저는 작은 그룹이든 큰 그룹이든 직접 회의를 하는 것을 좋아합니다. 예를 들어 이메일이나 보이스메일 따위는 제 의미가 정확하게 전달되는지 파악하기가 어렵습니다. 무언가를 적을 때는 제가 의도하는 바를 누구보다 잘 알고 있는데 이를 받아들이는 개인들은 다른 의도로 받아들이는 예가 수도 없습니다. 만약 제가 여기 앉아서 똑같은 사람에게 얘기를 한다면 그가 다른 의도로 받아들인다고 해도 저는 이를 그의 반응을 통해 알아차릴 수 있어요. 혹은 그가 제게 질문을 할 수도 있겠어요"라며 심슨은 자신의 경험을 애기하였다.

심슨은 멤피스에서 회의를 연 후 회사로부터 이메일을 받았다. 회의가 있던 날 심슨은 사람들에게 다가가 회의가 어땠는지 물었다고 한다. 뭔가 의미 있는 정보를 받았는지에 대해 질문을 하는데 한 여성이 '당신이 생각하기엔 어땠습니까?' 라고 물었고 나는 '솔직히 기대했던 것만큼은 아니었다'고 대답했다. 그 때 다른 사람이 끼어들어 그들의 대화는 잠시 중단이 되었다. 조금 후에 심슨은 다시 그녀에게 돌아와 말하였다. "사실 저는 스스로에게 좀 엄격해서 너무 많은 것을 성취하려는 경향이 있습니다. 그렇지만 전반적으로 회의는 만족스러웠고 소기의 목적을 달성했습니다. 물론 조금 다르게 했을 수도 있었지만요." 누군가가 심슨이 그녀와 나눈 대화의 처음만 듣고 심슨이 회의를 잘 해내지 못했다고 회사에 보고하였다. 회사에서는 심슨에게 어떻게 된 것인지 설명해달라는 메시지를 보내왔다. "이메일도 마찬가지입니다. 전체 내용에서 부분만 취해 잘못된 해석을 하기가 쉽습니다. 물론 저는 이메일과 보이스메일이 의사소통에 효과적인 수단이라고는 생각하지만 얼굴을 맞대고 애기하는 것을 대체할 수 있는 것은 아무 것도 없다고 생각합니다."

팀 웹스터는 직원들에게 아메리칸 이탈리안 파스타의 목적은 품질, 비용, 서비스 면에서 최고 회사가 되는 것이라 끊임없이 말한다. "우리는 전 지역에서 월례로 회의를 개최합니다. 회사 목표를 말하는 것으로 시작해서 이를 묻는 것으로 마무리

짓습니다. 게다가 이러한 세 가지 목표를 달성하기 위해 우리가 취한 것은 무엇인지를 묻습니다. 이처럼 우리는 커뮤니케이션을 통해 업무수행이 어떻게 우리 목표에 부합하는지 끊임없이 확인합니다."

리더들은 커뮤니케이션 과정에 회사 비전과 목표가 모든 행위의 기초가 되도록 상기시킨다. 그들은 이러한 메시지를 전달하기 위해 다양한 방법을 구사한다.

인지와 자극을 위한 커뮤니케이션

딜로이트 & 터슈에서는 존중과 팀워크가 모든 직원의 책임이라는 것을 밝힌다. 짐 코프랜드는 리더의 책임은 바로 직원들이 리더를 신뢰하고 리더가 그들을 배려한다는 것을 믿는 환경을 만드는 것이란다. "가치 있는 조직을 위해 일하고자 한다면 자신과 함께 일하는 사람들이 가치가 없으면 아무런 의미가 없다고 합니다. 만약 회계사가 와서 자신의 상사가 자신을 공정하게 대하지 않는다고 불만을 터뜨린다면 말하는 자신이 사람들에게 공정하게 대하지 않는 이상 이에 대해 말할 수가 없다고 생각합니다. 스스로 자신의 주위에 그러한 환경을 조성하지 않는다면 다른 사람에게서 이러한 것을 기대해서는 안 될 겁니다. 조직의 모든 사람이 작업환경을 창조하는 데 책임이 있다는 사실을 받아들어야 합니다."

코프랜드는 기업문화는 강력한 효과를 지니고 있다고 믿는다. "우리 회사의 문화는 융통성을 존중하고 결정을 내리는 능력을 강화합니다." "우리가 경쟁사보다 이익이 적게 난다면 이러한 사실은 속일 수 없는 사실입니다. 우리의 비전은 세계에서 가장 전문적인 서비스 회사가 되는 것입니다. 우리의 사명은 직원들과 우리의 고객을 뛰어나도록 도움을 주는 것입니다. 이를 위해 우선 커다란 전략과 실행 계획을 짜고 이에 따른 개인의 역할을 분배합니다. 뿐만 아니라 우리는 성취하고자 하는 것을 끊임없이 강화하는 문화를 가지고 있습니다. 이러한 문화를 통해 행동 범위가 자연스레 정해집니다. 행동을 규정하기 위해 수많은 규칙을 세울 필요가 없습니다. 이러한 문화를 통해 규칙을 되도록 세우지 않으면서도 행위의 경계를 세울 수 있습니다.

피드백 플러스의 CEO인 비키 헨리는 리더의 표현이 가질 수 있는 커다란 영향을 믿는다. "남의 열의를 꺾는 것은 찬물을 끼얹는 것과 마찬가지입니다. 사람들에게 사용하는 표현들은 강력한 효과를 지니고 있습니다. 사람들은 나쁜 것을 기억하는 경향이 있습니다. 만약 열 개를 칭찬하고 한 개를 비판했다면 그 한 가지를 기억하는 것이 일반적인 속성입니다. 만약 직원들의 의견이나 창조성에 가치를 부여하지 않는다는 것을 보여준다면 이는 회사에 커다란 손해를 끼치는 방향으로 작용하게 될 것입니다. 누군가가 새로운 아이디어를 제시했다면 이에 열려 있어야 하며 세심하게 다루어야 합니다. 긍정적인 사람만큼 전염성이 강한 것은 없을 겁니다. 부정적인 사람을 제외한다면 말이에요."

데이비드 노박은 정직한 피드백이야말로 리더가 선사할 수 있는 커다란 선물 중의 하나라고 한다. "조직에서 리더의 의무는 다른 리더를 발굴하고 개발하는 거죠. 회사가 성장할 수 있는 유일한 방법은 사람을 통해서입니다. 위대한 리더의 일은 마케팅을 분석하는 것처럼 사람들의 장점과 단점을 분석하여 그들의 장점을 평가하고 단점이 치명적 결함이 되지 않도록 하는 것입니다. 계속되는 피드백을 통해 행할 수 있죠. 진정한 리더와 일하는 행운을 누리게 된다면 이러한 피드백의 이득을 누리게 될 것입니다." 트리콘 글로벌 레스토랑의 CEO 또한 피드백이야말로 팀을 구성하는 유일한 방법이라 믿고 있다. "자신의 의견보다 남의 의견을 더욱 존중해야 합니다." "사전에서 '나' 라는 단어를 빼고 '우리' 라는 단어를 넣으십시오. '우리' 는 '나' 보다 커다란 힘을 발휘합니다." 노박은 모든 일을 혼자서 해낼 수 있다고 생각하거나 혹은 자신이 누구보다 똑똑하다고 생각하는 리더는 커다란 실수를 하고 있는 것이라 한다. "만약 리더가 자신이 누구보다 뛰어나고 똑똑하다고 생각한다면 조직의 75% 역량을 깎아내는 것이라 볼 수 있습니다. 누구나 뛰어난 아이디어를 제시할 수 있으며 리더 역할은 아이디어를 내놓을 수 있도록 하는 것과 그들의 아이디어를 인지하는 것이라는 사실을 깨닫는 것이 중요해요."

이를 위해 노박은 매직 존슨이 들려준 이야기를 우리에게도 해주었다. 존슨이 어렸을 때 농구를 하면 80 대 20으로 게임을 이기곤 했는데 득점 중 65점을 존슨이 올렸다고 한다. 게임이 끝났을 때 팀의 구성원 모두가 그에게 화가 나 있었다. 그로부터 존슨은 공을 패스하는 법을 배울 수 있었고 그렇게 되자 그들이 80 대 20으로 이겼을 때 그는 20점만 득점하고 다른 팀원들도 골고루 득점하게 되어 결국 모든 사람이 만족하게 되었다고 한다. 그래서 존슨은 혼자 뛰어난 선수가 되기보다 세계에서 가장 패스에 뛰어난 선수가 되기로 결심을 하였다고 한다. 노박은 팀을 이루기 위해 다른 사람의 의견에 귀기울이는 것이야말로 리더의 가장 중요한 역할이라 믿는다. 그는 정말이지 똑똑한 사람들을 많이 봐왔지만 직원들이 자신들의 리더가 똑똑하지 않다고 생각하거나 그를 신뢰하지 못해 실패한 경우를 많이 보았다고 한다.

잭 칼은 격려와 자극을 위해 명언이나 문구들을 인용한다. "월트 디즈니는 기존의 것과 새로운 것을 섞음으로써 새로운 것을 얻을 수 있다고 했습니다." 그래서 칼이 맨코를 지었을 때 복도에 표지판을 세웠다. "우리는 복도에 가장 어울리는 이름을 짓는데 상금을 내걸었어요. 표지판은 고풍스러운 가스등 스타일로 세웠습니다. 고풍스러운 가스등에 새로운 이름을 조합하자 회사가 마치 집처럼 느껴져 출근 첫날에도 그러했습니다." 칼은 이밖에도 직원들을 격려하고 자극하기 위해 명언 등을 붙여놓았다. "첫 번째 문구는 저를 위한 것이었습니다. 아직까지 저는 이 게임을 즐기는데, 물을 마시려고 정수기에 가면 허리를 구부리게 됩니다. 바로 그곳에 저는 '성공하는 사람은 자신에게 투자한다'고 붙여놓았습니다. 사람들은 매일 생존하기 위해 물을 마십니다. 단지 이러한 필요에 따른 일 말고 또 다른 일을 할 수도 있지 않겠습니까? 그래서 제가 물을 마시고 싶어질 때면 저는 스스로 '내가 오늘 나를 향상시키기 위해 한 일이 뭐가 있지?'라고 묻곤 합니다. 얼마 되지 않아 다른 사람들도 자기 개발을 위한 이러한 게임을 즐기게 되었습니다. 그래서 지금은 회사에 이백스물세개의 사인이 있습니다." 사람들이 회사를 방문할 때면 이런 사인들을 좋아하고 이를 적어가고 싶어 한다고 한다. 그럴 때면 그는 원하는 대로 복사를 해갈 수 있지만 스스로 발견하는 것이 더욱 의미

있을 것이라 말해준단다. "집에는 가족의 사진을 붙여놓는 것처럼 맨코의 구성원도 이러한 것들을 붙여놓습니다." 이러한 방법을 통해 칼은 사람들이 성장하게끔 격려한다.

공정함을 기하기 위해 웨이트 와처의 CEO인 린다 후잇은 조직에서 정치적인 특성을 제거하는 것이 중요하다고 말한다. "자리를 위해 협잡하고 점수를 따기 위해 동료를 밟고 오르는 등의 성향을 제거해야 합니다. 이러한 것은 가능한 빨리 제거해야 합니다." 후잇은 리더로서 직원이 정치적 성향을 보인다면 솔직하게 얘기하고 이러한 것은 비생산적이라는 사실을 인지시켜야 한다고 말한다. "대개 그들은 그렇게 할 경우 효과가 있다고 생각하고 있습니다. 그들은 남들보다 잘나 보이고 이를 통해 승진도 빨리 할 수 있다고 생각하고 있습니다. 리더는 이러한 행위는 오히려 자기 발전에 역효과를 가져올 뿐이라는 사실을 팀에 보여줘야 해요."

랜 로버츠는 오늘날 리더는 그 어느 때보다 커뮤니케이션 기술을 지니고 있어야 하고 이를 잘 활용해야 한다고 말한다. "세상은 빠르게 움직이고 있습니다. 이에 따라 사람들도 신속하게 대처할 수 있어야합니다. 회사들도 빠르게 움직이고 있기 때문에 뛰어난 커뮤니케이션 기술을 가지고 있어야 해요.

열정적이면서도 배려할 줄 알아야 하죠.” 분기마다 라디오 셰크의 CEO는 3일 동안 예순 다섯 명의 임원들로부터 듣고 또 듣기만 한다. 그는 또한 직원을 교육하기 위해 자금을 투자한다. “우리는 직원을 위해 투자합니다. 점점 더 많은 과정을 수료하고 자격증을 땁니다. 자격증을 가지면 더 많은 월급을 받게 됩니다. 이러한 포상제도로 그들은 끊임없이 배웁니다. 리더는 자신의 사람들에게 투자해야 합니다. 그들을 교육해야 합니다. 이를 하지 않는다면 리더로서의 자격이 없는 거죠.”

커뮤니케이션은 직원을 격려하고 자극하기 위해 사용될 수 있다. 진정한 리더는 여러 방법을 구사하지만 가치를 제시하고 계속되는 성장을 촉진하기 위한 목적에는 일치를 보인다.

정보전달을 위한 커뮤니케이션

회사 규모가 커질수록 커뮤니케이션이 전 조직을 통해 이루어지도록 하는 것이 어렵다. “커뮤니케이션을 이루기 위해 갖은 노력을 다하고 있습니다. 우리는 회사가 하고 있는 일과 이들이 우리 목표에 미치는 영향 등에 대해 직원들이 정보를 전달 받을 수 있도록 최선을 다합니다”라고 빌 매튜는 말한다.

"저는 작년에는 그다지 성과가 좋지 않았다는 사실을 말하기 위해 내년 6월 정기 컨퍼런스까지 기다릴 수 없습니다. 우리는 지금 상황에 대해 그들이 알고 있도록 합니다. 우리는 이러한 커뮤니케이션에 많은 시간을 들이죠." 플란테 & 모란에서 매튜는 사무실을 일일이 방문하는 습관이 있다. "사무실을 방문할 때면 부서 사람들을 아침 혹은 점심식사 등에 한데 모아놓고 회사 상황에 대해 얘기를 하고 그들이 질문을 하곤 합니다. 이를 통해 모든 이들이 팀의 중요한 구성원이라는 느낌을 갖게 되죠."

잭 로워는 "우리는 소식지를 발행하고 경영층에는 담이 없습니다. 소식지는 주간으로 발행되는 것 하나와 연간 발행되는 것 두 종류가 있습니다. 우리는 수많은 부서 회의가 있는데 대개 월례로 이루어지고 어떤 것들은 분기별로 행해지기도 합니다." 로워는 3시간 정도 소요되는 회의를 직원들과 잡기도 한다. "결국 2주에 한 번씩은 아침 일곱시부터 열시까지 직원 그룹과 회의를 엽니다. 대개 식사를 함께 해요. 같이 식사를 하는 것이 관계를 구축하는데 도움이 된다고 생각하죠. 그리고 4가지 정도-예를 들어 당신의 포부는 무엇입니까? 같은-의 질문이 적힌 카드를 가지고 얘기를 하곤 합니다. 포부를 이루는데 회사의 어떤 점이 방해가 됩니까? 등등의 질문도 있습니다. 대개 상반기에 이런 커뮤니케이션이 이루어져요." 카드를 사용함으로써 대화를 쉽게 시작할 수 있으며 시간을 밀도있게 사용할 수 있다. (카드는 부록 B를 참조바람.)

컨테이너 스토어에서도 회의를 통해 부서마다 정보를 전해 받도록 하고 있다. "경영에서 벌어지고 있는 모든 것을 다룬다"고 공동창업자인 킵 틴델이 말한다. "회의는 대개 30분에서 45분 정도 소요됩니다. 수익과 손실을 살피고 회사에서 벌어지고 있는 모든 상황들에 대해 구체적으로 다룹니다." 상당한 정보를 습득한 후 부서 책임자들은 다시 부서 구성원과 만난다. 정보는 모든 이에게 전달된다. "저희는 모든 직원이 정보에 접할 수 있도록 합니다. 시간제 고용인이라 하더라도 회사 확장이나 재정 상황 등에 대해 알려주고자 합니다." 회의를 통해 전달된 정보들은 모두 문서화된다. "때로는 경쟁사들이 이러한 정보를 습득하는 경우도 있습니다." 그러나 틴델과 그의 공동 창업자 개릿 분은 더욱 중요한 것을 밝힌다. "경쟁사의 손에 정보가 들어가는 것을 우려하기 보다 직원들에게 정보를 전달하는 것이 중요합니다. 그렇지 않고서는 팀을 유지할 수 없습니다. 커뮤니케이션도 이루어질 수 없습니다. 똑같은 정보를 제공받았을 때 그들이 조화를 이루고 협동을 하도록 하는 것이 훨씬 수월해집니다."

분과 틴델은 이러한 작용과 효과 때문에 위험을 감수한다고 한다. "만약 자신이 전혀 모르고 있다면 회사를 대표할 수 없습니다. 정보를 제공받지 못하면 회사를 대표할 수 없어요." 그들은 단지 옳다고 판단하는 대로 행하고 있는 것이다.

진정한 리더는 직원들이 정보를 전해 받을 수 있도록 최선을 다한다. 조직의 크기에 관계없이 정보의 흐름이야말로 회사 성공을 위해 개인이 담당하는 역할과 공헌의 중요성을 이해하도록 해주는 것이라 리더들은 한결같이 말한다. 이것이 제대로 이루어질 때 진정한 팀워크가 형성되는 것이다.

당신은 얼마나 남의 의견을 경청합니까?

당신은 누구의 의견에 가장 귀를 기울입니까?

얼마나 자주 회사 내 다른 부서의 동료 또는 다른 산업의 유사한 역할의 사람들과 얘기하는 데 시간을 할애합니까?

다른 사람의 의견을 알아내기 위한 질문을 잘 구사하는 편입니까?

다른 사람이 당신의 의견을 경청하면 어떤 기분이 듭니까?

당신이 제공한 정보가 필요한 모든 이에게 전달되었다는 것을 어떻게 알 수 있습니까?

자신의 커뮤니케이션 기술을 향상하기 위해 어떤 노력을 하고 계십니까?

이메일을 통한 커뮤니케이션을 잘 활용하고 있습니까?

이메일을 남용하는 경향이 있습니까?

보이스메일과 이메일을 적절하게 사용하고 있습니까?

자신의 보이스메일이 어떻게 들립니까? 당신이라면 당신과 비즈니스를 할 의향이 생기겠습니까?

피드백을 효과적으로 사용하고 있습니까?

스스로의 동기부여를 위해 명언이나 문구를 부착하고 있습니까?

'명언 붙이기'가 당신의 조직을 고무하고 자극하는 데 도움이 되겠습니까?

5장

배움에는 끝이 없다

진정한 리더에게 배움의 끝은 없다. 웨이트 와처 인터내셔 널의 CEO인 린다 후잇은 배움을 설거지에 비유한다. "지위 고하를 막론하고 끊임없이 배워야 해요. 리더로서 중요 한 역할은 현재 위치에서 목적지까지 이동하는 방법을 결정할 수 있는 결단력이죠."

진정한 리더는 자신이 아무것도 모른다고 생각할 만큼 겸 손하다. 그들은 모든 지위의 임직원과 접촉하려 애쓰며, 일선 에서 근무하는 직원 및 고위 경영진이 제공하는 사소한 정보 가 기업 운영에 얼마나 큰 영향을 주는지 알고 있다. 진정한 리더가 배움을 얻는 경로는 다양하다. 책을 통해 배우기도 하 고, 카세트테이프를 듣기도 하며, 전문가나 동료 및 스승으로 부터 배우기도 한다. 부모님에게 조언을 구하는 경우도 있다. 그들은 자기반성의 시간을 많이 가지며, 실수를 또 다른 배움 의 경로라고 생각한다. 그들은 경험이 많은 사람으로부터 배 우기도 하지만, 젊은 사람의 신선한 사고로부터 배우기도 한 다. 무엇보다 그들은 실패한 경험에서 교훈을 얻는다.

잭 칼(Jack Kahl)은 맨코(Manco)를 매입한 지 이년 후인 1973년에 평생 잊을 수 없는 경험을 했다. "서른두 살에 있었 던 일입니다. 당시 저는 집에 혼자 앉아서 경마 경기를 보고 있었어요. 벨몬트라는 경주마의 세 번째 경주를 지켜보고 있었습니다. 이미 벨몬트는 두 번 우승을 했으며, 세 번째 우승을 노리는 중이었습니다. 경마장에 가본 적은 없지만, 어린 시절에 마구간 청소를 많이 하면서 종마에 대한 책을 손에 잡히는 대로 읽었고, 길들여지지 않는 야생마의 이야기를 읽으며 흥분했습니다. 저는 야생마처럼 자유롭고 싶어 했지요. 아무튼, 벨몬트는 세계신기록을 세우면서 삼관왕이 되었습니다." 칼은 경마를 지켜보다가 갑자기 그 자리에 앉은 채로 눈물을 흘렸다. 칼의 마음을 흔든 것은, 남이 아니라 자기 자신과 경쟁하는 벨몬트의 능력이었다. "그 때 이후로 저는 남이 아니라 나 자신을 경쟁상대로 삼게 되었습니다. 스스로를 경쟁상대로 삼아서 최선의 사람이 될 것이며, 그래서 나는 이기고 말 것이라는 생각을 했지요." 칼은 그 때 충격이 인생에서 가장 커다란 경험이 되었다고 회고했다. "그 때부터 모든 것을 새로 배우는 학생이 되었습니다. 학교에서도 그런 열정을 가지고 공부해본 적은 없었어요. 그러니 말하자면 경주마 한 마리가 제 인생을 바꿨다고 해도 과언이 아니죠."

3년 후, 칼은 월마트의 창립자인 샘 월튼을 만날 기회가 있었다. 당시 칼은 월마트와 비즈니스 관계를 맺고자 하였다. 그들이 세 번째 만났을 때 칼은 책을 가지고 있다가 그 책을 샘에게 보여주었다. "샘은 내 눈을 쳐다보면서 '정말 진정한 경영학도이시군요. 그렇지 않습니까?' 하고 물어보았다. 그래서

'맞다' 고 대답했고 샘은 '그래' 라고 장단을 맞췄습니다. 그리고서 그는 '우리 서로, 자기가 읽고서 정말로 유용한 것을 서로에게 나누어주기로 합시다. 당신이 동의한다면, 나는 기꺼이 그렇게 하겠습니다.'" 그 때 이후로 둘은 배운 것을 나눌 뿐 아니라, 새로운 것을 함께 배워가면서 서로 우정을 쌓아갈 수 있었다. "내가 그와 지금처럼 친밀한 관계를 지니게 된 것은 그런 계기였습니다. 함께 공부하는 것을 통해 우정을 쌓아갔지요. '듣고 배우고 이끈다.' 이 말에 우리 모든 것이 함축되어 있죠. 제겐 가죽 양장으로 된, 두께가 십여 센티미터나 되는 책이 두 권 있습니다. 이것은 우리가 서로 배우고 나눈 것을 정리한 책이지요. 샘은 제 비즈니스에 방향을 부여한 나침반과 같은 사람이고, 제 정신을 이끌어준 리더입니다." 그는 말한다. 샘은 자기 지식 대부분이 독서를 통해 나온 것이라고 말한 적이 있다. 남이 쓴 책을 통해 얻는 지식은 전혀 새로운 것이 아니다. 샘은 그 죽어있는 지식을 자신의 사상과 혼합하여 온전한 자기 것으로 만들었다. "샘은 지식에 생기를 불어넣었습니다. 나에게 리더십에 대해 물어본다면 거의 대부분 월마트에 대해서 이야기할 것입니다. 결국 그것은 맨코의 이야기가 되었으니까요. 저는 사업 목표를 '고객에게 봉사' 라고 잡았죠." 이것은 칼이 샘 월튼에게서 직접 배운 교훈이다. 1976년에서 1988년까지, 칼은 월튼에게 많은 것을 배웠다. 그

덕택에 칼의 조그만 회사가 지금은 수백만 달러 규모에 달하는 세계적 회사로 성장하게 되었다.

부모님, 동료, 스승으로부터 배우기

트라이콘(Tricon)의 CEO인 데이빗 노박(David Novak)은 자기가 CEO가 되리라고는 상상하지도 못했다. "존경하던 사람들을 지켜보면서, 그 사람들이 가지고 있는 것을 나 또한 가졌다는 사실을 깨달았습니다. 그 덕택에 제가 이 자리에 다다를 수 있었던 것 같습니다. 개인적으로 발전하면서 스스로의 가능성에 눈뜨게 되고, 여러 상황을 겪어가면서 좋은 사람을 만나게 됩니다." 그는 어머니에게서 자신감을 배우게 되었다고 말했다. "제가 자란 가정은 정말 좋은 곳이었습니다. 아버지는 정부의 검사관 일을 하셨는데 수입은 높은 편이 아니었습니다. 우리 집은 이동식 주택이었고, 내가 중학교 2학년 때 이미 23개 주를 돌아다니며 이사했습니다. 1년에 3번 정도는 이사를 했고, 그 때마다 새 친구를 사귀어야 했습니다. 어머님은 늘 말씀하셨습니다. '너는 친구를 만들 시간이 서너 달 밖에 없어. 친구를 사귀고 싶으면 적극적으로 행동해야 해.' 노박의 부모는 그를 대학에 진학하도록 지원해주었다.

"부모는 저에게 많은 기대를 걸고 계셨습니다. 우리 가족 가운데 대학 교육을 받은 것은 제가 처음이었습니다. 부모님은 재능이 많이 있었지만, 교육을 받을 기회가 없었습니다. 우리 부모님들에게는 대학 등록금도 없었고 학업을 계속하라고 권하던 선생님도 없었습니다. 여건이 갖추어졌더라면 부모님 또한 어느 회사에서든지 높은 직위에 올랐을 거예요. 그래서 저는 리더십을 부모님께 배웠으며, 그들이 만들어준 환경이 중요했다고 생각합니다."

노박은 함께 일했던 상사들이 모두 그를 아꼈고, 그 또한 상사를 존경하며 따랐단다. "임직원의 발전에 투자하는 리더와 함께 근무하는 것은 매우 중요합니다." 노박은 대학 신입생이 된 딸에게 함께 근무하는 사람을 존경하라는 조언을 했다. 노박은 근무하는 동안 다양한 스타일과 접근 방식을 가진 사람들을 통해 많은 것을 배울 수 있었다고 한다. "저는 리더입니다. 다른 사람에게 배울 수 있다면 모든 것을 알아야 할 필요는 없습니다."

노박은 사람이란 다른 사람과의 만남을 통해 형성되는 존재라고 믿고 있다. "자기 산업분야에만 머물며, 비슷한 생각을 가진 친구 또는 동료들만 만난다면, 생각하는 방식이 제한될 수밖에 없습니다." 노박은 리더십에 관한 것은 모두 읽는다. 우리가 그를 방문했을 때, 그는 마침 팀원과 함께 텍사스

주 오스틴에 있는 첨단 기술 관련 기업을 방문하는 길이었다. "우리는 그 회사의 경영진을 만나서, 그들이 임직원의 의사소통 및 고무를 위해 인터넷을 어떤 식으로 활용하고 있는지에 대해 이야기를 나눌 것입니다. 물론 우리가 그들의 방식을 실제로 도입하게 될지는 장담할 수는 없습니다. 아무튼 우리는 거기서 네다섯 시간가량 대화를 나누면서 새로운 것을 접할 것입니다." 그는 자신의 리더십 팀의 능력을 키우고 자신이 습득하는 것들을 그들과 함께 나누는 것이 커다란 기쁨이라 말한다.

"얼마나 많은 사람들이 잭 웰치(Jack Welch)와 만날 기회를 가집니까?" 그는 말했다. "나는 사람들과 나눈 대화를 혼자서만 간직할 수도 있고 다른 이와 나눌 수도 있습니다." 노박은 워렌 버펫과 한 시간 반 동안 함께 이야기를 나눌 수 있는 기회가 있었다고 한다. 그는 버펫에게 배운 내용을 약 두 페이지의 메모로 기록해 두었다. "이 내용들을 재정 부서의 직원에게 가르쳐주고, 리더십 프로그램에도 이 내용을 도입했습니다. 저는 시간을 쪼개어 사람을 만나고 새로운 것을 시도하고 또 다른 곳을 가곤 합니다. 시간을 쪼개기가 쉬운 일은 아닙니다. 그래서 어렵게 배운 것을 혼자만 간직하지 않습니다. 다른 사람과 나누었을 때 더욱 빛을 발하는 것이지요."

경험자로부터 배우기

아메리칸 이탈리안 파스타 CEO인 팀 웹스터는, CEO가 중역진에게 배움을 얻는 것은 미국보다 유럽에서 더 보편화되어 있다고 한다. "1989년 켈로그에서 은퇴한 명예 회장이 있습니다. 그 사람은 힐튼 헤드 아일랜드에 사는데, 한 달에 이틀에서 사흘가량 제게 조언을 해주고 경영진을 지도하며 회사의 비전 창출에 도움을 줍니다. 그는 식품 업계에 대한 많은 것을 가르쳐주는 훌륭한 스승입니다. 그는 켈로그에서 30년간 근무하면서 방대한 지식과 경험을 쌓았고, 그 경험을 우리에게 나누어주고 있습니다. 많은 것을 배우는 중이지요." 그는 회장과 CEO를 구분해야 회사에서의 감시와 균형의 역할이 원활하게 수행된다고 생각한다. "요즘에는 평균 수명이 길기 때문에, 예순 다섯에 정년퇴직을 한 사람이라 해도 몇 해 정도는 더 일할 수 있습니다. 최고 경영진이 그런 사람들의 지도와 코치를 성의껏 들으면 많은 것을 배울 수 있습니다."

웹스터는 일반적 회사의 임원진에게서는 진정한 조언을 얻기 힘들다고 생각한다. "우리 회사의 경우는 다릅니다. 솔직하고 건설적인 조언을 할 수 있도록 만드는 독특한 시스템을 가지고 있지요. 그것은 정말 완벽한 모델"이라 그는 말한다. 그는 이러한 시스템을 통해 남다른 지혜와 안목을 기를 수 있다고 말한다.

댄 우드워드 또한 경험이 많은 사람으로부터 많은 것을 배우는 사람의 본보기다. 그는 잭 멀리낵스(Jack Mullinex)를 부회장으로 임명했다. 멀리낵스는 한때 우드워드의 상사였다. "잭과 일하는 것은 이번이 세 번째입니다." 우드워드가 말했다. "예전에 IBM에서 재정 분석가로 잭과 함께 일했는데, 그때 잭에게 강한 인상을 받았어요. 나중에 언젠가 다시 그와 함께 일하고 싶다는 생각을 하게 되었죠." 그로부터 몇 해 후, 멀리낵스는 잭이 엔헤런트에 합류하기 전 이끌던 제휴사의 인사과를 맡고 있었다. "저는 회사를 이직한 후에, 멀리낵스에게 IBM을 퇴사한 다음 정년퇴직을 미루고 나를 도와 달라고 했어요." 우드워드는 업계에서 오랜 경험을 쌓은 사람을 비밀병기라 부른다. "경험이 많은 사람은 임직원들과 신속하게 의사소통을 할 수 있으며, 회사 운영 방침이나 노력을 적절히 이해하고 조언해줍니다. 그런 사람은 업무 처리 노하우를 가지고 있으며, 저에게 도전이 되는 과제를 던져주기도 합니다. '그렇게 얼토당토않은 일을 정말로 하지는 않겠지요?' 라고 말하기도 합니다." 우드워드는 멀리낵스에게 여러 해 동안 커다란 영향을 받았다고 한다. 또, 이런 식으로 지위가 전도된 것도 큰 문제가 되지 않았다. "예전에 수하에 있던 사람을 모시게 되었다고 해도 나로서는 아무 문제가 없습니다." 멀리낵스는 이렇게 말한다. "나는 그가 나의 동업자라고 생각합니다. 내가 이렇게 여기는 것은, 그가 파트너십을 만들어내는 데 영향을 끼쳤기 때문이겠죠." 멀리낵스는 그 동안 우드워드가 배우고 성장하는 것을 지켜보았다. "예전에 댄은 언제나 논쟁을 벌이는 사람이었습니다. 그는 매우 용감한 젊은이였고, 절대로 물러서는 법이 없었습니다. 하지만 이제 그는 큰 그림을 볼 수 있으며, 어떤 문제는 자기 생각과 다르다 해도 그대로 내버려둬야 한다는 사실을 알게 되었습니다. 그는 언제나 열심히 일을 해왔고, 지금도 그렇게 열심히 일합니다. 하지만 책임져야 할 일이 많아짐에 따라 어떤 일은 손수 처리할 시간이 없게 되죠. 이런 업무들에 대해서는 다른 사람에게 권한을 위임해야 해요. 이제 우드워드는 남에게 권한을 위임하는 것을 당연하게 해야 하는 것이라 느끼고 있어요." 멀리낵스는 우드워드가 회사 경영진의 리더십이 회사에 공헌하는 정도를 평가하도록 하였다. 경영진에게 교훈을 주기 위해서였다. "작년에 우드워드는 내 업무 공헌도를 평가했습니다. 그는 정말로 제대로 된 평가를 내리는 리더라고 생각합니다. 그는 임직원이 경영진의 공헌도에 대해 어떻게 생각하는지를 평가함으로써, 경영진이 계속해서 열심히 실천하도록 격려하고 있습니다." 우드워드는 리더 공헌도 평가에 사용하는 기준을 독자들에게도 제공하였다. 이것은 부록 C에 수록되어 있다.

위대한 상사로부터 배우기

때로는 사소한 것이 잊혀지지 않는 법이다. 피드백 플러스 (Feedback Plus) CEO인 비키 헨리(Vicki Henry)는 자기가 모시던 은행장에게 배운 것을 잘 기억하고 있었다. "그가 산 더미 같은 업무를 처리하느라 바쁘기 짝이 없을 때, 가끔 저는 그의 사무실로 들어가고는 했습니다. 제가 할 말이 있으니 시간을 내달라고 하면, 그는 언제나 '2분만' 하며 손가락 두 개를 펴보였지요. 몇 년 전의 일입니다. 요즘에는 임직원이 사무실에 들어와서 시간을 내달라고 하면 저도 손가락 두 개를 펴 보이면서 '2분 정도 시간이 있다'고 합니다. 제가 그에게서 가장 좋아하던 부분을 모방하는 거죠. 그는 그런 식으로 언제나 시간을 내주면서, 또한 얼마의 시간을 낼 수 있는지도 말해 주었습니다." 헨리는 시간을 효율적으로 경영하는 것을 그에게서 배웠단다.

빌 매튜는 플란테 & 모란의 공동 창업주인 고(故) 프랑크 모란(Frank Moran)에게 중요한 교훈을 배웠다. 모란이 사무실을 견학차 방문했던 학생에 대해 들려준 이야기가 바로 그 것이다. 한 학생이 그의 회사로 찾아와 경영진에 있는 임원 한 사람과 면담을 하고자 했는데, 마침 그 임원은 전화 통화 중이 었다. 그는 전화기를 잠시 손으로 막고서 학생에게 말했다. "미안합니다. 지금 바쁘니까 나중에 시간을 내서 이야기합시 다." 학생은 사무실을 나가서 복도에서 서성이고 있었다. 이 때 프랑크 모란이 지나가다가 그 학생과 마주쳤다. 모란은 학 생에게 회사에서 할 일을 마쳤는지 물어보았다. 그 학생은 "예, 사무실 방문 시간을 조금 조정해야 하는 것을 제외하면 다 좋다"고 대답했다. 모란은 학생에게 자초지종을 물어보았 고, 그래서 학생은 방금 있었던 일을 설명했다. 모란은 그 말 을 듣고는 곧 사무실에 들어갔다. 임원은 통화를 하다가 모란 이 들어오자 "제가 잠시 후에 다시 전화를 드리겠다"고 한 후 전화를 끊었다. 모란이 왜 전화를 끊었냐고 묻자 임원은 "제 게 할 말이 있어서 들어오지 않았습니까?"하고 답했다. "방금 한 학생이 면담을 하러 들어오지 않았습니까?" "예, 그랬습니 다." "그렇다면 그 학생이 들어왔을 때 어떻게 대했어야 했다 고 생각합니까?" 모란이 잇달아 묻자, 임원은 그제야 자신의 행동이 잘못됐음을 깨달았다. 모란이 들어왔을 때 전화를 끊 고 시간을 내주고 있듯, 학생에게도 똑같이 시간을 내주어야 한다는 것이다. "그래요, 그러면 어떻게 하시겠습니까?" 모란이 다시 물었을 때, 임원은 이렇게 대답했다. "당연히 그 학생을 면담해야지요."

모란의 이야기는 시사하는 바가 크다. "우리는 모두 자기가 하는 일 때문에 바쁩니다. 하지만 다른 것을 돌아보는 일 또한 의미가 큽니다." 매튜는 상급자뿐 아니라 모든 사람이 중요하다는 점을 지적했다.

어브 하커데이는 빌 데라무스(Bill Deramus)에게 배운 바가 크다고 한다. 데라무스는 캔사스 시티 서던 인더스트리(Southern Industry)의 회장이었는데, 하커데이가 홀마크에서 근무하기 이전에 모시던 상사였다. "그는 자기 능력을 과시하지 않고, 마치 나에게 모든 일을 처리할 수 있는 능력이 있다는 듯이 행동했습니다. 내가 원할 때에는 언제나 도움을 주었지만, 일일이 지시하고 통제하지는 않았습니다. 그는 그냥 '한번 도전해보십시오' 하고 말했습니다. 그 일을 실패했을 때에는 왜 실패했는지를 함께 연구하고는, 나에게 그러한 결과에 대한 책임감을 일깨우곤 했습니다. 그는 나에게 날개를 펴고 나는 방법을 가르쳐준 스승이었습니다."

개리 넬론은 오스틴 내셔널 뱅크(Austin National Bank) 회장으로부터 경영적 측면과 인간적 측면의 조화를 이루는 것이 중요하다는 점을 배웠다. "오스틴 스톤(Austin Stone)은 내가 만나본 사람 중에 가장 인간적인 사람입니다. 그는 올해 여든일곱 살이에요. 그는 대규모 조직을 성공적으로 경영하는 동시에 가족적 개념을 기업에 도입하는 모범적 사례를 보여주었습니다. 모든 임직원이 회사라는 조직 내에서 자신이 구성하는 부분을 명확하게 알도록 했고, 그들과 원활한 커뮤니케이션을 이루었습니다. 그 결과 그는 목표를 달성할 수 있었으며, 기록적인 성장을 이룩했습니다. 무엇보다 그는, 진정 따뜻한 인간이었습니다."

나쁜 상사로부터 배우기

앤 햄블리는 나쁜 상사의 닮고 싶지 않은 점을 통해 많은 것을 배웠다. "예전에 함께 일하던 상사 가운데 임직원을 정말 비인간적이고 거칠게 대하는 사람이 있었습니다. 그는 입이 험하며 부하 직원에게 함부로 모욕을 주었습니다. 그와 일했던 기억은 정말 끔찍하기 짝이 없습니다. 나는 어떤 이유로도 사람을 그렇게 다루어서는 안 된다고 생각합니다." 햄블리는 그 때 경험 덕택으로 자신은 그런 상사가 되지 않겠다는 결심을 하게 되었다.

짐 코프랜드는 자신에게 많은 영향을 끼친 스승에 대해 물어보자 한참이나 대꾸를 하지 않다가 마침내 웃으며 말했다. "저는 누구에게서든 필요한 것을 배우는 스타일이죠. 닮고 싶은 사람에게서 배우기도 하고 닮고 싶지 않은 사람에게서 배우기도 합니다. 저는 정말 형편없는 리더를 몇 사람 알고 있습니다." 코프랜드는 부정적인 예가 미치는 영향이 크다는 사실이 참 아이러니하다고 말했다. "제가 매니저로 일하고 있을 때, 회계 담당 매니저가 있었습니다. 그 사람은 10시간 이상 초과 근무를 하려면 미리 허가를 받아야 한다는 규정을 만들었지요. 어느 날, 업무가 매우 바빴기 때문에 나와 팀원은 규정 근무 시간을 넘겨서 일해야 한다고 생각했습니다. 그 때는 토요일이었는데, 나는 잠시 생각하다가 일단 일부터 하자고 했지요. 월요일이 되어 회계 담당 매니저는 어째서 승인도 받지 않고 초과 근무를 했는지 추궁했습니다. 나는, 우리가 그 판단을 내린 것은 토요일이었는데, 휴일에 업무 문제로 전화를 해서 귀찮게 하고 싶지는 않았다고 이야기해주었습니다. 그러자 그 사람은 '그렇다면 초과근무수당을 줄 수가 없겠는걸.'이라 했어요. 저는 화가 났지요. '누가 책임자인지 잘 모르는 모양인데, 권한은 유능한 사원에게 있는 것이죠. 명령을 내리면 무조건 따라야 한다고 생각하는 사람은 융통성이 없는 사람입니다. 우리 조직에 그런 사람은 필요 없습니다.' 저는 그렇게 말했습니다. 그 매니저로 말할 것 같으면 상황이 어떻든지 자기 말에는 무조건 복종해야 한다고 생각하는 사람의 전형입니다. 정말이지 어리석은 일이죠."

자신의 약점으로부터 배우기

테리 바워삭(Terri Bowersock)은 경영에 관해서 동료 및 스승으로부터 배우기도 하지만, 그보다는 자기 스스로 배워 나가는 때가 많다. 그녀의 위탁 디자인 사업이 점점 규모가 커지자, 그녀는 자기보다 교육 수준이 더 높은 사원을 채용해야 했다. 그녀는 그런 사람들을 모아서 임원진을 구성했다. 그들이 막상 경영에 참여하기 시작하자 상황에 많은 변화가 생겼다. "처음에 나는 그들과 싸우다시피 했습니다. 그러다가 결국 나는 그들이 나보다 더 똑똑하다는 사실을 인정하고 싸움에서 물러날 수밖에 없었습니다. 나는 자신감을 잃었지요. 내가 다시 리더가 될 수 있을까? 어떻게 하면 나는 다시 리더가 될 수 있을까? 나는 그런 걱정을 했습니다." 동시에 자신이 사업을 시작하면서 품었던 비전과 일치하지 않는 요소를 발견했다. "예를 들어, 한 사람이 하루에 열네 번 정도 배달 업무를 처리할 수 있을 것입니다. 하지만 그렇게까지 할 필요가 있겠습니까? 섭씨 50도나 되는 이 도시, 피닉스에서 하루 여덟 번 이상 배달 업무를 하고 나면 건강을 해치게 될 것입니다." 이런 여러 가지 문제에서, 임원진은 이상적이라고 생각하는 것들이 그녀에게는 조금도 마음에 들지 않는 상황들이 계속 발생했다. 그녀는 이러한 여러 가지 변화에 좌절하기 시작했다. 그러던 가운데 그녀의 친구 한 사람이 중요한 사실을 일깨워 주었다. "그 사람들이 일을 할 수 있는 것은 모두 네가 사업을 일으켰기 때문에 가능한 거야. 하지만 그들은 누구도 너처럼 맨주먹으로 사업을 시작할 재주는 없었을 거야. 아무 것도 없이 꿈과 희망만 가지고서 사업을 일으킬 수 있는 것은 너 뿐이야. 그 사람들은 자기가 맡고 있는 분야에서 세부적인 업무 처리만 할 줄 알 뿐이야." 그녀는 그때서야 안심했다. 그녀는 곧 자신이 모든 세부적인 일을 직접 처리해야 할 필요가 없다는 사실을 깨달았다고 한다. "'나는 창업주다. 세부적인 업무를 처리하는 데에는 나보다 똑똑한 사람을 고용하는 것이 당연한 일'이라고 나 스스로에게 말하고, 그 후로는 안심하게 되었습니다." 그 날 이후 그녀는, 리더의 역할을 비즈니스 전략 수립으로 결정했다. "우리는 가구점을 경영하기 위해서가 아니라 위탁점을 운영하기 위해 사업을 합니다. 리더로서 제가 해야 하는 일은 아무리 높은 학위를 지닌 사원들이 오더라도 그들의 선택이 옳았다는 것을 확신해주는 회사를 만드는 것입니

다. 저는 제가 직관적으로 느끼는 바를 이야기하는 수완이 있
습니다.” 그녀는 자기가 교육 수준이 낮고 경영학 학위가 없
다는 사실에 대해 웃으면서 농담을 한다. “저는 BMW 학위를
받았습니다. 내 차에 카세트테이프를 꽂아 놓고 공부했으니까
요. 특히 기업가들의 이야기를 좋아해서, 그 테잎들을 듣고 또
들었습니다.” 그녀는 이런 방식으로 배움을 계속하고 있다.
이에 덧붙여 그녀는 자신에게 난독증이 있다는 사실 또한 중
대한 영향을 끼쳤다고 말했다. “예전에는 내가 지닌 독서 장
애 증세를 숨기려고 했습니다. 아인슈타인, 에디슨, 존 에프
케네디, 월트 디즈니 같은 사람들이 모두 독서 장애 증세를 가
지고 있다는 사실을 알기 전까지는 제 증세를 부끄러워했습니
다. 물론 지금은 아닙니다. 그 사람들이 해냈듯이, 나도 할 수
있다고 생각합니다.” 물론 그 모든 사람들은 그녀 스승이다.

실수로부터 배우기

린다 후잇은 많은 사람들이 자기 실수를 숨기려고 하는 경
향이 있다고 이야기했다. 그들은 자신의 실수를 조용히 은폐
하거나, 또는 그 실수가 회사에 아무런 악영향을 끼치지 않았
다고 강변한다. “리더가 지켜야 하는 가장 기본적인 것은 바

로 현실 직시입니다. 책임을 인정해야 하고 실수를 떳떳이 밝혀야 합니다. 자신의 실수를 인정하고, 좀 더 잘할 수 있는 여지가 있었다는 사실을 밝히면, 앞으로는 동일한 실수를 반복하지 않게 됩니다." 후잇은 또한 많은 사람들이 자신의 실수를 남에게 전가하려는 경향이 있다고 말한다. "어떤 실수이든지, 개인 혼자서 실수를 하는 경우는 많지 않습니다. 그러므로 실수를 인정하는 것이 가장 첫 번째 단계입니다. 사람은 누구나 실수를 할 수 있습니다. 그리고 누구든지 일부러 실수를 저지르지는 않습니다. 최선을 다해 노력을 해도 실수가 생기기도 하는 것이지요." 그러므로 실수를 인정하고 반성을 통해 배우는 것이 진정으로 중요하다.

마이크 맥카시(Mike McCarthy)는 몇 해 전에 값비싼 희생을 치르고서 배운 교훈에 대해 입을 열었다. "회사를 세웠는데 비대해졌습니다. 제가 부주의했던 까닭에 우리는 한 해 동안 무려 2200만 달러의 손실을 입었습니다. 채권 회사와 은행은 우리와 거래를 중단했습니다." 당시는 맥카시에게 무척이나 혹독한 시기였다. 하지만 맥카시는 자신의 책임을 회피하지 않았다. "아내와 두 아이를 데리고는, 승합차 뒤에 간단한 옷가지만 챙긴 트레일러 한 대만 끌고 전국을 돌아다녔습니다. 임직원을 정리해고해야 했었지요. 내가 실수를 했을 뿐이었고, 임직원은 자기가 맡은 바 직무를 열심히 했습니다. 하지만 그들은 모두 일자리를 잃었습니다. 그런데도 나는 계속 자리를 지켜야 했습니다. 저는 이 때의 고통스런 경험을 절대 잊고 싶지 않습니다." 1980년대 중반에 그는 회사 구조를 다시 조정했고, 그 결과 지금은 미국 내 십대 건설회사로 손꼽히는 탄탄한 회사가 되었다. 그리고 그가 해고했던 직원들은 대부분 다시 복직했다. 그는 중대한 실수를 저질렀지만, 이것을 통해 많이 배우기도 한 것이다.

겸손함으로부터 배우기

"저의 최대 강점은 내가 모자란 사람이라는 사실을 알며, 동시에 어떤 부분이 모자란지를 알고 있는 것이라 생각해요." 어브 하커데이는 말문을 열었다. "그저 진실을 말한 것인지 아니면 겸손하게 말하려다보니 이런 것인지는 잘 모르겠습니다. 그러나 아무튼 자기 한계를 아는 것이 중요하다고 생각합니다."

개리 맥다니엘은 충고한다. "자신을 대단한 존재라고 생각하지 마십시오." 그는 리더의 위치에 오래 있게 되면 자만심이 생겨나게 마련이라고 했다. "리더의 자만심이 강해지면 조직 균형은 깨지게 됩니다." 그는 자신이 공군 장교로 복무할 때의 이야기를 들려주었다. "중사 한 명과 함께 약 일년 반 근무를 했는데, 이 때 인사 명령이 내려왔습니다. 저를 다른 곳으로 발령한다는 내용이었지요. 나는 '제기랄, 나처럼 뛰어난 사람을 빼면 이 부대가 제대로 돌아가겠어? 나만한 후임은 결코 없을 걸!' 그러자 중사는 나를 조용히 쳐다보다가. "맥다니엘 소위님, 물에다 팔을 담갔다가 꺼내면, 물에 난 구멍이 얼마나 오래 갈 것 같습니까?" 맥다니엘은 대답했다. "물론 물에 난 구멍은 오래 가지 않습니다. 그것은 진리이지요."

리더는 결코 자만해서는 안 된다.

진정한 리더에게 배움의 길은 끝이 없다. 끊임없이 배우고자 하는 자세야말로 그들이 다른 리더와 구분되는 요소다.

자기탐색과 발견

귀하는 끊임없이 배우기 위해 어떤 계획을 세웠습니까?

귀하의 스승은 누구입니까?

공적으로 혹은 사적으로 모시는 스승이 있습니까?

6장

옳은 일을 행하고 진실을 말하라

진정한 리더십과 인기는 상관관계가 없는 편이다. 진정한 리더는 대개 사원을 이끌고 고무시키는 능력을 지니고 있지만 인기를 잃게 될지라도 장기적으로 조직을 위해 옳은 결정이라면 과감히 결정을 내리고 실행을 한다.

우리가 데이빗 워커를 방문했을 때 마침 그가 이런 상황에 처해 있었다. 1998년 11월 이래로 워커는 감사원장으로서 여러 가지 커다란 변화를 계획하였다. - 그 중에는 환영받지 못하는 것도 있었는데 특히 조직의 수행평가 시스템 개편이 그 좋은 예다.

"현재 우리가 가지고 있는 수행평가 시스템은 등급의 선정과 분포에 기능을 상실하여 각 등급에 사원들이 넘쳐나고 있습니다. 우리는 실제로 사원들이 자신의 업무에 정말로 기여를 하고 있는지 정직할 필요가 있습니다. 등급 기준에 맞을 뿐 아니라 전 등급의 사원들과 구별되는 능력을 보여줄 필요가 있어요."

이러한 그의 계획에 많은 사람이 반대를 하였다. "사람들은 '그렇게 해서는 안 됩니다. 사원들의 사기를 떨어뜨리게 될 겁니다.'" 워커는 이에 반대했다. "우리는 정직해야합니다. 원리를 가지고 이를 지켜야합니다. 어떻게 등급 제도를 변화시킬 것인가에 대해서는 융통성을 발휘할 수 있어요. 그렇지만 이를 실행할 것인가 말 것인가에 대해서는 이견의 여지가 없습니다."

공정함, 개방성과 정직이 그가 변화를 추진할 때 언제나 적용하는 원리들이며 그는 이러한 변화들이 옳은 일이라는 것에 추호의 의심도 없다. 이러한 그의 태도는 그가 정치적 인물로 귀감을 삼는 전직 대통령 테디 루즈벨트의 원칙을 반영하고 있다. 워커는 한마디한다. "그는 진정한 지도자였습니다. 그는 자신이 뜻하는 바를 말했고 말한 것은 실천했습니다. 그의 가장 훌륭한 점은 원리에 철저했다는 겁니다. 그는 자신이 옳다고 생각한 것을 위해 투쟁했고 여론이나 인기를 위해 일을 하지 않았습니다." 워커는 감독층과 매니저 그리고 사원들 간에 개개인의 강점과 약점에 대한 의미 있는 피드백이 결여되어 효과적인 의사소통이 이루어지지 않고 있다고 지적한다. "이러한 점은 우리가 폐기하고 있는 수행평가 시스템을 비롯한 여러 시스템에서 볼 수 있습니다. 기존 시스템은 우리가 필요한 기능을 수행하지 못하기 때문에 새로운 것을 도입하려 하고 있습니다." 워커는 수행평가 시스템은 다음과 같은 기능을 할 수 있어야 한다고 생각한다. 즉, 사원의 강점과 약점을 함께 분석하여 모든 사람이 정직한 피드백을 받고 이로써 도움을 얻게 되는 것, 충분한 정보를 제공하여 업무 수행이 뛰어난 사람을 인지하고 포상할 수 있게 하는 것, 충분한 정보를 제공받아 수행능력이 떨어지는 사원을 다룰 수 있게 하는 것 등이다.

"신뢰를 바탕으로 회사와 사원에 커다란 영향을 미칠 중대한 결정이 있을 때는 이를 공고하여 사원들이 이에 의견을 제시할 수 있도록 할 것입니다. 이를 통해 충격을 방지하고 모든 사람이 참여할 수 있도록 할 것입니다. 모든 사람이 찬성하는 것뿐 아니라 대부분 사원들이 적어도 그들의 의견을 밝힐 기회를 가지게 될 것입니다." 워커 관점에 따르면 새로운 시스템은 더욱 신뢰할만한 정보를 제공하기 때문에 옳은 일을 하고 있다고 믿는다. "이러한 정보가 없다면 정확한 판단을 내릴 수 없으며 이는 조직을 위해서도 옳지 못한 일입니다."

이처럼 단호한 입장을 견지하는 것은 워커에게만 있는 특성이 아니다. 우리가 인터뷰한 대부분의 리더들이 진실을 말하는 것만이 의혹을 없애고 신뢰성을 키우는 것이라 믿고 있었다.

신뢰를 위해 진실을 말하라!

짐 니콜슨은 성실함, 정직을 배웠다고 한다. 뿐만 아니라 예의를 갖추되 단호함을 보이는 것 또한 중요하다는 사실을 배웠다고 한다. "예의를 갖추면서 단호한 것에 대해 말씀드리겠습니다. 2000만 달러 규모의 조직을 운영하고 있는데 잘 안 된다고 합시다. 당신은 비즈니스에서 100만 달러 이익을 내겠다고 동의하였습니다. 그런데 오히려 100만 달러의 손실을 내고 있습니다. 제가 어떻게 할까요? 저는 공개회의석상에서 당신에게 바락바락 화를 내고 소리 지르고 당신은 가치 없는 인간이야! 어떻게 내가 당신 같은 인간에게 일을 줬는지 몰라!'라고 만인이 보는 가운데 모욕을 주고 해고를 시킬 수도 있습니다. 혹은 일대일 회의를 열고 당신은 좋은 사람인데 지금 일이 잘 안되고 있으니 이를 만회하기 위해 삼십 일을 주겠다고 할 수도 있습니다. 소리 지를 필요도 없지만 명확하고 단호해야합니다. 다시 말하면 이 경우에 삼십일일째는 존재하지 않는다는 것입니다. 삼십일이 지나도 일이 정상으로 돌아오지 않으면 다른 일을 찾아야 한다는 것을 의미합니다."

PVS 회장은 리더 가운데 작업환경을 위해 설립된 가치와 배치되는 스타일로 일하는 사람이 있다면 진실을 말하고 행동을 취하는 것이 중요하다고 말한다. "만약 내가 회사를 사들였는데 회사의 문화와 가치에 위배되는 리더가 있다면 저는 그를 바꿀 것입니다." 니콜슨은 예를 들어 말하였다. "저는 4백 명의 임직원이 고용되어 있는 회사를 샀습니다. 그 회사에는 리더가 한 명 있고 4백 명의 임직원이 있었습니다. 오직 그만이 모든 일에 대한 결정을 내릴 뿐이었고 만약 다른 사람이 다른 결정을 내리면 받아들여지지 않았습니다. 저는 그를 대신할 사람이 없었기 때문에 비용을 감수해야 했지만 그를 해고하였습니다. 이 때문에 4개월을 혼돈상태에서 보내야했지만 저는 그처럼 독재적이고 비민주적인 사람을 리더로 둘 수 없었습니다. 저와 일하는 사람들은 모두 제 사람이라고 생각하며 그들에게 책임감을 느낍니다. 저는 제 직원들이 혹사당하는 것을 참을 수 없습니다."

처음부터 진실을 말하라

브루스 심슨이 엡지네시스의 CEO를 맡았을 때 그는 모든 임직원을 대상으로 연설을 하였다. "여러분은 제가 말해야 하는 것을 언제나 좋아할 수는 없을 것입니다. 그러나 저는 언제나 진실을 말할 것이고 사실을 숨기거나 하지 않을 것입니다. 어떠한 비밀도 남겨두지 않을 것입니다. 만약 제가 여러분께 공개할 수 없는 것이 있다면 그것은 아마 비공개 협정을 맺었거나 국가와 관련된 사항이라든가 혹은 법적으로 공개할 수 없기 때문일 것입니다. 이런 경우에는 제가 왜 공개할 수 없는

지에 대해서 이유를 밝히겠습니다." 심슨은 정보라는 것은 모든 사람이 공유할 때 힘을 가지는 것이라 강조한다. "정보가 결여되어 있으면 그들은 이 틈새를 무엇인가로 메우려 합니다. 그리고 대부분 잘못된 것이나 부정적인 것으로 메우려는 경향이 있습니다." 진실을 말하는 것은 잘못된 정보를 방지하며 루머가 퍼지는 것을 차단한다.

심슨이 중요하다고 생각하는 것은 일자리의 안정성과 관계된 사안에 대해서는 진실을 말해야 한다는 점이다. 심슨은 처음부터 진실을 말하였다. "평생 안정된 직장이라는 것은 없습니다. 이런 생각은 없애도록 하십시오. 실제적으로 우리가 할 수 있는 것은 일을 성공적으로 처리하는 것입니다. 여러분이 함께 일을 하고 성공적으로 처리한다면 성공적인 직업을 지속해나갈 수 있는 환경이 마련될 것입니다. 우리는 이를 위해 자신의 기술과 지식이 회사와 관계되고 지속적으로 개발될 수 있도록 노력해야할 것입니다." 진실을 말함으로써 처음부터 기대치를 제시할 수 있다.

적임자를 뽑기 위해 진실을 말하라

앤 햄블리는 남을 즐겁게 하는 것이 적성에 맞는다고 한다.

"저는 모든 사람이 행복할 수 있도록 노력합니다. 그리고 그렇게 하는 것을 즐깁니다." 그러나 프루덴셜 자산의 리더로서 항상 그녀의 노력이 효과가 있는 것은 아니며 때로는 사람들을 상처받게 할 수도 있다는 것을 깨달았다. "제가 일찌감치 배운 것은 사람들이 리더에게 바라는 것이 바로 정직이라는 점이죠. 그들을 성인으로 대하고 대화를 하는 거죠. 때로 얘기하는 주제가 유쾌하지 않을 수도 있지만 이를 피해서는 안 됩니다. 최악의 상황은 사람들을 기쁘게 하려고 진실을 은폐하는 것입니다." 임직원을 승진시키는 문제에 대해서 햄블리는 대부분 회사들이 임직원들을 모두 살펴보고 업무능력과 성과가 뛰어난 사람을 승진시킨다고 말한다. "일을 정말로 잘하는 사람을 뽑고 매니저로 승진시킵니다. 대부분 사람들이 바로 그 사람이 매니저가 되기 위한 기본적인 요소를 가지고 있는지를 간과합니다. 사실 대부분의 매니저 가운데 그들이 매니저로서의 역할에 적합해서라기보다 이제까지 그들의 업무를 잘 처리했기 때문에 그 자리에 오른 경우가 많습니다. 결국 자신의 일을 잘 처리함으로써 자리에 오른 사람들로 가득 차게 됩니다." 햄블리는 두 가지 모두 중요하다고 말한다. 그렇지만 그녀는 만약 맡은 일은 훌륭하게 해내지만 좋은 리더가 되기 위해 필요한 자질을 갖추지 못했다면 일을 처리하는 것은 조금 떨어지더라도 자질을 갖춘 사람을 골라 리더 자리에 앉힐 것이라 한다. "대부분 이런 사람들에게 물어보면 그들은 매니저가 되고 싶지 않고 자신이 맡은 일을 하고 싶다고 말합니다. 저는 이런 사람들을 선호하며 그들은 조직에서 뛰어난 역할을 해낼 수 있습니다."

햄블리는 대개 기술적인 사항에 능한 사람일수록 더 승진이 잘 된다고 한다. 그러나 햄블리에 따르면 이것은 바람직한 방향이 아니라고 한다. "결국 사람들을 어떻게 다루는지 모르는 사람들로 꽉 차게 될 것입니다. 저는 그 지위에 꼭 필요하지 않은 기술들은 많이 지니고 있으면서 꼭 지녀야 하는 자질은 갖추지 않은 매니저들을 많이 보아왔습니다."

대부분 리더들이 더 높은 지위에 오를수록 기술적인 자격보다 다른 자질들이 필요하다는 사실에 동의한다. 이러한 자질은 조직 내 연수프로그램 등에 배정되지 않은 경우가 많아 부적합한 사람들로 자리를 채우는 경우가 허다하다고 햄블리는 말한다.

임직원의 능력에 대해 진실을 말하라

앨빈 토어는 사원 채용에 대해 밀문을 열었다. "회사에 딤

담으면서부터 어떤 사람이 조직에 맞지 않는지 파악할 수 있게 되었습니다. 예를 들어 우리 회사에는 동시에 20여개의 프로젝트가 일어나고 있고 만약 잘 처리하지 못한다면 일을 그르치게 될 것입니다. 제가 처음부터 이를 알아차린다면 그 옆에 앉아서 '자넨 여기서 일 하는 게 재미있지 않아. 만약 다른 곳에 가서 다른 일을 한다면 좀 더 나아질 거야. 다른 일을 찾는 것을 도와주도록 하지. 그렇지만 여긴 자네에게 적합한 곳이 아니라네' 라고 말할 것입니다." 로어는 이러한 사람들을 되도록 빨리 가려낼수록 서로에게 좋다고 한다. "그들이 업무 부담을 이기지 못하고 커다란 프로젝트를 그르치기 전에 하는 것이 좋습니다."

SIFE의 CEO 또한 예전에는 사람들이 조직 내에서 일을 즐기지도 못하고 일을 해내지도 못하는데 잡아두려 했다고 한다. "최악의 상황은 임직원을 해고하는 것이라 생각했습니다. 그러나 진실을 말해줌으로써 그들을 돕는다고 봐야할 거예요." 임직원들이 성격과 능력에 비추어 그들이 즐길 수 있는 환경에서 자신들에게 맞는 일을 할 수 있을 때 그들에게 도움을 주는 것이라 할 수 있다.

린다 후잇은 팀 구성원의 특성을 진실되게 얘기하는 것이 매니저 업무 가운데 하나라고 한다. "사실 이는 쉬운 일이 아님니다. 팀 구성원에게 말하기 어려운 것을 말하는 것도 효율적인 리더가 되기 위해 일찌감치 배워야하는 능력의 하나입니다. 업무를 처리하지 않는 구성원이 많다면 결국 팀은 기능을 상실하게 됩니다."

그녀는 결점이라는 단어를 싫어한다. 대신 그녀는 특성이라는 단어를 쓴다. 그녀는 일을 처리하는 방법을 통틀어 특성이라 할 수 있다고 한다. 어떤 특성은 극단적으로 취해질 경우 팀에 치명적인 영향을 끼칠 수도 있다. "예를 들어 세부사항에 주의를 기울이는 것을 말하자면 이것도 단지 하나의 특성에 속합니다. 세부사항에 주의를 기울이는 데 서투를 수도 있습니다. 그러나 꼼꼼하게 살피지 않고 자신이 하는 일에 집중하지 않고 되는대로 엉성하게 한다면 효율적으로 일을 못하게 될 것입니다. 그런가 하면 세부사항에 너무나 주의를 기울인 나머지 숲을 보지 못하고 나무만을 보게 될 수도 있습니다. 그들은 나뭇잎 한 장 한 장을 보느라고 작업 속도가 늦어지고 전체적인 일을 하는데 장애가 될 수도 있습니다." 후잇은 이러한 종류의 특성들과 이들이 극단으로 흐를 경우 어떻게 되는 지에 대해 진실을 말하고 임직원의 효율성을 극단화하는 방향으로 연결케 하는 것이 리더 몫이라 밝힌다.

독소를 뿌리 뽑기 위해 진실을 말하라

비키 헨리는 매니저가 범하기 쉬운 치명적 실수에 대해 읽은 것을 애기하였다. 그 중 하나가 부적임자의 계속된 실수를 눈감아주는 것이었다. "저는 적합한 환경에 적합한 지도가 갖추어진다면 누구나 주어진 일을 해낼 수 있다고 생각하였습니다. 그러나 그렇지 않더군요. 예를 들어 한 사원이 전혀 효율적이지 않고 계속해서 상품과 고객 서비스에 영향을 미칠 실수를 범한다면 저는 그러한 실수를 제거해야한다고 생각합니다." 만약 진실을 말하는 것이 사람을 해고해야하는 것이라면 해고해야 한다. "만약 태도에 관련된 문제라면 그를 해고시켜야 할 뿐 아니라 되도록 신속하게 해야 할 것입니다. 이는 마치 암세포와 같아서 그 주위에 있던 다른 사람들도 영향을 받았다면 역시 해고해야 할 겁니다. 저도 회사에서 이런 결정을 내리고 실행해야 했습니다. 물론 유쾌한 작업은 아니지만 해야 할 일이기도 하죠."

때론 같은 인간이라는 사실을 이야기하라

대부분 사람들이 CEO가 진실되고 정직하고 임직원을 진심으로 돌보고 감정을 지니고 있다고 생각하지 않는다고 댄 우드워드는 말한다. 그가 엔헤런트로 옮기기 전에 리더도 솔직할 필요가 있다는 것을 깨달았다고 한다. "IBM 부회장이 방문할 예정이어서 모든 사람들이 준비를 하느라 정신이 없었어요. 그 때 제 보스가 '내가 부회장을 트럭에 태우고 오면 그도 나와 다를 바 없이 종이컵을 뒷좌석에 휙 던질 걸세' 라고 하였습니다. 저는 중역진도 사람이라는 것을 깨달았어요. 그 자리에 필요한 자질들이 있긴 하지만 이런 일을 다 하고 나면 결국 중역진도 사람이라는 점을 깨닫는 것이 중요해요. 결국 그들의 역할 이면에는 인간적인 요소들이 알게 모르게 작용한다고 생각해요."

한계를 정하는데 진실을 말하라

팀 웹스터는 리더가 좋은 사람이 될 수도 있지만 물렁물렁한 사람으로 보여서는 안 된다고 한다. "제 보스는 남에게 보이는 대로 대접받게 될 거라고 말했습니다." 아메리칸 이탈리안 파스타사의 CEO인 그는 예를 들어 고객들에게 친절한 회사가 될 필요가 있지만 한계가 있다는 사실을 밝힐 필요도 있나고 한나. "고색블노 어니까지가 한계인지 볼 수 있습니다.

상황에 대해 진실을 말하면 이는 받아들여질 것입니다." 웹스터는 리더로서 고객 요구를 만족케 하는 것도 중요하지만 자신의 임직원과 공급자들이 견딜 수 있는 업무량을 공정하게 배당받으면서 주주 이익을 위해 좋은 제품을 생산하는 것도 중요하다는 사실을 지적하였다. "물론 저는 고객의 요구를 만족케 하라고 임직원들과 공급상들을 혹사시킬 수도 있을 것입니다. 그러나 이것이 지나치게 되면 결국 생태계까지 영향을 미치게 됩니다."

웹스터에게 진실을 말하는 것은 비즈니스 원리와 도덕성에 관계된 문제다. "우리는 합법적이고 책임감 있는 태도로 비즈니스를 해야 합니다. 아주 간단하게 말하자면 세금에 관련된 법을 지키거나 식품의약품국, 환경보호국 등의 기준에 맞아야 합니다. 이에 덧붙여 우리는 우리의 사명으로 삼고 싶은 가치들을 세우게 됩니다. 우리는 개방적이고 지속적이면서 시장에서는 타산적이고자 합니다. 우리는 최고 사원이 이미 사내에 있다고 믿기 때문에 가능하면 언제라도 내부에서 승진을 시키고자 합니다. 우리는 성장하고 임직원들을 개발하길 원합니다. 그들에게 공정한 임금을 지불하고 업무수행을 기반으로 한 문화를 지속시키기 위해 수행능력과 인센티브에 기반을 둔 기업문화를 실행해 나가고자 합니다. 또한 수행능력이 떨어지는 사람들에 대해서는 공정하고 합리적인 방법으로 다루고자 합니다."

이러한 것들이 웹스터의 기업문화가 기반한 진실들이다. 이러한 문화에 맞느냐 안 맞느냐를 결정할 때 그는 진실되고 정직하고자 한다. "예전에는 어떤 사람들이 조직문화에는 맞지 않다는 것을 말하는 것이 금기시되었습니다. 저는 우리 회사에 단지 5백 명의 사원만이 있다는 것을 강조하고 즐겨 말합니다. 이러한 팀에 속하는 것이 특권으로 느껴져야 합니다. 이들이 모두 높은 기준에 맞고 서로에게 많은 것을 기대할 수 있어야 합니다. 우리는 무척 잘 갖추어진 원리와 가치를 지니고 있으며 이러한 것들이 이해되고 수행되어야 할 것입니다." 그 결과 회사는 이러한 선택의 기준을 가지고 사원을 채용하며 어떤 것이 옳은 것인지를 밝힐 때는 매우 직설적이다.

진정한 리더는 정직과 성실을 높이 평가하고 옳은 일을 행하며 이 모든 것은 바로 진실을 말하는 것과 관계가 있다.

당신은 언제나 진실을 말하도록 노력합니까?

임직원에게 업무에 적합하지 않다고 말하는 것이 당신에겐 쉬운 일입니까?

어떤 상황에서 진실을 말하기가 어렵게 느껴집니까?

수백 명의 임직원을 해고해야 한다면 어떻게 처리하는 것이 옳다고 생각합니까?

새로운 사원을 채용할 때 적임자를 채용하기 위해 어떤 방법을 씁니까?

최근 힘든 결정에 대해 진실을 말한 적이 있습니까?

자신의 업무 수행 평가에 대해 잘 받아들이는 편입니까?

자질이 부족한 사람을 매니저로 승진케 한 적이 있습니까?

스스로의 강점과 약점을 평가해 보았습니까?

대부분 시간을 강점을 개발하는 데 씁니까? 약점을 강화하는 데 씁니까?

7장

신뢰는 필수 조건!

모 든 리더에게는 운영의 가장 밑바닥에 신뢰라는 요소가 있다. 신뢰가 없이는 다른 어떤 방법으로도 지속적인 성공을 이룰 수 없다. 그리고 지난 몇 년간 비즈니스계에서는 신뢰 붕괴가 잇달았고, 지금 우리 경제는 그에 따른 결과를 고통스럽게 겪고 있다. 전 세계로 범위를 넓혀가면서 더욱 변화의 속도를 빨리 하고 있는 비즈니스 세계에서, 아무리 작은 불신의 조각 하나라도 장기적 성공의 필수 요소인 대인관계를 완전히 망쳐놓을 수도 있다. 신뢰 중요성에 대해 깊이 인식하고 그것을 행동으로 옮기는 리더야말로 장기적 승리를 획득할 수 있을 것이다.

짐 코프랜드는 유명한 풋볼 코치인 루 홀츠(Lou Holtz)에게 리더십 원칙에 대해 들었던 것을 떠올렸다. "내가 저 코치를 믿고 있는가? 저 코치는 나를 한 사람의 인간으로 생각하는가? 저 코치는 최고가 되기 위해 최선을 다하는가? 만약 이 세 개의 질문을 자신에게 했을 때 모두 긍정적으로 대답한다면, 나머지 문제는 저절로 잘 풀릴 것입니다." 코프랜드는 덧붙였다. "저는 그 코치의 말이 전적으로 옳다고 생각합니다. 코치가 말한 세 가지는 정말 초점을 맞춰야 되는 이슈들이지요. 먼저, 사람들이 당신을 믿고 있지 않다면 다른 무엇도 소용이 없습니다. 둘째로, 리더가 다른 사람을 믿는 것도 중요합니다. 그 사실을 느끼게 된다면 사람들은 리더 및 조직을 더욱 신뢰하게 되지요. 세 번째는 최고 성과에 대한 것입니다. 직장에서 임직원에게 동기를 부여하는 가장 오래된 방법 가운데 하나가 얼마나 일을 잘 하느냐입니다. 대부분 사람들은 그들이 하는 일에서 최고가 되고 싶어 하지요."

진정한 리더들은 신뢰가 가득한 환경을 만들기 위한 선결 과제가 열린 분위기를 만드는 것이라는 데 동의한다. 사람들은 의견을 자유롭게 표현할 수 있으며 그 의견은 진지하게 받아들여져야 한다. 코프랜드는 그저 신뢰에 대해 입으로만 떠드는 것은 별 도움이 되지 않는다고 말한다. "사람들에게는 행동으로 보여주어야 합니다. 임직원들에게 언제나 솔직할 것이며, 그리고 문제가 있을 때에는 감추거나 속이지 말고 솔직하게 이야기해야 합니다. 해결책이 어려운 것이라 해도 별 상관이 없습니다. 하지만 중요한 것은 말하는 방식에서 진실이 묻어나, 사람들이 당신을 신뢰할 수 있다고 생각하도록 만드는 거죠."

신뢰는 쉽게 쌓여지지 않는다. 개리 넬론은 이야기했다. "회사에서 갑자기 요직으로 임명된 사람이 있다고 할 때, 그가 즉시 신뢰를 얻을 수는 없습니다. 그는 자신이 신뢰받을 만한 사람임을 날마다 몸소 보여 주어야 합니다. 검증 기간이라

하면 되겠지요. 신뢰란 사람의 인격과 같아서 평생을 거쳐 개발할 수도 있고, 말 한마디나 행동 하나로 한순간에 무너질 수도 있습니다."

진정한 리더의 신뢰에 관한 철학

대부분 리더는 신뢰란 필수적인 요소라는 데 동의하지만, 그들이 부하 직원들과 신뢰를 쌓아가는 방식에서는 다른 접근 방식을 가지고 있다. AppGenesys CEO인 브루스 심슨은 입을 열었다. "제 경우에는 언제라도 사람을 만날 때면 그 사람을 일단 전폭적으로 믿고 시작합니다. 어떤 사람이든지 특별히 신뢰받지 못할 행동을 하지 않는 이상은 그들을 신뢰하는 경향이 있지요. 제가 아는 몇 몇 사람들은 나보다는 비판적인 세계관으로 사람들에게 접근합니다. 그들은 다른 사람들이 특별히 신뢰받을 만한 행동을 하기 전까지는 사람들은 별로 믿을만한 존재가 아니라 생각합니다. 어느 쪽이 옳고 어느 쪽이 그르다고는 생각하지 않습니다. 삶의 경험 때문에 생긴 결과겠지요. 어린 시절에 남에게 속은 일이 많았다면 나이 들어서는 아무래도 비판적인 세계관을 가지게 될 것입니다. 좋은 사람들만 만나온 사람이라면 긍정적 세계관을 갖겠지요." 심슨이 처음 AppGenesys의 새로운 CEO가 되었을 때, 그는 그의 팀에 이제까지 그들이 함께 일하지 않았기 때문에 상호 신뢰의 시간을 갖지 못했다고 말했다. "우리는 상호간에 작은 수준의 믿음만을 지닐 수 있습니다. 하지만 조만간 서로의 신뢰 여부를 테스트할 수 있겠지요. 진정한 신뢰는 그러한 과정을 통해서만 쌓아질 것입니다."

심슨은 군대를 예로 든다. 군대의 경우 서로에게 목숨을 맡기는 만큼 매우 높은 수준의 상호 신뢰를 쌓게 되고, 그 신뢰는 종종 평생 동안 이어지기도 한다. 그리고 비즈니스 세계의 신뢰를 쌓는 것을 군대에서 대피용 참호를 파는 것과 비슷하다고 비유한다. "비즈니스 세계에서 또한 이와 비슷해야 합니다. 정말로 어려운 상황이 닥쳤을 때, 그 때에야 서로 신뢰를 구축하려고 애쓰는 것은 소용이 없습니다. 신뢰는 미리 구축해야 합니다."

심슨은 또한 신뢰할만하다는 표현이 때때로 명료하지 못한 것을 지적한다. "비윤리적 행동을 했다면 그 사람은 신뢰할만 합니까? 만약에 어떤 사람이 호언장담을 해놓고는 그 일을 실패했습니다. 그러면 신뢰할 수 없게 됩니까? 어떤 사람이 말로는 이렇게 했는데 행동은 다르게 했다면, 그것은 신뢰할 수 없는 것입니까? 저는 신뢰할 수 있다 없다는 것을 상황에 따라 판단하죠."

"윤리적인 문제에서, 만약 무엇인가를 훔쳤다고 한다면 두 번 다시 기회는 없습니다." 심슨은 윤리적인 문제에 대해서 매우 선명하게 경계를 그어두고 있으며, 이 원칙을 예외 없이 모든 사람에게 적용하는 것이 중요하다고 말한다. 예를 들어, 어떤 사람이 회계 장부를 조금 수정하도록 허락을 받았다면, 이것은 그 사람에게 조금 훔쳐도 좋다고 하는 것과 마찬가지다. "그런 종류의 논리는 받아들일 수 없습니다. 만약에 훔쳤다면 그것은 훔친 것입니다. 더 이상 논쟁의 여지가 없어요."

그 다음 신뢰와 연관된 문제로는 장담을 해놓고는 그 말을 지키지 못하는 사람에 대한 것이다. "훨씬 범위가 넓은 문제인 것 같습니다. 어떤 직원이 무엇인가를 하겠다고 떵떵 큰소리를 쳤다고 하죠. '그래요, 당신을 믿겠습니다. 가서 한 번 해 보십시오'라고 했습니다. 그런데 그 일을 완수하지 못했습니다. 직원은 돌아와서는 생각하지 못한 문제가 발생했다고 합니다. 그러면 나는 이렇게 말할 것입니다. 그런 상황이었다면, 왜 나에게 중간 보고를 하지 않았습니까? 나는 당신이 그 부분을 해낼 것이라 믿고 있었는데." 심슨은 이런 상황이 임직원 직위에 따라 좋은 교훈이 되기도 한다고 했다. "만약에 이 실수를 저지른 사람이 상대적으로 경험이 적고 직책이 낮은 경우에는 그 사람으로서 좋은 교훈을 얻는 기회가 될 것입니다. 만약 충분한 경험을 가진, 그 정도는 알만한 사람이 이런 실수를 했을 경우에는, 처음 한 번은 이렇게 주의를 줍니다. 하지만 나는 생각하겠죠. 그 정도 직급에 올라 있으면서 신뢰와 약속의 뜻을 이해하지 못한단 말인가? 그래서 질문할 것입니다. 무엇보다 먼저, 어떻게 그가 그 위치에 있는 것일까?"

심슨 생각에는, 이 때야말로 잠시 차근차근 중요한 문제에 대해서 생각해야 할 시점이다. "직원을 채용할 때에는, 그 직원에게 가치가 있다고 생각하기 때문입니다. 우리가 만약 채용에 실수가 있었다는 것을 초기에 발견했다면 더 이상 그 직원에게 시간을 투자해서는 안 될 것입니다. 하지만 회사에 꽤 오랫동안 있던 사람의 경우라면, 특히 직급이 높은 경우라면, 그 직원을 해고해서는 안 됩니다. 지금 저는 기업 윤리나 고용과 관련된 법률을 이야기하는 것이 아니라, 실질적 행동에 관해서 이야기하고 있습니다. 우리는 그 자산을 내다 버려서는 안 됩니다. 먼저 우리는 그 직원의 활용에 대해서 생각해야 합니다. 맞습니까? 그 직원을 회사에서 해고하는 것이 아니라, 그 직원이 적성을 발휘해서 더 일을 잘 할 수 있는 직책을 찾아주어야 할 거예요. 저는 누군가를 해고해 본 적이 거의 없습니다. 사람들이 제게서 떨어져 나간 적은 있지만, 그 경우에도 해고를 했다고는 생각하지 않아요. 저는 당사자와 충분한 토론을 거쳐서, 그 사람의 적성에 더 맞는 직장을 택하는 것이 낮겠다는 상호 합의를 하기 때문이죠."

진정한 리더에게 신뢰에 관해 이야기를 할 때면 약속 이행이라는 말을 자주 보게 된다. 댄 우드워드는 약속 이행이야말로 엔헤런트의 가치 시스템에 가장 핵심적인 요소란다. "직원이든지 동료든지 간에 약속으로 생각되는 상황과 그렇지 않은 상황에 대해서 구분케 하고 그 구분이 왜 중요한지를 가르치기 위해 노력합니다. '해보겠습니다'는 말은 약속이 아닙니다. 그렇지만 '이번 금요일에는 다음 주까지 이 일을 완수할 수 있는지 여부를 알려드리겠습니다.' 이렇게 말하면 약속이죠. 정확한 날짜와 시간을 명시하지 않으면 그것은 약속이 아니에요. 저는 이것을 새기게 하고 싶습니다. 이것의 명료한 구분, 그리고 약속을 만들고 이행하는 과정을 통해 신뢰와 상호 존중의 기회가 싹트는 것이지요."

BHE 인바이런먼탈의 존 브룩은 신뢰를 쌓고 신용을 세운다고 말할 때에 독특한 표현법이 있습니다. "저는 영상을 좋아합니다. 신뢰에 대해서 설명하고 그것의 본보기를 보여주고자 할 때에 저는 서부 영화에 나오는 총잡이가 허공에 접시를 던지고 그것을 쏘아 맞추는 비유를 듭니다. 제가 접시를 허공에 던져서 맞힐 것이라 말하면, 저는 그렇게 할 것입니다. 제가 만약 세 개의 접시를 날려 총으로 맞히겠다고 하면, 역시 그렇게 할 것입니다. 약속했기 때문입니다. 신뢰를 쌓는 가장 좋은 방법이 약속한 대로 실천하는 것입니다. 그리고 제가 바라는 것은 남들도 하는 것입니다. 사람들이 던지고 쏘겠다고 하면, 그들도 그렇게 하기를 바랍니다. 만약 그들이 그렇게 하지 않는다면 신뢰에 금이 가기 시작하는 것이지요." 브룩은 신뢰에 균열이 생기기 시작하면 조만간 의사소통에 전반적인 장애가 생길 것이라 말한다. "모든 사람들은 갑자기 자기만 동떨어져 있어 두렵다고 느끼게 될 것입니다."

어떤 경우에 사람들은, '내가 내 일 잘 하고 있는데, 뭐가 문제야?' 라는 식의 태도를 가지기도 한다. "이건 누구에게도 이득이 되지 않는 행동이죠. 사람들이 벽을 쌓기 시작하면 그들은 곧 상처를 절대로 입지 않는다고 생각하게 됩니다. 그들의 그런 생각을 사람들과의 신뢰로 대체해주어야 합니다." 브룩이 신뢰를 회복하기 위해 취하는 방법 가운데 한 가지는 실수를 시인하게 하는 것이다. "만약 그 실수가 충분히 합리적인 실수였다면, 즉 방향을 설정하고 필요한 정보를 획득한 후 논리적인 절차에 따라 진행했는데 마지막에 그것이 실수로 판명 났다면, 그 실수로부터 많은 것을 배우게 됩니다. 제 생각에는 그런 실수라면 성공과 마찬가지로 취급해줘야 할 것입니다." 그러나 브룩은 만약에 똑같은 실수를 시시때때로 하서

나 또는 취해야 할 절차를 제대로 밟지 않아서 생긴 실수인 경
우라면, 더 비판적으로 다루어져야 할 것이라 말한다. "실수
를 하는 사람은 자신이 실수를 했다는 데 대하여 책임 의식을
가져야 하며, 충분히 자신의 실수에 대하여 설명을 할 수 있어
야 합니다. 리더의 경우도 마찬가지입니다. 리더가 자신의 실
수를 인정하면 임직원은 그 리더를 더욱 더 신뢰하게 될 것입
니다."

　　플란테&모란이 포춘이 선정한 가장 좋은 직장이 될 수 있
었던 최고 요인은 경영에서의 신뢰감이다. 빌 매튜는 이야기
한다. "포춘지가 최고 직장을 뽑을 때의 점수 가운데 2/3는 회
사 임직원에게서 작성한 설문이었는데, 비밀로 취급되기 때문
에 우리는 직원의 설문 응답 결과를 보지 못했습니다. 질문지
는 보았는데, 그들이 가장 가중치를 주는 요소 가운데 하나가
경영에서의 신뢰성이더군요. 회사 경영에서의 신뢰성은 정말
로 중요합니다. 만약 우리 회사의 임직원들이 우리를 믿지 않
는다면, 우리 회사가 성공적인 회사가 될 수 없었을 거예요.
리더로서 명심하는 것은 혹시라도 사실이 아닌 것을 말하고
있지는 않는가, 달콤한 말로 유혹하고 있지는 않은가, 임직원
을 가벼이 여기는 것은 아닌가, 하는 것들입니다." 그렇다면
플란테&모란이 이와 같이 신뢰에 기반한 환경을 만들기 위해

서 한 일은 무엇인가? 매튜에 따르면 그들이 하는 일은 모든 임직원들을 믿음직한 사람으로 만드는 것이다. "그게 우리가 하는 것의 전부입니다. 우리가 여기서 하는 일은 임직원이 막대한 수익을 올리도록 독려하는 것이 아닙니다. 우리의 주된 활동은 고객에게 최고 서비스를 제공하고 임직원의 성공적인 직장 생활을 돕는 거죠. 만약 임직원들이 우리가 그들의 직장 생활을 위해 노력한다는 사실을 믿어주지 않는다면, 결국은 우리 스스로를 위해 할 수 있는 일도 없게 됩니다."

매튜는 가장 중요한 문제 가운데 하나는, 좀 더 성장하고 싶어 하는 사람을 위해 충분한 직위가 마련되어 있는 것이란다. "바로 회사가 성장해야 하는 이유가 되기도 합니다. 우리는 임직원의 성장을 제공하고자 합니다. 그래서 우리는 그런 사람들에게 기회를 주었으며, 지금까지 꽤 잘 해온 것 같습니다." 매튜는 또한 모든 사람이 공인 회계 법인에서 잘 근무하는 것은 아니라고 말한다. "많은 사람들이 우리 회사를 떠나서 일반 산업체로 이직합니다. 그들은 공인 회계 업무와 맞지 않기 때문이죠. 수많은 사람들이 일반 회사에서 더 많은 돈을 벌고 있습니다. 그러나 그 사람들 모두가 자신을 키워준 우리 회사에 대해 감사하는 마음을 갖고 있을 것입니다. 우리는 그들이 여기에 근무하는 동안 그들의 능력 개발을 최선을 다해 도와주었으며 그들이 다른 직장에서 좋은 대우를 받을 수 있을 만큼 키워주었습니다. 그리고 우리는 그들이 현재 직장에 만족하면서 우리와도 좋은 관계를 지속했으면 하는 바람입니다. 되풀이해서 말하자면, 우리는 완벽하지 못하며 예외도 있습니다. 프랑크 모란(Frank Moran, 공동 창업주이며 몇 년 전에 영면했다)은 늘 '우리의 배팅은 최대한 좋은 평균을 유지하기만 하면 된다' 고 말하고는 했지요. 바로 그것입니다."

슬리프 아메리카에서도 신뢰는 핵심적인 가치관이다. 사장인 데비 개비와 CEO인 랜 개비는 그들의 사업을 타이트하면서 부드럽게 진행한다고 말했다. 이 말은 언뜻 들으면 모순되는 것 같다. 개비는 이 말에 대해서 설명을 한다. 그들은 특정 가치관에 대해서는 조금의 양보도 없이 타이트하게 운영하는데, 그 가치관들은 회사 내 신뢰를 구축하기 위해 필수적이기 때문이다. 하지만 다른 이슈에 대해서는 그들은 그다지 심하게 따지지 않는다.

"우리가 매우 타이트하게 취급하는 가장 첫 번째 이슈는 바로 정직함이에요." 랜 개비가 말했다. "우리는 임직원 상호 간에, 그리고 우리 고객들에게 매우 정직합니다. 진실이 언제나 듣기 좋은 것은 아니기 때문에, 정직하기만 한 것이 쉽지는 않습니다. 고객들이 정직한 말을 듣기 싫어할 때도 있지요. 그래서 우리는 정직한 말을 표현하는 방법에 대해서 많이 생각하게 됩니다. 그렇지만 어떤 경우에도 정직함이라는 가치를 버리지는 않습니다." 그들의 이러한 철학은, 고객이 배달과 관련된 문제에 대해 불평을 할 때에도 같이 적용된다. "우리는 절대로 거짓말을 하지 않습니다. 고객의 기분을 풀어주기 위한 선의의 거짓말 한 조각이라도 거짓말은 거짓말입니다. 우리는 진실만을 말합니다."

그들이 두 번째로 중요하게 여기는 가치는 상호 존중이다. "우리는 언제나 상호간에 존중합니다. 많은 회사들이 욕설과 거친 말로 사람들을 다루지요. 단기적인 회사 실적에 조금 도움이 될지도 모르겠습니다만, 아주 짧은 단기적 효과일 뿐입니다. 우리는 절대 용납할 수 없습니다. 만약에 창고 직원이 실수를 했더라도 판매원이 창고 직원에게 화를 내서는 안 됩니다. 우리 직원들은 상대방을 모욕할 수 없으며, 서로의 실수에 대해 관대하게 참고 넘어갑니다. 서로 상대방에 대한 책임을 지고 있는 것이지요. 그렇기 때문에 우리 회사에는 정직함이라는 요소가 절대로 필요한 것입니다." 정직함과 상호 존중을 통해서 회사에는 신뢰의 든든한 기초를 세울 수가 있는 것이다.

신뢰 구축 전략

진정한 리더는 신뢰를 구축하기 위해서 다양한 방법을 사용한다. 아래의 몇 가지 예시를 보자.

모든 것을 나누어라

맨코의 창업주인 잭 칼은, 비즈니스는 이익을 위해 운영되고는 있지만, 그렇게 창달한 이익은 공유를 해야 하며, 그래야 신뢰가 구축된다고 말한다. 그들의 회사에서는 매월 미팅에서 대차대조표, 손익계산서, 회사 재무 상태 및 추후 추세 등의 정보를 공개하고 있다. "깜깜한 밤에 야구 경기를 보러 갔는데 소리조차 들리지 않는다고 생각해 보십시오. 공이 어디에 있는지, 스트라이크인지 볼인지, 1루에는 누가 있는지, 아무 것도 알 수가 없습니다. 그러면 그게 얼마나 지루하겠습니까? 그런 야구 경기를 보러 가고 싶습니까? 절대 아닙니다. 하지만 지금 미국의 대부분 회사 실정이 이렇습니다. 회사는 임직원에게 진실을 이야기해주지 않습니다. 이유야 어쨌든 그들은 임직원에게 정보를 숨기고 있습니다." 칼은 다른 회사 리더에게 왜 회사 정보를 사원들에게 알려주지 않는지를 물어보고는 했는데, 돌아오는 대답은 대략 "우리가 얼마나 돈을 벌고 있는지 알게 되면, 그 사람들은 임금 인상을 요청할겁니다"는 것이다. 칼은 늘 이렇게 대꾸한다. "이것 보세요, 직원들이 그만큼 일을 했다면 돈을 줘야 할 것 아닙니까. 그렇지 않으면 조만간 그 소중한 직원들을 잃게 될 것이에요." 그래서 맨코에는 큰 비밀이 없으며 모든 정보는 공개되어 있다.

컨테이너 스토어의 공동 창업주인 킵 틴델과 개릿 분 또한 모든 정보를 공유한다. "포춘지는 '가장 일하고 싶은 회사'를 선출하는 기준의 70%는 신뢰라는 요소와 관련되어 있다고 했습니다. 그들은 우리가 이 부분에서 최고 점수를 받았다고 말해주었죠. 제 생각에, 우리 회사 커뮤니케이션이 큰 도움을 준 것 같습니다." 틴델이 말하자 분이 그에 동의했다. "우리 회사의 어디를 가더라도 거기에는 신뢰가 있습니다. 킵과 나를 믿는 것만이 신뢰가 아닙니다. 소매점의 점원간 신뢰와 우리 신뢰는 다를 것이 없습니다. 저는 함께 일하는 사람들을 신뢰하며 그들이 자신의 직책에서 최선을 다할 것이라 믿습니다. 제가 그들을 위해 노력하듯 그들도 저를 그저 이용해먹으려고 들지는 않을 것입니다. 우리는 모두 함께 서로를 신뢰하면서 열심히 일합니다. 신뢰는 모든 사람으로부터 오는 것이지요, 그리고 물론 회사의 가장 높은 사람에게도 이것은 똑같이 적용됩니다."

신뢰를 구축하는 것 가운데에는 임식원에게 회사에서 무

슨 일이 일어나는지를 말해주는 것도 포함된다. 분은 이렇게 이야기한다. "우리는 일년에 두 번에서 네 번 가량 회사 중역으로부터 대리점 점장까지 모두 참석하는 대규모 회의를 가집니다. 때로는 점장 대신 일반 점원이 대리인 자격으로 참석하기도 하지요. 회사의 모든 사무실에 있는 직원들이 초대되고, 모든 유통 부문 관리자가 참석합니다. 이 전국 단위의 회의에서 우리는 모든 것을 이야기합니다. 과거, 현재, 미래, 우리 목표, 목표 달성 여부, 회사 재무 상태 등을 다 밝히지요. 여기서 토의된 모든 내용은 조그만 책자 형태로 제작되어 회사의 모든 임직원에게 배포됩니다."

추가적으로, 모든 개별 소매점은 날마다 22개 소매점의 매출 기록을 받게 된다. 자기 지점뿐 아니라 전체 상점에 대한 기록을 받게 되는 것이다. 분은 말한다. "이를 통해 신뢰가 구축되는 것 같습니다. 대부분 소매업종에서는 심지어 지점장조차 다른 지점의 매출량을 제대로 알지 못하는 경우가 많습니다. 많은 회사들은 정보를 알려주고 그것에 대해 칭찬하는 일에 너무 인색합니다." 컨테이너 스토어는 그렇지 않다.

대화의 창을 열어라

TD 인더스트리 임직원들 또한 회사 재무 정보를 모두 알고 있다. 잭 로워는 그들이 신뢰를 구축하기 위한 또 한 가지 행동은 의사소통에 규격화된 경로를 만들지 않는다는 것이다. "우리 회사 임직원들은 의사소통 경로와 직책상 위계질서는 전혀 별개라는 사실을 잘 알고 있습니다. 직원들이 저나 최고 도움을 얻을 수 있으리라 생각되는 다른 사람에게 자유롭게 그들의 문제점을 털어놓습니다. 모든 사람은 자신의 직속상관을 알고 있습니다. 그것은 직책상 위계질서이지요. 그러나 의사소통은 위계질서와 관계가 없습니다. 누구에게라도 이야기를 할 수 있는 것이지요."

감사원의 데이빗 워커는 그가 처음 감사원장에 취임했을 때 조직 내에 신뢰가 부족하다는 것을 즉각 인지했다고 한다. "제가 가장 먼저 시도했던 것은 열린 의사소통이었습니다. 저는 임직원들에게 제가 그들을 도울 수 있는 사람이라는 사실을 알려주기 위해서 여러 가지를 시도했습니다. 나부터 임직원과 자유로운 의사소통을 원했으며, 동시에 다른 임직원들끼리도 열린 의사소통을 할 수 있도록 애를 썼습니다. 예를 들어서, 취임 첫 해에 미국의 모든 사무실을 일일이 다 방문하기로 결심을 굳혔습니다. 그것을 마치는 데에 열 달이 걸렸지요." 덧붙여 워커는 모든 임직원들과 폐쇄 회로를 통한 화상 회의를 시도하여, 모든 임직원들이 그에게 자유롭게 질문할 수 있는 기회를 제공했다. 그는 다른 임직원들끼리도 전산망을 통한 의사소통을 하도록 장려했다. "마지막으로 임직원 전체를 대상으로 한 설문 조사였습니다. 이 설문을 통해 임직원들은 내게 어떤 내용이든지 자유롭게 그리고 비밀리에 말을 할 수 있고, 그 의견들을 진지하게 고려했습니다."

워커는 본보기를 통해 리드하는 것이 신뢰를 구축하는 데 도움이 된다고 믿는다. "말하는 것을 실천하십시오. 스스로 하지 못하는 일이라면 남에게도 시키지 마십시오. 무엇을 하든지 최선을 다하십시오. 만약에 실수를 했다면 그것을 솔직히 인정하고 다시는 실수하지 않도록 노력하십시오. 할 수 없는 일이 있다고 걱정하지 마십시오. 공정해야 하며, 열려 있으며, 그리고 정직해야 합니다. 단순한 원리입니다. 하지만 이것은 매우 중요합니다."

약속을 이행하라

피드백 플러스의 빅키 헨리는 약 10년 전 회사 재무 상태가 나빠져서 자신의 월급조차 받지 못했던 적이 있다. "하지만 저는 임직원들에게는 월급을 틀림없이 주었습니다." 헨리는 임직원들에게 말했다. "직원들에게는 이야기를 하지 않았습니다. 하지만 직원들은 모두 알고 있었지요." 회사의 모든 사람들이 가지고 있는 우정은, 그들의 회사 내부에 쌓여있는 신뢰가 어느 정도인지를 보여준다. "어느 해였습니다. 그렇게 좋은 실적을 내지 못한 해였지요. 우리는 매년 크리스마스 때 직원들에게 약간의 보너스를 지급합니다만, 그 해에는 보너스를 거의 지급할 수 없었습니다. 결국 우리는 1인당 100달러씩을 지급하기로 했지요. 그 때 임직원은 대략 30명이었습니다. 그런데 당시 레기(Reggie)라는 직원이 있었습니다. 두 아이 아버지인데, 그 해 12월에 암 선고를 받았습니다. 그 때, 정확히 몇 명인지는 기억나지 않지만 거의 대부분 사람들이 100달러의 보너스를 그대로 레기에게 주었습니다. 정말 대단한 일이었습니다." 신뢰하는 직장에서 임직원들은 서로를 챙겨주게 마련이다.

주인 의식을 계발하라

PVS 케미컬의 짐 니콜슨은 회사 내부에 소규모 회사를 만들도록 했다. 니콜슨은 54명의 트럭 운전사가 모여 그들의 사규와 사장을 선출한 조직 하나를 예로 들어 보였다. "트럭 운전사들은 그들의 매출을 알고 있으며 비용을 알고 있습니다. 그리고 자신들이 한 달에 얼마나 버는지를 알고 있지요. 그들이 알고 싶으면 저는 그들에게 모든 것을 알려줍니다. 만약에 알려주지 않는다면 그들은 마음대로 추측할 것인데, 그 추측은 결코 정확하지 않습니다. 그들은 날마다 54대의 트럭이 운행하는 것을 보고, 개별 운송료를 54로 곱할 것입니다. 하지만 그 사람들은 세금이나 사무용품 같은 것은 전혀 계산하지 않습니다. 그러니 그들의 추측은 언제나 틀릴 수밖에 없지요. 만약에 상황이 좋을 때 이런 것을 이야기해주지 않는다면, 상황이 나빠졌을 때에는 솔직하게 말하더라도 믿지 않을 것입니다. 그들이야말로 직접 일을 하는 사람들이기 때문에, 우리가 알고 있는 것을 정확하게 알려줘야 합니다. 물론 이것은 이윤 분배 및 보너스 등에 영향을 줍니다. 이렇게 해서 모든 사람들은 각자가 맡은 역할에 대해 더 이해하게 되고, 그리고 주인의식을 가지게 됩니다. 차의 시동을 끄지 않고 차에서 내리게 되면 추가되는 연료비만큼 그들의 보너스가 줄어든다는 것이지요."

"이것은 또한 관리자가 개별 임직원들을 충분히 신뢰하고 있다는 반증이기도 합니다. 직원들은 모두 충분히 일하므로 회사 정보를 알 권리가 있다는 것입니다. 자, 제가 묻겠습니다. 왜 이런 정보를 직원들에게 말해주지 않습니까? 뭔가 두려워하는 것이 있습니까? 그 정보 때문에 무슨 손해가 생길까 봐 두렵습니까? 도대체 왜 알려주지 않는지 저는 잘 모르겠습니다." 다시 한 번 말하지만, 정보를 공유하는 것은 신뢰를 구축하는 데 도움이 된다.

신뢰의 본보기를 만들어라

　　트라이콘의 데이빗 노박은 개별 임직원이 자기 직무에 관해 충분히 인정받고 있을 때 진정한 신뢰가 가능하다고 말한다. "먼저 서로의 일에 대한 믿음을 가져야 합니다. 상대편에게 충분한 직무 능력이 있음을 믿기 전에는 다른 사람을 믿을 수 없으며 진정한 신뢰가 불가능해집니다. 그러므로 조직의 리더는 그 회사 임직원 모두가 맡은 바 직무를 충실히 잘 이행하고 있다는 것을 확신해 줄 수 있어야 합니다. 그것은 신뢰의 시작입니다." 그는 이어서 두 번째 것을 말했다. 그것은 말하는 바와 행동하는 바다. 노박은 그가 즐겨하는 인용을 시작했다. "사람들은 당신의 의도보다는 행동을 가지고 판단합니다. 그래서 조직의 리더가 가장 첫 번째로 해야 할 일은 자신의 임직원들이 모두 충분한 직무 능력을 가지고 있다는 것을 믿게 해주는 것이며, 두 번째로 말한 바를 행동으로 옮기도록 하는 일이에요. 사람들이 그들 입으로 말한 것을 실천하지 않을 경우에는, 지도 차원의 행동을 취하십시오. 아무리 말을 해도 듣지 않는 사람이 있다면, 그는 같은 팀에 소속될 자격이 없는 사람이니 제외해버리십시오. 그러면 조직에는 자신의 말을 잘 지키는 사람만이 남게 되므로, 서로를 신뢰하는 분위기가 조성됩니다. 만약에 말과 행동이 다른 것을 그저 참고 넘어가기만 한다면, 결코 조직에 상호 신뢰 환경은 조성되지 않을 것입니다.

공공의 신뢰를 확인하라

"사람들은 지킬 수 없는 약속을 참 많이 하고 다녔습니다." 아메리칸 이탈리안 파스타의 팀 웹스터는 입을 열었다. "예전의 시장이 지금처럼 쪼그라들고, 주가가 폭락하는 원인도 거기에 있습니다." 웹스터는 시장 예측에서도 솔직한 이야기를 하라고 권한다. "우리는 장기적인 안목으로 이 사업을 진행하고 있죠. 외부 사람들의 변덕스러운 마음을 따라가려 노력하지 않습니다. 다시 말하자면, 회사 외부 사람들은 우리가 그들에게 알려주는 만큼 이상의 회사 정보는 알지 못합니다. 그래서 그들이 우리 회사에 터무니없이 높은 주가를 기대하고 있다면 그것은 우리가 그들을 잘못 이끌었기 때문입니다. 현실적인 기대치를 유지할 수 있도록 하는 책임감은 우리 자신이 져야 하는 짐입니다." 다른 말로 하자면, 진실을 말하라는 것이다. 웹스터는 회사 정보를 거짓으로 고쳐서 주식 값을 올려놓으면, 그 정보는 실제 현실과 점점 유리될 것이라 말한다. "만약에 그런 식으로 주가를 올려놓았다면, 언젠가는 대가를 치르게 될 것입니다. 우리가 말했던 장기적 비전이 제대로 실천하기 힘들게 된다면, 그 때는 그러한 내용을 솔직하게 말해야 합니다."

웹스터는 신뢰를 구축하고 현실에 대해서 솔직해야 한다는 이야기를 열정적으로 했다. "1년 전에는 너나 할 것 없이 주식을 구입했습니다. 하루에 1달러씩 주가가 올랐고, 모든 사람들이 부자가 되는 것 같았습니다. 모든 사람들이 직장을 때려치웠지요. 스물일곱 살의 CEO가 쉰다섯 살의 CEO보다 낫다고 생각했었는데, 그 이유는 쉰다섯 살의 CEO는 비용 조정이니 정책이니 하는 것들에 얽매여 쓸 데 없는 생각만 하는 한편, 스물일곱 살의 CEO는 임직원이 직장에 개를 데리고 와서 일해도 좋다고 말하기 때문이었습니다. 만약 직장에 나간 지 18개월 이내에 백만장자가 되는데 실패했다면 그 때는 회사를 때려치우고 나와 딴 일을 시작해야 한다고 생각했습니다. 저는 이것이야말로 우습기 짝이 없으며, 그저 지름길로만 가려는 잘못된 경향이라 생각합니다. 차곡차곡 커리어를 쌓아가고 그 업계에서 능력을 인정받아 나가는 것이 이제는 그저 지루하다고만 생각되고 있습니다." 웹스터는 우리 사회가 시계추처럼 갈피를 잡지 못하고 있다는 생각들이 바뀔 때가 되었다고 보고 있다. 그는 여전히 진실을 말하고 신뢰를 구축해야 한다는 그의 신념을 굳게 지니고 있다.

진정한 리더는 신뢰를 구축하고 유지하며 그 문화가 지속되도록 하기 위해 노력을 한다. 그리고 그들은 옳은 것을 행하고, 진실을 이야기하며, 그리고 신뢰의 중요성을 끊임없이 예찬한다.

신뢰를 구축하기 위해서 무엇을 하십니까?

자기 스스로의 잠재력에 대해서 얼마나 현실적으로 생각하십니까?

자신의 장점, 약점 및 미래에 대해서 얼마나 신뢰하고 있습니까?

다른 사람들은 귀하를 얼마나 신뢰하고 있다고 생각하십니까? 그것을 어떻게 알 수 있습니까?

귀하의 조직에서 신뢰를 증진하기 위해서 무엇을 할 수 있습니까?

다른 사람을 코치하는 효율적 기술을 알고 있습니까?

스스로의 약속을 지키는 데 얼마나 충실하십니까?

정보를 다른 사람에게 나누어 줍니까?

정보 공개를 한다고 할 때에 두려운 부분이 있다면 무엇입니까?

개방적 성향을 보여 주기 위해 무엇을 할 수 있습니까?

개인적 혹은 비즈니스 생활에서 신뢰에 금이 간 부분이 있습니까? 왜 그렇습니까? 어떻게 하면 그것을 복구할 수 있습니까?

8장

인적 자원을 개발하고 포상하라

진정한 리더는 사람에 대해 진실한 관심을 보인다. 진정한 리더는 사람이 존중되는 직장 분위기를 만드는 일에 책임 의식을 느끼며, 임직원들의 교육 훈련을 위해 많은 액수의 자금을 투자한다. 그들은 회사 수익성과 경쟁력을 유지하는 것은 바로 사람이며, 인적 자원이야말로 조직의 가장 중요한 자산이라는 것을 알고 있다. 또한 회사의 가장 상부에서 결정한 인사 철학이 회사 전체에서 실질적으로 시행되기 위해서는 리더 책임이 막중하다는 사실 또한 알고 있다. 진정한 리더는 임직원 개개인이 자신의 장점을 개발하기를 격려하며, 모든 사람과 친분을 유지하고, 사람들에게 기회를 제공한다. 그래서 회사의 지속적 성장과 번영을 위한 기반 시스템에 이상이 없음을 확인하며, 그리고 사람을 믿고 보살피고 지원하는 환경을 지속적으로 유지하는 것이 바로 진정한 리더다.

PVS 케미컬의 짐 니콜슨은 즐겨 쓰는 상용구가 하나 있다. "패거리는 대장의 속도를 따라 달린다. 이 말은 폭주족 세계에서도 통하고 비즈니스 세계에서도 통합니다." 니콜슨은 리더로서 임직원을 고무시키는 가장 좋은 방법은 스스로 존경 받을만한 태도를 실천하고, 다른 사람들에게 자신처럼 행동할 것을 기대하는 것이라 한다. "우선 말할 것은, 존경은 강요되는 것이 아니라 벌어들이는 것입니다. 자신이 하지 않는 일을 남에게 요구해서는 안 됩니다. 일을 시킬 때는 사람들이 그 일을 할 수 있도록 적절한 도구를 제공해 줘야 합니다. 좀 리얼하게 표현하자면, 닭똥을 주고서 치킨 샐러드를 만들어 오라고 할 수는 없는 것 아닙니까? 사람들이 그 일을 할 수 있도록 만들어준 뒤에 일을 하라고 해야 하는 것입니다."

임직원에게 줄 수 있는 최고 도구는 바로 다양한 교육 훈련이다. 경영진이나 고위 관리자들은 종종 교육에 돈을 투자하지 않으려는 경향이 있으며, 신입 직원들에게도 오리엔테이션 이상의 교육을 제공하지 않으려고 한다. TD 인더스트리와 컨테이너 스토어는 그렇지 않다.

집중적 교육 통해 인적 자원 개발하기

TD 인더스트리의 잭 로워가 조성한 회사 환경은, 회사 측에서는 한 사람 한 사람의 역할이 똑같이 중요하다는 메시지를 명징하게 함의하고 있다. 예를 들자면, 흔히 임원진은 전망이 좋은 코너에 별도의 고급 사무실을 가지고 있는데, 로워의 사무실은 그렇지 않다. 그는 전체 사무실의 한 가운데에 8 × 11 피트의 공간에다가 책상을 놓아두고 있을 뿐이다. 그가 지향하는 컨셉은 '사무실 개방' 이상의 것이나. "사무실 개방이라구요?" 로워는 웃음을 터뜨렸다. "우리는 '문 없는 사무실' 정책입니다." 그들의 건물에서는 회의실에만 문이 달려있다. 그 문은 방음을 위한 목적일 뿐이다. 그리고 로워는 자신들의 회사가 "엄청난 임직원 교육"을 제공한단다. "우리는 모든 임직원이 매년 최소한 32시간 이상의 교육을 받도록 하고 있어요. 물론 교육비는 회사가 부담하죠." 교육은 임직원이 채용된 다음 달부터 시작되며, 교육의 첫째 날에는 하루 종일 회사 문화에 대한 교육만이 실시된다. 그리고 1년쯤 뒤에는 임직원들이 경영 교육을 하루 동안 받게 되며, 그 다음 해에는 이틀간 품질 관리 교육을 받는다. 만약 리더로서의 역할을 수행하는 직원이라면, 이후 4년 간 매년 리더십 트랙을 밟게 된다. 로워는 리더십 트랙을 교육받는 사람은 관리자나 경영진뿐 아니라 회사 임직원의 절반 이상이라 한다.

예전부터 신입 사원 대상의 사규 및 회사 문화 교육을 실시한 것은 아니다. 몇 년 전 로워는 신규 직원에 대한 투자 정책을 바꾸었는데, 만약 회사가 신규 직원에게 더 일찍 투자한다면 그들은 문화를 좀 더 일찍 이해하고 받아들이므로 회사에 더 오래 있을 것이라 생각했기 때문이다. 그리고 이것은 성공했다. "새로 입사한 사람들도 모두 우리 회사에서 일하는 것을 좋아하고 자랑스러워했습니다." 로워는 포춘지의 임직원 대상 설문 결과를 가리키며 말했다. 새로운 직원에게 멘터(조언자)를 붙여주는 것도 새로운 정책의 하나였다. 멘터는 해당 임직원의 직속상관 외 사람이며, 그들은 멘터가 되기 위한 교육을 받았다. 그들 회사의 건축 부문은 직무 특성상 이동이 잦아 특정 멘터를 6개월 동안 계속 붙여주기에는 무리가 있었다. 그래서 새로운 임직원이 현장에서도 지속적으로 멘터의 조언을 받게 하기 위해 100명의 현장 근무자가 멘터로서의 교육을 받았다. 이와 함께, 신입 직원은 현장에서 기존 직원들과 다른 색깔의 모자를 쓰도록 하는 규정을 만들었다. "그래서, 만약에 신입 직원이 현장에서 근무하는 것을 보면 여러 사람의 멘터들이 서로 눈짓을 주고받아, 그 중 한 멘터가 신입 직원의 프로젝트 수행을 조언해줍니다." 로워는 설명했다. 이러한 적응 시스템은 현장에서 제대로 작동했다.

로워의 경우 교육을 위해 자금을 투자하기 쉽지 않은 상황이지만, 그는 임직원에게 확신을 심어주고 자기 개발을 시키는 가장 좋은 방법이라는 확신을 가지고 있다. "임직원에게 근무 시간에 근무 대신 잘 짜인 교육을 받게 하면, 그것을 통해 직원은 자신이 이 회사에서 매우 소중하게 다루어지고 있다는 사실을 깨닫게 됩니다. 이 경우 교육에 대한 투자 대비 소득은 명료하지요." 어떤 사람들은 교육 훈련 가치를 수치로 계산하려 시도하는데, 로워는 그러한 계산을 포기했다. 로워는, 단지 교육이 제 역할을 하고 있음을 알고 있다.

텍사스주 댈러스의 TD 인더스트리에서 조금 아래에는, 포춘지가 선정한 또 하나의 '일하고 싶은 회사'가 있다. 바로 컨테이너 스토어다. 공동 창업자인 개릿 분과 킵 틴델은 로워와 비슷한 철학을 가지고 있다. 신입 직원이 소매점에서 첫해를 근무하는 동안, 그 직원은 240시간의 교육을 받도록 되어 있다.(동 업종의 평균 교육 시간은 8시간) 틴델은 대답했다. "이 시간 동안에는 교육만 받습니다. 판매 내용을 등록하는 것에서부터 시작해서 회사의 기본 원칙에 대한 교육, 수많은 상품들에 대한 개별 교육까지 모두 받는 것입니다." 대부분 소매 업종에서는 이직률이 심하기 때문에 임직원 교육에 큰 투자를 하지 않는다. 하지만 틴델은 그들의 집중적인 교육 덕택에 임직원은 애사심을 가지게 되며 이직률도 낮아진다고 말했다. 또한 임직원들은 고객에게 최고 서비스를 제공하기 위한 방법을 알게 되는데, 이것은 회사의 경영 철학이다. 틴델은 또한 교육 덕택으로 업계에서 차별적 경쟁력을 지니게 되었다고 했다.

명징한 예측과 존중이 있는 환경을 만듦으로써 인적 자원 개발하기

마스코테크의 CEO인 프랑크 헤네시는 임직원들이 기업 문화를 받아들이는 한편, 팀원 상호간에 서로의 성장과 개발을 돕기 바란다고 말했다. "나는 모든 임직원들이 솔직하고, 약속을 지키며, 그리고 서로를 존중하는 것을 중요시하기를 기대합니다." 헤네시는 임직원을 꼼짝 못하게 제어하는 환경이 좋다고 생각하지 않는다. 하지만 동시에, 헤네시는 결코 물러설 수 없는 몇 가지 약속이 있다는 사실을 임직원이 충분히 인식하기를 바란다. 그 말을 하면서도 헤네시는 강조했다. "그런 때에도 우리는 임직원 존중을 잊지 않습니다."

아메리칸 이탈리안 파스타의 팀 웹스터는 안정된 고용에 관련된 이슈를 꺼내놓았다. "안정된 고용 및 환경은 모두가 팀의 일부분이 되어 서로에게 의지하고 서로를 사랑하며 아침마다 직장에서 서로를 마주 하는 것이 즐거워질 때에 비로소 시작됩니다. 하지만 이것만으로 자족하고 물러나 앉으면 안 됩니다. 직장에서 해고당하지 않는 것은 단체 협상을 통해서 되는 일도 아니고, 20년 동안 장기 근속했다고 해서 되는 일도 아닙니다. 최선을 다해야 하는 것입니다. 안정된 직장을 가지기 위한 유일한 방법은 바로 그거예요. 언제나 고객을 만족케 하기 위해서 최선을 다하는 태도를 가져야만 안정된 직장 생활을 지속할 수 있는 거죠." 웹스터의 말은 이어졌다. "임직원이 회사 문화를 수용, 실천하는 것을 보상하는 가장 기본적인 방법은 더 많은 책임을 주는 것입니다. 언제나 이 방법이 통하는 것은 아닙니다. 하지만 다행히도, 경영진에 있는 사람들은 거의 다 직원 수요의 확대 또는 축소를 경험했던 적이 있습니다. 왜냐하면 인적 자원의 개발 및 필요는 직선적인 것이 아니니까요. 회사와 임직원 전체가 똑같은 페이스로 성장한다는 관념은 불가능합니다. 사람들은 모두가 외부 환경에 따라 영향을 받습니다. 재무상의 문제일 수도 있고, 결혼을 하거나 아이를 낳거나 교회에서 일이 생길 수도 있어요. 이러한 변화를 겪으면서 임직원들의 회사에 대한 집중력이 영향을 받게 되죠. 그래서 우리는 사람들을 계속해서 승진시키고, 또 계속 더 많은 책임을 부여하는 것입니다. 만약에 직무를 훌륭히 수행했다면, 그 뒤에는 더 많은 책임을 부여하고, 더 많은 돈을 줘요. 그것이 보상이죠." 웹스터는 때때로 이러한 시스템이 제대로 작동하지 않는 경우가 있기도 하지만, 그것은 별 상관이 없단다. 그는 채 준비되지 않은 사람을 승진케 했던 경험에 대해 이야기했다. "어느 뛰어난 젊은이가 훌륭하게 직무를 완수하는 것을 보고, 우리는 그에게 두 개의 큰 프로젝트를 동시에 맡겼습니다. 그랬더니 그는 과중한 책임 때문에 능력을 제대로 발휘하지 못했죠. 그래서 우리는 그를 원래 자리로 복귀시켰지요. 그로서는 실망스러울 수도 있었을 것입니다. 그러나 아무튼 그는 원래 직책으로 돌아가 자신감을 회복할 수 있었죠. 현재 그는 우리 회사의 부사장으로서 큰 책임을 지고 있어요. 결론적으로, 인적 자원의 개발은 직선적이지 않습니다. 이것은 원을 그리면서 조금씩 전진하죠."

어떤 경영자들은 공공 기업에서 인적 자원을 개발하는 환경을 조성하기가 개인 기업의 경우보다 더 어렵다고 말한다. 하지만 대부분의 진정한 리더들은 이 의견에 동의하지 않는다. 샤또 커뮤니티의 CEO인 개리 맥다니엘은 설명했다. "리더는 긍정적인 직무 환경을 만들고 충분한 연봉 및 보상을 제공하며 임직원들이 날마다 즐겁게 출근해서 동료들과 즐겁게 일할 수 있는 분위기를 만들어주는, 이런 부분들에 대해 책임이 있다고 생각합니다. 많은 경우에 특히 공기업적 환경에서, 임직원들이 주주와 이사진의 권익을 가장 첫째로 두어야 한다는 이야기를 합니다. 내 생각에는 그렇지 않아요. 아주 틀린 이야기는 아니겠지요, 그러나 가장 먼저 해야 할 것은 임직원에게 좋은 환경을 제공하는 거죠. 가장 중요한 것은 임직원입니다."

트라이콘 글로벌 레스토랑 회장이자 CEO인 데이빗 노박은 이 의견에 동의한다. 노박은 말하기를, 리더는 직장을 행복한 곳으로 만들 기회를 가지고 있는 사람이다. 자신의 태도가 어린 시절에 배운 것이다. 노박의 부모는 사람을 존경하는 것이 중요하다고 가르쳤다. 그리고 그는 겸손한 환경에서 자라났다는 것을 나중에야 인식했다. 그에게 그런 가르침을 준 부모는 리더로서의 기회를 가지지 못했으나, 지금 그는 기회를 가지고 있다. "나는 그저 삶을 그렇고 그렇게 흘러보내는 직장을 만드는 것이 아니라, 전 세계 60만 임직원들의 삶을 더 윤택하게 해주는 직장을 만들고 싶습니다. 이제 아버지 어머니는 더 이상 내게 아무 말도 하지 않지만 나는 직장에서 날마다 우리 아버지와 어머니의 가르침을 떠올려요. 우리 부모님은 그럴 기회를 잡지는 못하였지만, 회사 사장이 될만한 자격이 있으셨던 것 같습니다. 나는 기회를 잡았지요. 그래서 나는, 사람을 대할 때 우리 어머니나 아버지의 모범을 따르려고 노력합니다. 나는 사람들에게 잘 대해줄 거예요."

그러나 노박은, 잘 대해준다는 말이 엄격한 결정을 내리지 않는다거나, 또는 일을 아무렇게나 해도 된다는 뜻은 아니라고 분명하게 말했다. "나와 함께 일하는 사람들에게 물어보신다면 알겁니다. 그들은 내가 가지고 있는 기준에 대해 의문을 제기하지 않습니다. 하지만 나는 그들이 내가 제시한 목표를 결국 수행할 것이라고 믿습니다. 때로는 혼자서 해내지 못하는 일이라도 여러 사람이 힘을 합치면 해내기도 하죠. 이것을 이해하지 못하고, 모든 일을 혼자서 해낼 수 있다고 생각하는 사람도 간혹 있습니다. 대개 그런 사람들은 성공적이지 못합니다." 때때로 그 결과가 보잘 것 없을 경우라도 노박은 차분하게 그런 결과를 받아들이는데, 그 이유는 행복한 작업 환경을 조성하고 인적 자원을 개발하기 위해서라고 한다. 노박에 따르면 결국 비즈니스를 움직이는 것은 사람이고, 그래서 사람을 개발하는 것이 필승의 비법이기 때문이다. "나는 경쟁심이 강합니다. 이기는 것을 좋아하고 지는 것을 싫어하지요. 내가 아직 뚜렷한 목표를 가지지 못했던 사업 첫 해에, 나는 그다지 실적을 올리지 못했습니다. 나로서는 나의 실패를 받아들이기가 매우 힘들었지요. 그럼에도 불구하고 나의 필승 비법은 결코 바뀌지 않았습니다."

인정하고 포상함으로써 인적 자원을 개발

노박은 사람을 개발하는 가장 좋은 방법 중 하나는, 그들이 자기 스스로를 발견하게 하는 것이라 말한다. "어떤 사람이든지 자기 자신에 관해서는 누구보다 더 정확히 알고 싶어 합니다. 훌륭한 회사라면 임직원의 자아 발견을 위해 노력할 겁니다." 그는 또한 군림이 아닌 도움이 필요할 것이라 말한다.

"사람들이 이직을 하는 가장 큰 이유는 두 가지라 생각합니다. 급여는 그 두 가지에 포함되지 않습니다. 두 가지 이유란 그들의 상급자가 마음에 들지 않거나, 또는 임직원 자신이 회사에서 중요한 책임과 권한을 갖지 못한다고 느낄 때이지요." 이 때문에 노박은 회사에서 '감독자supervisor' 라는 직함을 모두 없애는 대신에 '코치coach' 라는 직함을 붙였으며, 리더십 개발 과정에 포상 부분을 필수 과정으로 포함케 했다. 노박은 이어서 말했다. "우리는 전 세계에서 수십 가지 종류의 상을 줍니다. 피자헛에서는 빅 치즈 표창(Big Cheese Award)을 수여하며, 타코벨에서는 피망 훈장(The Order of the Pepper Award)을 수여합니다. 오스트레일리아에서는 나는 돼지 상(Flying Pig Award)이 있으며, 인터내셔널 CEO는 골든 글러브 상을 주기도 합니다. 그리고 냠냠상(Yum Award)이 있는데, 이것은 말하는 이빨 모양의 완구를 고객 얼굴에다 붙이도록 하는 것이지요." 트라이콘에서 근무하기 전에 노박은 켄터키 프라이드치킨에서 근무했는데, 이 때 그는 '고무 통닭상(Rubber Chicken Award)' 을 제정하기도 했다. "30년간 주방에서 근무했던 요리사를 찾아내 그에게 고무 통닭상을 수여했습니다. 그 때 나는 서류가방에서 팔딱거리는 닭 모양의 장난감을 꺼내었습니다. 그 위에는 대강 '빌에게. 30년간이나 최고 맛을 위해 노력한 당신께 진심으로 감사드립니다. 우리 회사는 당신 덕택에 잘 돌아갑니다. 정말 고맙습니다.' 이런 내용이 적혀 있었지요. 그리고 100달러 상당의 상품권을 부상으로 주었습니다. 고무 통닭을 먹을 수는 없으니까요." 왜 상패 대신에 하필이면 고무 통닭이었는가? 그는 대답한다. "왜냐하면 상패는 너무 흔하잖아요. 고무 통닭이 훨씬 더 재미있습니다. 일터는 재미있어야 합니다. 재미있는 일터야말로 우리의 비즈니스에 필수적이지요." 오늘날까지도 노박은 별의 별 희한한 상을 다 제정하고 있다. 그는 그런 상을 수여할 때마다 사진을 찍어, 한 장은 수상자에게 주고 다른 한 장은 그의 사무실에 걸어놓는다. "기회 있을 때 내 사무실을 한 번 보세요. 온통 사람들의 사진입니다. 미국에서 제일 훌륭한 사무실이에요."

리더십 개발 고급 과정에서 노박은 한 과목을 강의하는데, 그러면서 동시에 스스로를 개발한다. 이 과정에서 가장 핵심적인 부분 가운데 하나는, 사람과의 관계를 자기 스스로에게 다짐하는 약정서를 쓰는 것이다. 우리는 노박의 약정서를 보여 달라고 했고, 노박은 기꺼이 그의 지갑에서 종이 한 장을 꺼내어 읽어주었다. "임직원과 고객이야말로 가장 중요하다. 그들에게 최선을 다해야 한다. 주식 시장은 자기 스스로 움직일 것이다. 우리 회사의 문화 및 장기 전략을 언제나 명심할 것이며, 아침에 일어나서는 내가 얼마나 축복받은 사람인지를 떠올리며 항상 즐거운 기분으로 일한다." 노박은 그의 약정서를 매우 자랑스럽게 생각하고 있었으며, 또한 그가 하는 말을 실천으로 옮기는 데 자신의 약정서가 큰 도움이 되고 있다고 했다.

컨테이너 스토어의 공동 창업주인 개릿 분은, 리더는 말과 행동을 동시에 보여주어야 한다고 생각한다. "말로만 사람들을 이끌기는 어려운 것 같습니다. 사람들은 행동을 보기를 원합니다." 그래서 분은 소매점을 자주 방문하고, 의식적으로 회사 원칙을 몸으로 실천하여 임직원의 모범이 되는 모습을 보여주고자 한다. "소매점을 방문할 때 종종 직접 고객을 상대하기도 합니다. 그 때에는 내가 입으로 말하는 바를 실제로 실천하기 위해 최선을 다합니다. 그것을 본 사람들은, 내가 평소에 말하는 것들은 창업주가 시간을 쪼개어 실천하며 보여줄 만큼 중요한 문제라는 것을 알게 됩니다. 또한 내가 임직원과 나 스스로에게 똑같은 기준을 적용한다는 것도 알게 되지요. 우리는 결코 어슬렁어슬렁 돌아다니다가 누가 와서 "잠깐만요, 저기 이거 어떻게 되죠?" 하고 물어볼 때까지 기다려서는 안 됩니다. 우리가 먼저 고객에게 말을 걸어야 합니다." 분은 그가 말과 행동에 일관성이 있도록 하기 위해 노력한다고 했다. 그는 또한 소매점을 방문해서 임직원들의 하는 일을 지켜보고 그들과 대화를 나누는 것이 매우 중요한 문제라고 생각한다. "많은 임직원들은, 높은 직위에 있는 사람들이 자기를 알지도 못할 것이라고 생각합니다. 이것은 정말 놀라운 일입니다. 그래서 만약에 정말로 사람을 개발하며 격려하고 싶다면, 그냥 카운터로 가서 그렇게 하면 됩니다. 소매점의 구조상, 상점을 방문하고 거기에 있는 사람들을 모두 만난다면, 임직원들을 크게 격려하는 일이 될 것입니다. 말하자면, 나의 행동이 중요하다는 것입니다."

분이 상점에서 일할 때, 그는 거의 모든 일을 다 한다. 그는 물건을 나르기도 하고, 바닥에 떨어진 쓰레기를 줍기도 하며, 그가 창업주라는 것을 모르는 일반 고객의 시중을 들어주기도 한다. "또한 이런 나의 행동을 통해서 나는 우리 임직원들의 하는 일을 존중할 수 있음을 보여준다고 생각합니다. 결국 사람을 개발하는 것이란 사람과 대화하며, 그들을 알아보아주는 것이며, 그리고 그들의 생각을 물어보는 것입니다. 내 경우에는 지점에 전화를 걸 때에는 전화를 응답하는 사람과 한참이나 통화를 합니다. 먼저 말하죠. '저는 개릿입니다.' 그런 다음에는 처음부터 지금 전화를 받은 사람에게 전화를 걸기라도 했던 양 이런 저런 이야기를 나눕니다. 그들로부터 많은 정보를 얻게 되지요. 이것은 진정한 신뢰의 한 부분입니다. 신뢰란 모든 사람으로부터 오는 것이며, 낭년하세노 회사의 가장 윗

사람에게도 이 신뢰가 있어야 합니다. 그렇지 않으면 회사에
신뢰란 없게 됩니다."

웨이트 와처 인터내셔널의 린다 후잇은 주어진 직무만 하
려는 사람에게서 다양한 재능을 이끌어낼 수 있다. "어떤 사
람이 굉장히 좁은 범위의 일만 하고, 그러니 말하자면 이 일에
관해서는 처음부터 끝까지 내 일이니 다른 사람과 별로 이야
기하고 싶지 않다고 하면, 나는 그 사람에게 이렇게 이야기합
니다. '그것은 처음부터 끝까지 당신의 일이 아니라, 우리 전
체 비즈니스의 한 부분입니다. 전체의 한 부분으로서의 직무
이기 때문에 다른 직무에도 영향을 미치게 되고, 따라서 우리
는 서로에게 모두 영향을 미칩니다. 그러니 개인적으로 어떻
게 생각하든지 간에 모든 사람은 서로에게 말해야 하고 들어
야 합니다.' 매우 중요한 부분입니다." 후잇은 마케팅 전략과
관련된 의견은 마케팅 부서의 사람들끼리만 이야기해야 한다
고 주장하는 경우를 예로 들었다. "하지만 그렇지가 않습니
다. 우리 조직 전체는 마케팅 부서의 영향을 받지 않을 수 없
습니다. 그리고 실제로 마케팅 부서와 관련이 없는 고급 관리
자 판단이 효율적인 마케팅에 큰 영향을 주는 경우가 많습니
다." 만약에 리더가 이러한 정보 공유에 대한 개념이 없다면,
개별 임직원은 자기 생각에만 빠져 매우 좁은 범위의 직무만

수행하게 되므로, 결국 그 만큼의 평가 이상을 받지 못한다. 후잇의 접근을 통해서 더 많은 정보가 공유될 수 있는 동시에 모든 사람의 생각이 더 중요하고 가치 있다는 것을 서로에게 알려줄 수 있다.

특별한 경우에의 개별적 관심을 통한 인적 자원 개발

많은 조직이 정책적으로 모든 임직원이 평등하게 대우하지만, 현실에서는 예외적인 행동이 도움이 될 때도 있다. 퍼스트 텍사스 밴코프의 회장인 개리 넬론은, 만약에 누군가가 예상치 못한 중요한 문제와 부닥쳤을 때, 그 사람에게 찾아가 도와주는 것이 좋다고 생각한다. "누군가에게 문제가 생기면, 나는 언제나 가서 그를 도와줍니다. 그것이 개인적인 문제이든 직장 내부의 문제이든, 그들에게 긍정적인 도움을 주면 그 사람은 깊이 감사하게 됩니다. 내가 주는 것이 설사 작은 도움이라 하더라도 말입니다." 넬론은 그 작은 도움이 얼마만큼 큰 힘이 되는지를 안다. 그가 은행에서 근무하던 초기에 그의 상급자가 해 주었던 일을 기억하고 있기 때문이다. 넬론과 그의 부인은 하와이로 여행을 가려던 중이었다. 그런데 여행을 가기 직전의 어느 일요일 오후에 넬론은 갑작스러운 냉상 발작 때문에, 그날 밤 수술을 받게 되었다. "다음날 아침 일곱 시에 일어나보니 내 곁에 서있는 사람은 당시 저의 상급자인 레온 스톤이었습니다. 그는 이렇게 이야기했습니다. '쯧쯧, 다음 일요일에 하와이를 갈 수 있을 것 같지가 않은데' 이 때에 의사가 들어오자, 나는 물어보았습니다. '의사 선생님, 이 수술을 받고 난 다음에 회복을 위해서는 무엇을 하는 것이 좋습니까?' '걷는 것이 좋습니다. 많이 걸으십시오.' 나는 의사를 올려다보며 다시 물어보았습니다. '그러면 제가 하와이에 여행을 가서 여기서 걷듯 걷는 것도 괜찮겠습니까?' 그러자 스톤 또한 의사에게, 이미 짐을 다 꾸렸는데, 그 짐을 들지 않고 그냥 여행만 다녀오는 것은 괜찮지 않느냐고 물었습니다. 의사는 그 말에 동의했고, 마침내 넬론은 여행을 갈 수 있었어요. 제가 말하는 것은 이런 것들입니다. 문제가 발생했을 때, 그 사람은 단지 곁에 와 주었던 것뿐입니다만 저는 큰 고마움과 믿음을 가지게 되었습니다."

마이크 맥카시는 그의 건축 회사 임직원 가운데 한 명이 어려운 상황에 처해있을 때 그 사람에게 특별한 대우를 해주기로 결정했다. 당시 그 직원 남편은 암 판정을 받았다. 그녀는 일을 제대로 할 수 없었으며, 굉장히 심적으로 고통을 받고 있었다. 그녀는 얼마동안 휴직을 하고서, 병원비를 마련하기 위해 다시 직장으로 돌아와야 했다. 맥카시는 이 때 그녀에게 이전의 직무보다 훨씬 스트레스가 적은 직책으로 옮겨주었으며, 파트타임 근무에서 천천히 풀타임 근무로 돌아오도록 배려해주었다. "자, 우리가 그녀보다 더 일을 잘 하는 사람을 찾을 수 있었습니까? 예. 있었습니다. 그리고 그녀가 이제 개인적인 일을 잊고 일에만 전념할 수 있습니까? 아니오, 그렇지 못합니다." 그는 말을 이었다. "그녀는 일을 잘 합니까? 예, 그렇습니다. 그리고 우리 모두는 그녀에게 도움을 줍니다." 맥카시는 어려운 경우에 처한 사람을 도와주는 것은 중요하다고 한다. 심지어 그는 사람들의 갑작스런 문제를 돕기 위해 특별한 프로그램까지 만들었다. "맥카시 가족 안정 자금(McCarthy Emergency Family Relief Fund)이라고 부르는 프로그램입니다. 이것은 맥카시 임직원 및 기타 사람들이 위급한 상황에 있을 때 긴급하게 도와주는 자금이지요. 만약에 어떤 사람의 집에 화재가 나서 당장 오늘 밤 잘 곳이 없다고 생각합시다. 우리가 그런 상황에서 도움을 요청받으면, 우리는 즉시 일정 금액을 지급합니다. 복잡한 절차가 필요 없이, 단지 한 명의 보증인만 있으면 됩니다. 보증인이 회사에 와서는 그 사정을 설명해주면, 우리는 그 사람이 다른 지속적인 도움을 받기 전까지 소요되는 충분한 돈을 지급합니다." 맥카시는 그가 존경하는 많은 리더들이 그들의 지역 사회 또는 상해

인들을 위해 많은 시간을 투자한다고 말했다. 또한 맥카시는 임직원들이 지역 사회의 봉사 활동에 참여할 것을 권장한다. "우리 직원들에게 지역의 봉사 단체 활동을 권장하는 이유 가운데 하나는, 그들이 누구인지를 좀 더 넓은 관점으로 볼 수 있게 된다는 것입니다. 다른 사람에게 베풀어주면서 자기 스스로에 대해서도 만족하게 될 것입니다. 어떤 조직에서든지 돈만 가지고는 이것을 할 수 없습니다. 만약에 어떤 조직이 단지 돈으로만 이 문제를 해결하고자 한다면, 귀한 능력을 가지고 그 회사와 오랫동안 함께 할 지도 모를 임직원을 잃을 수도 있습니다." 맥카시의 회사 임직원의 평균 근무 연한은 18년 정도다. 맥카시는 이것을 자랑스럽게 말했다. "우리 회사 임직원들이 우리 회사를 좋아하는 진정한 이유는 참여와 훈련, 그리고 임직원 가족까지 모두 고려해주는 관심 때문입니다. 만약 가족에 위기가 발생한다면 우리는 그것을 그냥 내버리지 않고 돕습니다. 우리는 회사 이익을 분배해줄 것이고, 주식을 줄 것이며, 축하할 일을 함께 축하해주고, 파티를 열 것이며, 어려운 일이 있을 때 어깨를 두드려 줄 것입니다. 맥카시에 근무하기를 잘 했다고 느끼게 되는 순간이 매우 많을 것입니다."

맥카시의 남서 지부 사장인 보 칼버트(Bo Calbert)는 임직원 관점에 대해 이야기했다. "예전에 내가 모르던, 맥카시만의 매우 독특한 것이 있습니다. 맥카시는 단순한 직장 이상입니다." 칼버트가 말했다. "나는 19년간 맥카시에서 근무했습니다. 건축 업계는 인사 제도에서 악명이 높지요. 특정 프로젝트가 있으면 사람을 채용했다가, 프로젝트가 끝나면 해고합니다. 다시 새로운 프로젝트가 생기면 그 사람을 다시 채용합니다. 그런데 나는 맥카시에 근무하면서, 다음 번 직장에 대해 걱정해본 일이 없습니다. 다음 번 프로젝트가 언제 시작할 것인지, 그리고 그 때에 내가 그 일을 하게 될 것인지에 대해서 단 한 번도 걱정해본 일이 없습니다." 고위 관리자 가운데 한 명인 칼버트는 신입 사원 채용 면접을 하면서 이러한 소속감에 대해 알게 되었다고 한다. "면접을 할 때면 나는 늘 말합니다. 우리는 프로젝트 단위로 단기채용을 하는 것이 아니라, 장기적으로 근무할 사람을 원한다고요. 건축 업계에서는 좀처럼 찾아보기 힘든 방식이지요."

그리고 일단 신입사원으로 채용하고 나면, 그 사람은 금세 맥카시의 회사 정신에 빠져든다. 칼버트는 설명했다. "매년 새롭게 채용된 모든 직원들은 세인트루이스에서 일주일간 오리엔테이션을 받습니다. 젊었을 때 내가 세인트루이스에서 교육을 받던 생각이 나는군요. 당시 마이크는 우리 회사가 미국 최고의 건축 회사가 되기를 바란다고 했습니다. 그 말이 정확히 무슨 뜻인지를 아무도 제대로 이해하지 못했고, 우리 회사가 그런 위치에 도달할 수 있을지 또한 자신하지 못했습니다. 그러나 모든 사람들은 그 말을 들으며 열정에 사로잡혔습니다. 최고의 건축 회사란 단순히 돈 많은 건축 회사 이상이지요. 솔직히 나는 아직도 최고의 건축 회사가 무엇인지 모르겠습니다. 어쨌든 돈만 많은 회사는 아니라는 겁니다. 누구라도 진정한 열정에 사로잡혀 있는 사람이라면 단순한 돈 이상의 무엇인가 목적을 가지고 있습니다. 적어도 나는, 미국 최고의 건축업자라는 것이 돈 많이 버는 것 이상의, 자부심과 성취감이 함께 하는 그 무엇이라 생각합니다. 즉, 고객을 진심으로 생각하고, 임직원과 호흡하며, 그리고 아주 훌륭한 프로젝트를 해내는 것입니다. 그리고 우리 임직원들이 건축업을 정말로 좋아하는 이유는, 바로 10년이나 20년 후에 아들이나 손자의 손을 잡고 길을 걸어가다가 '얘야, 이 건물은 내가 만든 거란다' 고 말해줄 수 있기 때문입니다. 결코 은행 계좌로 보여줄 수 없는 것이지요."

브렌트 하드먼은 프루덴셜 자산의 경영 이사인 앤 햄블리를 따라 다니며 여러 회사에서 함께 일했다. 하드먼은 개인적인 위기를 리더가 도와주는 문제에 대해 비슷한 의견을 가지고 있었으며, 자신에게 몇 년 전 문제가 발생했을 때 햄블리가 도와주었던 경우를 이야기해 주었다. 하드먼의 아버지는 먼

곳에 있는 병원에 입원 중이었는데, 갑자기 그의 상태가 악화되었다. 병원 직원들이 처음에 하드먼에게 연락을 하려 했으나 제대로 연락이 닿지 않자, 대신에 회사로 연락을 했다.

그래서 햄블리는 하드먼에게 그의 아버지가 죽어가고 있다는 곤란한 이야기를 해주어야만 했다. "정말 하기 싫은 일이었을 것입니다. 그 때에 그녀는 매우 친절했습니다." 하드먼은 회상했다. "나는 너무도 당황해서 어쩔 줄 몰랐습니다. 그래서 그녀는 다른 사람을 시켜서 저를 집까지 차로 태워다 주도록 했습니다. 집에 도착해서 나는 로스앤젤레스로 가는 비행기 표를 구입하려 했는데, 운임이 수천 달러였어요. 불행히 그 때 나는 현금을 충분히 가지고 있지 않았습니다. 이 때 그녀는 자신이 가지고 있던 누적 마일리지를 이용해서 모든 예약을 한 시간 안에 마쳐주었습니다." 하드먼은, 자신의 예시는 햄블리가 얼마나 임직원을 진정으로 아껴주는가에 대한 작은 예시에 지나지 않는다고 이야기하면서, 이런 경험을 겪은 사람이 자기 혼자는 아니라고 했다. "나뿐이 아닙니다. 성실한 임직원 누구에게라도 그녀는 이렇게 해줍니다. 그녀는 무엇이든지 해줍니다. 나는 운이 좋았다고 생각했었지요. 다른 회사들이 모두 이런 분위기라고는 생각하지 않습니다. 우리 회사가 흔치 않은 경우이겠지요."

실수를 통해 배우는 기회를 만듦으로써 인적 자원 개발하기

실수는 생기게 마련이다. 대부분 실수는 의도적인 것이 아니며, 그리고 이 실수들은 충분히 인지되고 토의되어 반성의 계기가 되어야 한다는 것이 리더들 생각이다. 미국 감사원 원장인 데이빗 워커는 말한다. "실수를 두려워해서는 안 됩니다. 모험 없이는 성장도 없고 혁신도 없습니다. 열쇠가 되는 것은 반성이지요. 바보 같은 실수를 되풀이하게 되어서는 안 됩니다."

웨이트 와처 인터내셔널의 린다 후잇은 사람들에게 실수에 대해 공개적으로 말하기를 권장한다. "비난을 받을까봐 굉장히 두려울 것입니다. 비난의 두려움을 갖지 말고, 책임감을 가지도록 하세요. 책임감이란, 내가 한 일은 이러했고, 그 이유는 이러했으며 방법은 이러했는데, 기억해 보니 이렇게 하면 성공했을 것 같습니다, 라는 생각입니다."

트라이콘의 데이빗 노박은 실수를 통해 배움의 기회를 제공하고, 실수한 사람에게 다시 기회를 주는 것의 중요성을 설명하면서 농구 경기의 비유를 들었다. "누군가에게 패스를 한다면, 아마도 그 사람이 패스를 받아내기를 기대하고 있을 것입니다. 예전에 내가 패스를 해서 그 사람이 득점에 성공했었다면, 만약 이번에 골을 넣지 못하더라도 나는 그 정도 실수는 생각하지 않고 또 패스를 해줄 것입니다. 그는 또 다시 득점을 시도할 것입니다. 만약에 두 번 정도 잇달아 실수를 한다고 해서 '이제 넌 슛 그만해'라고 말하는 코치는 없습니다. 훌륭한 코치라면 이렇게 말할 것입니다. '계속해서 슛해!' 그리고 진정한 리더도 같은 말을 할 것입니다." 노박은 리더가 정말로 줘야 하는 것은, 그들이 실수를 통해 어떻게 배울 것인가의 방법을 가르쳐 주는 일이라고 한다. "누구라도 언제나 실수가 없을 것이라고는 생각하지 않습니다. 그렇기 때문에 재능 있는 사람을 데리고 있는 문제가 중요하다는 것입니다. 때로는 일이 잘 풀릴 경우도 있지만 잘 풀리지 않는 경우도 있을 테니까요." 이 모든 것의 방향은 리더가 자신에게 얼마나 충실하냐에 따라 결정될 것이다.

기회 포착하기

임직원의 실수에만 신경을 쓰는 나머지 긍정적인 기회를 잡는 노력을 소홀히 하는 것은 흔히 빠지기 쉬운 덫이다. 만약에 리더 관심이 실패에 대한 비판 대신에 긍정적이고 보상받을만한 일을 하는 사람에 대한 징찬과 격려로 바뀌게 된다면,

이를 통해서 조직은 인적 자원을 효율적으로 개발할 수 있게 되고 따라서 훨씬 더 많은 장래의 기회를 가지게 될 것이다.

슬리프 아메리카의 CEO인 랜 개비는 이야기한다. "나는 요 몇 년 사이에 리더십의 정의에 대해 다르게 생각하게 되었습니다. 요즘의 나는, 리더십의 위치란 임직원들에게 진정으로 성공할 기회, 자기 스스로를 개발할 기회를 주기 위해 매우 좋은 직책이라고 생각하고 있습니다. 그들의 목표가 무엇이든지 간에, 나의 도움 덕택에 그 목표를 달성할 수 있다는 것은 정말 만족스러운 일입니다. 처음에 청소부로 고용했던 사람이 자기 개발을 통해 우리 회사의 창고 전체를 관리하는 직책까지 올라가서 자아실현을 하게 된다면, 나로서는 그만큼 기쁜 때가 없습니다." 개비는 피닉스의 매장에서 있었던 실제 경험을 이야기했다. "영어를 거의 할 줄 모르는 젊은이 하나를 고용한 적이 있습니다. 하지만 그가 똑똑하다는 것은 쉽게 알아볼 수 있었습니다. 그는 말 그대로 똑똑했습니다. 우리의 창고는 약 3만 스퀘어 피트이고, 거기에는 3000종이 넘는 상품이 쌓여 있습니다. 그 젊은이는 그 창고 어디에 무슨 물건이 있다는 것을 정확하게 기억하고 있었어요. 그래서 우리는 그에게 창고의 총체적인 관리 책임을 맡겼습니다. 그는 처음에는 시간당 7달러의 최저 임금을 받는 노무자였습니다만, 지금은 그가 없이는 그 매장을 꾸려나가지 못할 정도의 위치가 되었습니다." 개비는 강조했다. "모든 임직원이 자기 자신의 개인적 성공을 성취할 수 있도록 도와주는 것, 이것이 바로 리더의 역할이죠."

공인 회계 법인인 플란테&모란의 빌 매튜는 잠재적인 자신의 후임자를 키우는 것 또한 리더의 직무로 포함되어야 한다고 생각하고 있다. "만약 누군가 그 회사 최고경영자가 된다면, 그 사람이 가장 먼저 해야 할 일은 자신의 후임자를 선별하는 일입니다. 그리고 회장으로서, 후임자로서의 능력을 지녔는지를 어떻게 구분해 낼 것인가, 그 사람의 능력을 어떻게 개발할 것인가를 파악해야 할 것입니다. 관리자가 자신의 후임을 선별하고 그에게 권한을 대행시킬 만큼 능력을 계발시키는 것은 회사 장래에 매우 중요한 문제라고 봅니다." 매튜는 지금 서너 명의 후임을 점찍어놓고 있다. 그러나 처음부터 그런 자격을 갖춘 사람을 선발한 것은 아니다. 그가 택한 방식은 회사 임직원 가운데 잠재력을 갖춘 몇 사람을 선발하여 그들에게 잠재력을 개발할 기회를 주는 것이었다. "그래서 회사에서 리더 위치에 있는 사람은 임직원들 능력을 최대한 개발하는 일에 책임감을 가져야 합니다." 이 일을 하기 위해서는 사람에 대해 진정 관심을 가져야 하며, 그들에게 선택의 기회를 주며, 그리고 격려하고 이끌어주어야 한다. "그 사람에게 추월당하지 않을까 하는 걱정을 하지 말고, 진실하게 그들의 장래를 걱정해주어야 합니다. 자기 자신에 대해서 걱정하지 말고, 그들의 목표를 달성할 수 있도록 열심히 도와주십시오." 매튜는 그의 멘터인 프랑크 모란이 종종 자신에게 했던 이야기를 했다. "나는 이 회사의 모든 임직원이 나보다 똑똑해지면 좋겠어요. 앞으로 이 목적을 달성하기 위해 노력하십시오. 모든 임직원이 자신보다 더 똑똑하게 되도록 말입니다. 그러면 회사뿐 아니라 리더 스스로도 매우 만족하게 될 것입니다." 매튜는 그들의 회사가 임직원을 위해 많은 돈을 투자한다고 말했다. "우리의 논리는 이렇습니다. 일을 행복하게 하는 의욕적인 임직원이 더 생산적인 임직원이라는 것이지요. 이직률을 한번 보십시오. 우리 회사의 이직률은 업계 평균의 절반이 되지 않습니다. 우리로서는 엄청난 경제적 이익 아닙니까. 임직원을 즐겁게 해주고 이직률을 줄이게 됨으로써 결국은 우리의 생산성이 높아진다고 믿고 있습니다. 우리 목표는 이익을 최대화하는 것이 아닙니다. 우리 목표는 이익을 최적화하는 거죠." 리더가 팀 전체를 격려한다면, 모든 사람이 승리자가 될 수 있다.

BHE 인바이런먼털의 존 브룩은 직원들의 병가(病暇)에 대한 인식을 바꾸는 것이 인적 자원 개발의 한 형태가 되며,

회사를 위해서 뿐 아니라 사람들에게도 결국 보상이 된다고 생각했다. "회사 임직원 대부분은 병가를 마치 공식으로 지정된 돈을 받고 노는 날 정도로 생각하는 것 같았습니다." 그래서 브룩의 경영진은 병가에 대해 임금을 지급하는 것이 회사 성공에 조금도 영향을 끼치지 못하는 헛돈 낭비라는 결정을 내렸다. "아프면 고객에게 더 나은 서비스를 더 빨리 제공하지 못합니다. 하지만 건강하면 그렇게 할 수 있지요. 그래서 임직원이 아플 때 돈을 지급하는 대신에 건강한 사람에게 돈을 지급하기로 결정을 내렸습니다. 만약 맹장염에 걸려서 병원에 가게 된다면, 그 병원에서는 확실하게 기록이 남게 되겠지요. 그런 경우 회사에서는 임금을 지급할 것입니다. 병실에 꽃을 보낼 수도 있지요. 그러나 만약에 아프지 않다면, 회사는 임직원에게 6개월마다 건강에 대한 수당을 더 지급할 것입니다." 이러한 정책을 시행한 뒤로부터는 확실히 병에 따른 결근율이 낮아졌다. 이러한 정책을 시행한 이후로는 심장 발작을 일으킨 사람 한 명, 맹장 수술 한 명, 그리고 사냥에 갔다가 나무에서 떨어져 두 다리가 부러진 사람 한 명, 이렇게 세 사람이 병가를 냈을 뿐이다. 물론 병원에 가게 된 사람은 회사 지원을 받았다. 그러나 병가에 대한 회사원 전체의 생각은 바뀌게 되었다. 이것은 임직원과 회사 양 쪽에 모두 좋은 것이었다.

아래에는 인터뷰한 사람들이 말하는 인적 자원을 개발하는 추가적인 방법들을 나열했다.

짐에게 전화하는 날

PVS 케미컬의 제임스 니콜슨은 분기별로 하루를 정해 그것을 '짐에게 전화하는 날(Call Jim Day)'로 정했다. "전화를 해서, 누구라고 밝힐 필요 없이 화풀이를 하거나 칭찬을 하거나 불평을 할 수 있습니다." 니콜슨이 말했다. "이 날에는 임직원, 임직원의 배우자, 그 아이들도 전화를 할 수 있습니다. 그리고 아무도 중간에 끼어들지 않습니다." 전화를 대신 받아서 '사장님 안 계시는데요' 라고 말하는 사람이 없다는 뜻이다.

놀이 위원회 (Fun Committee)

컨테이너 스토어는 사우스웨스트 에어라인(Southwest Airlines)에게서 놀이 위원회(Fun Committee)라는 아이디어를 빌려 왔다. 이 위원회가 하는 일은, 단지 재미를 위해서 무슨 일을 할 것인지를 결정하는 것이다. 지나간 몇 년 동안 이들이 벌인 이벤트는 예를 들어 '차가운 요리 콘테스트' '오즈의 마법사 분장 파티' 등이 있다. 이 때에는 창업주까지 모두 분장을 하고 파티를 벌였다. 우리가 회사에 인터뷰를 위해서 방문했을 때, 임직원 가운데 한 팀이 티셔츠를 맞추어 입고서는 사람으로 아치를 만들어 회사를 견학하는 어린이들을 송별하고 있었다. 그들은 즐거워하고 있었으며, 또다시 아치를 만들어 우리를 환영해 주었다.

와우 스토리

마스코테크(MascoTech)에서는 사람들이 무언가 좋은 행동을 하고 있을 때 그들의 행동을 포착한다. 그들은 이것을 '와우 스토리(Wow Stories)'라고 부른다. "와우 스토리는 매우 간단합니다." CEO인 프랑크 헤네시가 말했다. "누군가가 무슨 일을 굉장히 잘 하고 있다면, 그냥 '와우!'라고 하기만 하면 됩니다. 우리는 우리 회사의 가치관을 중요하게 생각하고 차별화된 업무를 수행하는 사람을 알아보며 그에게 보상을 해주고 싶거든요. 그래서 우리는 그들에 대한 이야기를 사원 회보에 싣습니다. 회보에 실린 사람은 그것만으로 큰 기쁨과 정신적 성숙을 경험한다. 동시에 임직원들 간에 서로가 한 일을 읽고 이야기함으로써 마음을 열고 대화하게 된다. "사람은 누구나 자기 직무에 관한 한 인정받고 싶어 합니다. 또, 임직원들에게는 리더가 임직원의 행동을 알고 있다는 것을 인식해 줄 필요가 있습니다. 그들이 회사에 어떤 공헌을 하는지, 어떤 자기희생을 하는지, 그리고 어떤 성공을 거두었는지 하는 것들 말입니다. 사람들은 자신이 하는 일을 알아 주면 고마워할 것입니다."

회람 쪽지(Handwritten Notes)

아메리칸 이탈리안 파스타에는 칭찬하기 시스템이 있다. "매주 간부 회의에서 우리는 좋은 직무, 훌륭한 성과, 목표 초과 달성 등에 대해서 서로 칭찬하는 내용의 메모를 작성합니다." CEO인 팀 웹스터가 설명했다. "훌륭한 성과를 낸 사람에 대해 칭찬하는 내용의 글을 쓰고, 거기에 서명을 합니다. 그런 다음 우리 모두가 서명을 하지요. 만약 내가 비서에게 고마움을 전하는 글을 쓴다면, 그 메모에는 전 경영진의 서명이 들어가게 될 것입니다."

개인적 자유

플란테&모란의 자유 근무 시간 제도는 새로운 것이 아니다. "임직원들은 모두 오고 싶을 때 와서 가고 싶을 때 갈 수 있습니다." 빌 매튜가 말했다. 다만 중요 근무 시간에는 고객 관련 직무를 수행해야 하므로 출근해 있어야 한다. "하지만 8:00, 8:30, 9:00, 9:30, 그 어느 시간에 출근해도 상관없어요. 고객에게 서비스를 제공하고 필요한 직무를 정확히 관리하기만 하면요. 임직원은 선택권을 가집니다. 개인적인 자유라고 할 수 있지요. 이것은 우리 회사 원칙 가운데 하나입니다."

여러 회사들은 임직원을 인식하고 개발하기 위해 서로 다른 전략을 쓰고 있다. 하지만 이 모든 회사의 진정한 리더들은 인적 자원의 인식과 개발의 중요성을 충분히 알고 있었으며, 이것을 성공적으로 하기 위해 회사 차원 또는 개인 차원에서 지속적으로 노력하고 있었다.

귀하의 임직원들은 자기 직무를 효율적으로 수행하기 위한 모든 수단을 제공받았습니까?

귀하의 회사는 여러 가지 교육을 제공합니까?

그 트레이닝이 리더십 스킬 함양에 도움이 됩니까? 또는 그것의 초점이 기술적 능력에 맞추어져 있습니까?

귀사에는 사내 문화 유지를 위한 교육이 얼마나 있습니까?

최고경영진의 철학이 회사 전체에 이해되도록 하기 위해 무엇을 합니까?

임직원의 좋은 점을 인식하기 위해서 무엇을 하십니까?

귀하의 부서에서 시행 중인 포상 및 인센티브에는 무엇이 있습니까?

직무 수행 중에, 일이 잘 될 때와 문제에 부닥칠 때의 시간 비율은 얼마나 됩니까?

말하는 것을 잘 실천하십니까?

부서 간 회의에서 혁신적 사고를 장려하기 위해 무엇을 하십니까?

충분한 포상이 주어지는 환경을 만들기 위해 어떤 노력을 하십니까?

임직원의 잠재력을 이끌고 강점을 개발하기 위해 어떤 기회를 제공하십니까?

실수한 임직원을 북돋워주기 위해서 무엇을 하십니까?

임직원에게 특별한 상황이 닥쳤을 때 얼마나 잘 대응하십니까?

임직원에 대한 인지도를 높이기 위해 어떤 특별한 프로그램을 고안하셨습니까?

9장

직감을 믿어라

직감을 비즈니스와 관련지어 적용케 하는 연구는 거의 없었다. 이제까지 직감이라는 주제는 개인적 삶에 관한 것이었지, 직업의 세계에 적용되지는 않았다. 특히 남성의 직감보다는 여성적 직감에 대한 이야기가 더 많이 있었다. 예를 들어, 어머니가 자기 자식에 대한 무엇인가를 본능적으로 느낀다는 부류의 이야기는 자주 들을 수 있지만, 어떤 남자가 그의 비즈니스와 관련된 의사 결정을 직감에 의존했다는 이야기는 듣기 힘들었다. 그러나 오늘날은 비즈니스 세계에서도 직감의 중요성에 대해 점점 인정하고 있다. 우리가 인터뷰했던 모든 리더들은 직감의 중요성에 대해 상당 부분 인정하고 있었다. 그 가운데 한 기업은 직감이라는 요소를 회사 운영 원칙 가운데 하나로 채택하고 있었다.

오늘날처럼 빠르게 변화하는 세계에서 조직은 민첩해질 필요가 있다. 조직은 언제나 환경의 변화에 빠르고 민감하게 반응해야 한다. 많은 정보를 쉽게 획득할 수 있는 것의 반대급부로 관리자들이 정보 분석에 소모해야 하는 정력은 엄청난 부담으로 다가오고 있으며, 그런 나머지 판단력을 상실하여 의사 결정이 정체될 위험이 있는 것이다. 속도가 경쟁력의 가장 중요한 요소로 고려되는 현대 사회이므로, 리더는 직감이라 불리는 자기 내부의 감각을 중요시 여기고 훈련을 해야만 한다.

사전을 찾아보면 직감(intuition)은 이성의 의식적인 추론이 없이도 무엇인가를 아는 능력이라고 정의되어 있다. 어떤 사람은 이것을 내면의 느낌이라고 부른다. 어떤 이는 이것을 판단력이라 하고, 어떤 이는 지혜라 부르기도 하며, 또 어떤 이는 이것을 내적인 앎이라 하기도 한다. 다른 이는 그냥 간단하게 '직감'이라 부르기도 한다. 표현이야 어떻든 좋다. 하지만 직감이라는 말은 추측 또는 어림짐작과 혼동되어서는 안된다. 모든 객관적 사실이 "예"라고 말하더라도 자기 내부에서 "아니오"라는 목소리가 들려오면, 그 목소리를 신뢰할 수 있게 하는 앎과 경험의 결합을 직감이라고 일컫는 것이다.

컨테이너 스토어의 여섯 개 기본 원칙 가운데 네 번째는 '마음이 준비되지 않았을 때 직감의 순간은 찾아오지 않는다. 따라서 평소에 많은 훈련이 필요하다' 다. 이 원칙을 더 읽어 보면 이런 예시가 있다. 알버트 아인슈타인은 상대성 이론을 발견한 것이 직감의 덕택이었단다. 어느 날 그가 기차를 탔는데, 마침 곁에 있던 기차가 빠르게 달려 나갔고, 이 때 그는 마치 자신이 뒤로 가는 듯한 느낌을 받았다. 이런 경험은 우리들 누구라도 체험한 적이 있지만, 다른 모든 사람들과는 달리 아인슈타인만이 상대성 이론에 관한 영감을 받았다. 아인슈타인이 만약 그의 전 생애를 물리학과 수학 연구에 바치지 않았다면 그는 설코 그 같은 통찰을 가질 수 없었을 것이다. 요약하자면, 모든 직원들이 비즈니스적 상황에서 직감을 활용하기 위해서는 평소 직감의 목소리에 귀를 기울이며 훈련해야 한다는 것이다.

회사의 공동 창업주인 킵 틴델은 "우리는 사람들에게 직감이 비즈니스에서 얼마나 큰 역할을 하는지를 깨닫게 하려고 노력해 왔습니다. 예전에는 직감이 단지 삶의 경험의 총합과 같다고 했습니다. 하지만 직감은 단순한 논리가 아닙니다. 직감과 논리는 별개의 것"이라고 말한다. 틴델은 제물낚시(작은 물고기 모양의 미끼를 이용해서 연어 또는 송어 등을 낚아 올리는 낚시의 일종 : 역자 주)에 비유했다. "저는 제물낚시를 잘합니다. 그런데 직감적으로 바위 아래에 송어가 있다고 생각하고 바위 아래에 낚시를 던지면, 대개는 정말로 바위 아래에 송어가 있습니다. 하지만 만약 한번도 제물낚시를 해본 적이 없는 사람이 바위 아래에 송어가 있다고 직감적으로 생각했다면, 실제로는 송어가 없을 가능성이 더 높습니다." 틴델은 컨테이너 스토어의 임직원들에게 직감을 사용할 것을 장려한다고 했다. "만약 임직원의 교육을 위해 다른 어떤 경쟁 업체보다 많은 비용을 투자하고 있다면, 교육을 받는 임직원들이 직감을 사용해서 교육 효과를 높이도록 해야 할 것입니다. 수많은 교육을 받고도 그들이 자신의 직감을 믿지 못해 새로운 지식을 추론해내지 못한다면, 교육이 성공적이었다고는 할 수 없는 것이지요."

공동 창업주인 개릿 분은 그들 회사가 직감에서부터 출발했음을 인정한다. "우리가 이전부터 우리 회사 목표를 가지고 있던 것은 아닙니다. 어느 날 갑자기 머릿속에 반짝하는 생각이 떠올랐죠. 사람들이 정리 정돈에 사용하는 물건만 취급하는 상점이 있다면 어떨까? 그 전에 우리는 두 해 가량, 아직까지 판매된 적이 없지만 성능이 우수한 핸드메이드 가구에 대해 조사를 하고 있었습니다. 그러던 중 그러한 상품의 대다수는 무엇인가를 집어넣기 위해 만들어졌다는 사실에 주목하게 되었습니다. 예를 들면 플라스틱 통이라거나 드럼통 같은 것이었지요. 마지막 순간에 머릿속에 불이 반짝 들어올 수 있었던 이유는 우리가 그 전부터 핸드 메이드 가구에 대해 연구해 왔기 때문입니다." 회사를 방문한 학생들에게 분은 이렇게 이야기했다. "23년 전에 킵과 나는 돈은 거의 없이 아이디어만 가지고 이 사업을 시작했습니다. 지금 여러분이 보고 있는 것은 모두 그 때의 아이디어에서부터 비롯된 거예요."

직감은 누가 가르친다고 해서 없던 것이 생겨나는 것이 아니다. 모든 사람은 각자의 직감을 가지고 있으나, 많은 사람들이 그것을 인식하지 못할 뿐이다. 프루덴셜 자산의 앤 햄블리에 따르면 식감이란 자신의 수변에서 무슨 일이 일어나고 있는지를 자연스럽게 지각하는 능력에서부터 시작된다고 한다. "할인 매장을 가면, 짐을 가득 실은 수레를 언제나 복도 한 가운데로만 끌고 다니는 사람을 종종 봅니다." 그녀는 이런 사람들은 아마도 같은 복도에서 반대편으로 가려는 사람의 길을 막고 있다는 사실을 인지하지 못하는 듯하다고 덧붙였다. "직감이 모두 다 이런 범주에 속하는 것인지는 모르겠지만, 그러나 자신의 주위에서 일어나는 여러 가지 신호를 받아들이고 그에 따라 행동하는 것이 직감의 역할이라 생각합니다. 이것은 매우 중요합니다." 햄블리 의견에 따르면 직감이란 인지능력과 상식, 내적인 느낌의 조합이다. "저는 제 느낌에 상당 부분 의존합니다. 신입사원을 채용하고자 면접을 볼 때에, 저는 거의 언제나 처음 몇 분 만에 그들이 우리 기업에 적합한 사람인지 아닌지를 결정합니다. 그것이 바로 제 스스로의 느낌, 즉 직감이지요." 햄블리는 때때로 자신의 직감과 반대되는 행동을 할 때도 있다. 자신의 느낌 대신 다른 요소를 더 중요하게 고려하는데, 그런 때에는 시간이 지나면 거의 언제나 후회한다. "큰 실수를 한 적이 있었어요." 그녀는 한숨을 내쉬었다. "그 때의 잘못된 판단 때문에 정말 오랫동안 후회를 했습니다."

개리 맥다니엘은 직감을 바탕으로 의사 결정을 내리는 때가 많다. 샤또 커뮤니티 CEO로서 그가 내리는 최종 결정은 대개 경험, 실무적 정보와 그의 내적 느낌의 조합인 경우가 많다. "지나간 경험과 시간 덕택에, 이십년 전의 나였다면 알지 못했을 것을 생각해내고는 합니다. 옛날부터 나는 직감에 의존하는 유형의 사람이었습니다. 특히 사람을 상대할 때에는 더욱 그렇지요. 사람을 채용하거나 해고하거나 그리고 일을 잘할 것 같은 사람을 판단할 때 말입니다. 이런 때에 저는 그 사람을 시험으로 평가하거나 특정 기준에 들어맞는지 여부를 판단하기보다는 직감에 더 의존합니다. 그 때문에 실수를 저지르기도 했지만, 훌륭한 선택을 했던 경우가 더 많았지요." 맥다니엘은 다른 최고경영자들과 마찬가지로 직감이란 것이 정확히 무엇인지는 짚어내지 못한다. "어째서 이런 일들이 일어나는지, 나도 잘 모르겠습니다. 하지만 직감은 실제로 존재합니다."

심지어는 정확한 사실과 실용적 정보가 필수적인 공인 회계 법인인 플란테&모란의 빌 매튜조차 직감이 중요하다고 강조한다. 그는 그의 조언자이자 창업자인 프랑크 모란이 그의 직감력을 높이 샀던 사실을 떠올렸다. "프랑크는 제가 똑똑하다고 말한 적이 한 번도 없어요. 하지만 그는 언제나 제가 직감적이라 하지요. 즉, 제가 직감을 통해 올바른 판단이나 해결책을 내놓는다는 뜻이지요. 프랑크 모란은 저의 이런 부분에 대해서 매우 놀랐으며, 동시에 이러한 능력을 격려해 주었습니다. 저는 아직도 직감이 정확히 무엇인지는 잘 모르겠고, 난지 제가 비즈니스 감각이 뛰어나다고 생각하고 있을 뿐입니다. 어쩌면 세상 누구도 저를 똑똑한 사람이라고 말해준 적이 없기 때문에 필요 이상으로 직감에 의존했을 수도 있습니다. 그러나 사람들은 모두 제가 구체적이고 세부적인 것에 많은 시간을 소모하지 않고도 훌륭한 판단을 내린다고 말하지요. 그렇게 보면 직감의 중요성을 알 수 있지요." 매튜는 직감에 지나치게 의존한다고 해서 아무 생각 없이 마구 행동을 해서는 곤란하다는 사실을 경고했다. 그는 그 스스로도 몇 번의 실수를 저질렀다고 인정했다. "그러나 그렇게 치명적인 실수는 아니었지요." 그는 덧붙였다.

또 다른 공인 회계 법인인 딜로이트 & 터슈의 짐 코프랜드는 직감적 판단에 지나치게 의존하는 것을 경고했다. "직감에 지나치게 의존한다면 곧 자만하게 될 것입니다. 자만은 조직에게나 개인에게나 몰락의 지름길이지요." 코프랜드는 번뜩이는 직감이라 해도 충분한 연구 및 정확한 정보의 뒷받침이 있어야 한다고 말했다. 그러나 그는, 때때로 분석적인 방법으로는 답을 낼 수 없는 경우가 있다는 것 또한 인정한다. "때로는 느끼는 대로 의사결정을 내려야 하지요. 필요한 정보를 충분히 얻었다 하더라도 마지막 순간에는 결국 마음이 가는 대로 결정을 내려야 합니다." 코프랜드는 그런 의사 결정을 과

연 직감적이라고 불러야 할지 또는 가능한 모든 정보를 통해
추론한 최선의 결정인지를 명확히 규정하지는 못했다.

고집 불통의 엔지니어조차도 직감을 신뢰하고 있다. 마이
크 맥카시는 자신의 건설 회사에서 몇 차례 대형 프로젝트를
수주하면서 내적 감각을 신뢰하는 법을 배웠다. "저는 엔지니
어입니다. 그래서 판단을 내리기 전에 항상 플러스 요인과 마
이너스 요인을 한참이나 따져보지요. 그렇지만 해야 하는 요
인이 90%이고 하지 말아야 할 요인이 10%일 때도 부정적인
10% 쪽으로 결정을 내리는 경우가 있습니다. 단지 무언가 좋
지 않다고 느끼기 때문이지요. 그렇게 직감에 의존하는 경우
대개 좋은 결과를 얻었습니다."

PVS 케미컬의 CEO인 제임스 니콜슨은 회사 수익과 손실
을 평가하기 위해 경제학적 지식을 동원하며, 미래에 유입될
수익의 순현재가치(Net Present Value)에 깊은 관심을 보인
다. 때로 정확한 정보 없이 결정을 내려야 하기도 하는데, 그
런 때 그는 과거 경험을 떠올리며 동시에 그의 내적 느낌에도
주의를 기울인다. 지난 여러 해 동안 니콜슨은 정확도가 높은
데이터를 많이 접했으며, 그 데이터에 의존해 모든 결정을 내
리고 싶은 유혹을 느꼈다. 하지만 그는 정확한 데이터가 있는

경우에도 그의 감각이 '아니오'라고 말하는 때에는, 대개 그의 감각을 따르는 편이 더 낫다는 것을 터득하였다.

심지어 은행 업무에서도 직감은 중요한 요소다. 퍼스트 텍사스 뱅코프의 회장인 개리 넬론은 만약 많은 주제에 대해 충분히 알고 있다면, 어느 순간 그 지식들을 통해 중요한 일을 직감적으로 판단할 수 있게 될 것이라 한다. 그래서 즉시 수행되어야 할 직무 결정이 있다면 그 때는 직감적인 느낌을 신뢰하는 것이 좋다. "어떤 사람은 그들의 가슴으로 느끼는 것이라 칭하며, 어떤 사람은 본능적인 감각이라 합니다. 뭔지 모르겠지만 아무튼 내게 그럴 때가 있다고 하는 사람도 있습니다. 하지만 그것은 결국 지식 전반에서 한꺼번에 오는 거예요. 의사 결정을 하는 위치에 있다면, 끊임없이 돌아오는 피드백을 고려하면서 동시에 결정을 내려야 할 것입니다. 계속해서 유입되는 정보와 의사 결정 순간 사이의 특정 지점에서 '내가 지금 해야 할 일은 바로 이것'이라는 느낌이 드는 순간이 있을 것입니다."

과학자들은 사람의 마음이란 사람이 의식하지 못하는 순간에도 계속 정보를 처리하고 있다고 말한다. 또한 그들은 뇌는 신체의 다른 부위와 신경 세포 및 화학적 신호를 통해 복잡하게 얽혀있다는 사실을 지적한다. 즉, 신경 과학자들이 말하는 '마음'의 실체는 뇌와 다른 신체 전체의 복잡한 결합인 것이다. 그러므로 사람의 직감은 종종 갑작스럽게 추위를 느끼거나, 속이 메스껍게 되는 등 신체적 느낌과 연결되며, 우리가 말하는 직감 또한 이러한 신체적 느낌의 일종으로 설명될 수 있다. 직감의 과정이 상상의 산물이 아니라면, 이것이 실용성과 정확성을 겸비한다면 빠른 의사결정이 필요한 상황에서 큰 도움이 될 것이다. 직감은 의사 결정의 속도를 매우 빠르게 만든다. "비즈니스에 속도는 매우 중요합니다." 트라이콘의 데이빗 노박은 말한다. "상황을 지나치게 분석하다가 뇌가 마비될 수도 있는 반면, 직감을 통해서는 열차 사고가 일어날 지를 감지하고 사람들을 미리 안전한 곳으로 대피시킬 수 있습니다. 정확한 정보를 모르는 상황이라 하더라도 틀릴 경우보다는 맞는 경우가 더 많을 것입니다. 가장 훌륭한 리더는 상황을 올바르게 판단하는 직감을 가지고 있다고 생각합니다. 이러한 직감을 통해서 적절한 행동을 할 수 있지요."

"경험과 지식, 과거에 저질렀던 실수, 그 모든 것을 한 군데로 집중하십시오. 그 모든 것이 각자의 역할을 할 것입니다. 내적인 감각을 대수롭지 않게 여기지 마십시오. 과거에 배웠던 것과 다른 사람의 경험, 즉 자기 자신과 외부 세계에 대한 인지를 가장 소중하게 생각하십시오. 그런 것들이야말로 직감을 키우는 지름길입니다."

리더십의 높은 단계로 올라갈수록 비즈니스적 본능을 키우는 것이 중요하다. 언제나 빠르게 변화하는 세상에서, 직감은 경쟁에서 성공하기 위해 꼭 필요한 차별적 요소가 될 것이다.

자기탐색과 발견

귀하는 직감적입니까?

귀하는 직감을 무엇이라고 설명하겠습니까?

스스로의 직감을 얼마만큼 신뢰합니까?

직감을 무시했는데, 나중에 그 직감이 옳았다고 밝혀진 적이 있습니까?

좁은 안목으로 업무를 진행하지는 않습니까? 당신은 주위에 일어나는 일들을 예민하게 인지하십니까?

현실적인 이유로 자연스럽게 드는 직감을 포기하는 일이 있습니까?

직감적 인지 능력을 키우기 위해서 무엇을 할 수 있습니까?

과거에 내렸던 의사 결정을 생각했을 때, 직감의 힘으로부터 배울 점은 무엇이 있습니까?

10장

변화를 향한 모험과 성장

변화가 일상화되어 있는 비즈니스 세계에서, 리더는 위협적인 변화를 기꺼이 수용하고 대처할 준비가 되어있어야 한다. 현대 사회의 빠르고 큰 변화가 비즈니스 의사 결정에 미치는 영향은 이전의 어떤 시대에서도 찾아볼 수 없을 만큼 거대하다. 기술의 지속적인 발전 덕택으로 지식의 범주는 넓어지고 있다. 그래서 새로운 정보를 충분히 검토할 시간조차 거의 없다. 따라서 리더로서 직면하게 된 문제는 위협적인 변화 속에서 조직에 맞는 기회를 어떻게 포착하는가 하는 것이다. 동시에 조직 내부 구성원의 변화 수용 능력에는 개인적 차이가 있으므로, 개인의 한계를 넘는 변화를 흡수하도록 강요당하면 그 때부터 비효율성이 나타난다는 사실을 이해해야 한다. 즉, 리더는 중대한 환경 변화를 능동적으로 흡수하되 조직의 사람들이 어려움을 겪지 않도록 수위를 조정해야 한다.

기꺼이 모험하는 분위기를 만들어라

데이빗 워커는 조직 구성원이 변화에 적극적으로 대응하는 환경을 만들기 위해서는 먼저 리더가 자기 자신이 뜨거운 철판 위에 서있다는 사실을 보여줄 필요가 있다고 말한다. "언제까지나 정체되어 있을 수는 없으며 지금은 변화의 필요한 상황을 보여줌으로써, 만약에 지금 변화하지 않으면 조직 전체로서나 개인에게나 불이익이 발생할 수 있다는 점을 웅변할 수 있습니다. 지금보다 더 성장하고 싶다면 먼저 변화해야 합니다."

플란테&모란의 빌 매튜는 이야기한다. "성장을 위한 새로운 아이디어를 장려하는 가장 좋은 방법은 변화에 효율적으로 맞설 수 있는 능력을 가진 사람을 격려하는 것입니다. 위험을 감수하고 변화를 주도할 의지가 있는 사람이 보여주는 훌륭한 행동에 대해 귀하게 여기고 포상하십시오."

매튜는 이어서 말했다. "직원들이 위험을 감수하며 현재 상황을 변화시킬 의지가 있다면, 그것을 장려하고, 인정하고, 열렬히 옹호해주십시오." 위험을 무릅쓴 모험이 장려된다면 직원들 사이에서 그것이 좋은 일이라는 생각이 싹트게 된다. "아시다시피, 변화란 참 곤란한 것입니다. 모든 사람이 변화를 싫어하지요. 따라서 직원들이 변화를 우호적으로 받아들이는 분위기를 조성해야 합니다." 매튜의 말은 옳다. 많은 사람들이 변화를 싫어하고 저항하는데, 그 이유는 변화가 그들의 삶에 부정적 영향을 미친다고 생각하기 때문이다. 변화로부터 비롯된 도전이 그들의 수용 한계를 넘어선다면 사람들은 변화를 부정적으로 생각하는 것이 당연하다. 하지만 변화로부터 비롯된 도전이 충분히 받아들일 수 있을만한 것이라면 그 내는 변화를 긍정적으로 바라보게 될 것이다. 어떤 경우든지 리더는 변화 그 자체와 임직원의 개인적 삶의 상호 영향에 대해 충분히 대화를 나누어야 한다. 왜냐하면 직원들이, 그 자신의 변화에 대한 태도가 조직 전체의 이익과 어떻게 연결되는지를 알지 못한다면, 변화 그 자체를 중요하지 않게 여기기 때문이다. 인수합병 및 확장 시기 동안 개인 변화에 대한 적절한 예시가 여기에 있다.

매튜는 자신의 회사가 성장한 것을 두고 위기를 통해 성장한 본보기라 칭한다. 옛날에 그 회사에는 사무실이 하나 밖에 없었다.(미국 내에서 가장 큰 사무실 가운데 하나이기는 했지만) "우리가 다른 사무실을 개설한다면 우리는 더 이상 동질적이지 않게 될지 모른다는 느낌들을 가지고 있었지요." 하지만 그들은 위험을 감수했다. 매튜는 책을 펼쳐 보이면서 회사 경영진 가운데 한 사람이 미시간에 앤 아보(Ann Arbor) 사무실을 개설했다는 사실을 설명했다. 이 때 그들은 세 번째 사무실 또한 개설했다. "그곳은 현재 우리의 가장 성공적인 지점 가운데 하나입니다. 그리고 그 지점을 개설했던 것이 바로 저예요. 회사는 저와 팀원들이 해낸 일에 대해 만족하고 있으며 우리 판단을 존중하지요. 여러 사무실로 분할해 나간다는 것은, 심지어는 오하이오주로 확장하는 것조차도 우리로서는 큰 도전이었습니다." 그러나 그 도전을 받아들인 결과는 성공적이었다. 이 회사는 현재 15개 지점이 있으며, 각각의 지점은 기업 문화를 그대로 유지하고 있다.

매튜의 또 하나 도전은 업계 동료들과 정보를 공유한 것이었다. "나는 적어도 스무 번 이상 이 문제에 대해 이야기를 했어요. 다른 사람들은 이 문제를 매우 단순하게 생각했지요. 마치 기계를 수리하듯 간단하게 몇 단계의 절차를 밟으면 된다는 식이었죠. 하지만 그렇게 해서 될 일이 아닙니다. 기반을 단단하게 다지고 차근차근하게 분위기를 형성해야 합니다. 이것은 결코 끝나지 않는 작업이에요." 성공을 위한 성장을 위해서 해야 할 중요한 일 가운데 하나는, 단지 정보를 모아서 입으로만 떠드는 것이 아니라, 다른 사람이 성공했던 경험을 받아들이고 실제로 행동하는 데 시간을 투자하는 것이다.

어떤 리더는 도전적 상황이 발생하기 전에 먼저 변화를 주도한다. 트라이콘의 CEO인 데이빗 노박은 그가 결코 만족한 적이 없었다고 말한다. "비즈니스는 언제나 미완성되어 있는 상태입니다. 내년에는 올해보다 더 좋은 성과를 내기 바란다면, 우리가 앞서 있다 하더라도 마치 뒤처진 것처럼 행동해야 합니다. 이러한 행동의 기본 전제는, 올해에 했던 것보다 내년에는 더 잘 해야 한다는 것이지요. 당연한 것 아니겠습니까." 또 다른 도전은, 그저 빈둥빈둥 앉아서 현재까지의 성과를 수비하지 않는 것이다. 노박은 말한다. "리더는 정상에 따라 평가되지요. 많은 리더들은 그들의 위치에서 방어를 하려 하지만, 그들이 훌륭한 리더라고 생각하지는 않습니다. 그들은 그들이 얼마나 성공했는지를 생각하려 하지요. 과거에 한 일에 대해서 성과를 따지는 것이 아니라 무엇을 할 것이며 또 성장을 지속하기 위해 무엇을 할 것인가를 따져야 합니다." 노박은 다시 말한다. "잘못 운영된 해의 실적을 만회할 수 없다는 뜻은 아닙니다. 열쇠가 되는 것은 사고방식이지요." 노박은 만약에 리더가 현재 상태를 변화시키는 데 실패한다면 조직은 가사 상태가 될 것이며, 그 회사 잠재력보다 적은 성과를 얻게 될 것이라고 한다. "만약에 귀사 리더가 회사 잠재 능력을 충분히 발휘하지 못하며 앞으로 나아가야 할 방향을 명확하게 제시하지 못한다면, 귀사는 새로운 리더를 뽑아야 할 것입니다."

프루덴셜 자산의 경영 이사인 앤 햄블리는 변화를 대하는 가장 중요한 절차는 결국 단호한 의사 결정이란다. "우유부단한 보스와 함께 일할 때에는 아마 어정쩡하게 양보하게 될 것입니다. 어떤 일에 대한 대단한 발상이 있어서 상급자에게 가지고 갔는데, 그 상급자가 그 발상들에 대해서 아무 말도 하지 않습니다. 그러면 결국에는 뜻을 굽히게 되고, 아주 근시안적인 작은 변화에 만족할 수밖에 없지요." 햄블리가 생각하기에는, 좋은 결정이든 나쁜 결정이든 그 의견 자체를 무시하는 것보다는 훨씬 낫다. "잠시 생각해 보았습니다. 내가 잘못된 결정을 내려서 발생할 수 있는 최악의 상황은 무엇일까? 잘못된 결정이라도 최소한 십중팔구 이상은 복원이 가능하다고 생각합니다. 잘못된 결정을 내렸다면, 그것을 나중에 다시 바꿀 수 있지요." 그녀는 나머지 하나의 가능성에 대해서는 조금 더 생각할 필요가 있다고 말했다. 그러나 대부분 결정에서는 위험을 무릅쓰고라도 빨리 판단을 내리는 것이 좋다. "누군가가 변화를 희망하는 제안을 하면, 나는 언제나 그 사람이 의견 제시를 위해 막대한 시간을 투자했음을 잊지 않습니다. 그러므로 그들의 의견에 귀를 기울여야 합니다. 그렇지 않으면 미래에는 사람들이 좋은 발상이라 해도 제시하지 않게 되지요. 가장 나쁜 리더는 결정을 내리지 않는 리더입니다. 그리고 실제로 보면 의사 결정을 내릴 줄 모르는 사람들이 회사 요직에 있는 경우를 가끔 보지요."

아메리칸 이탈리안 파스타 임직원들은 그들 CEO인 팀 웹스터가 "이것이 이제까지 우리가 하던 방식"이라는 대답을 별로 좋아하지 않는다는 사실을 잘 안다. "우리 회사는 창립한지 이제 겨우 열두 해가 지났을 뿐입니다. 우리는 항상 변화하고 있으며, 무엇인가를 완전히 송료하게 한 적이 없습니다." 그는 처음 회사를 창립했을 때 그들이 직면했던 위기에 대처했던 경험에 대해 처음으로 공개했다. "1990년대 우리가 처음 시장에 진입했을 때, 업계 최고 기업은 단연 보든(Borden)이었습니다. 그들은 북아메리카 시장에서 수십억 파운드의 파스타를 판매하고 있었지요." 웹스터는 회상했다. "그들은 고객을 사로잡고 있었습니다. 그들은 성장하고 있었으며, 훌륭한 공장을 가지고 있었습니다. 또한 그들은 비용 구조를 유지하기 위해서 공장을 빠르게 돌렸지요. 파스타 업계에서는 공장을 빠르게 돌리는 것은 좋은 품질만큼이나 중요합니다. 왜냐하면 기계가 계속해서 가동되어 지속적으로 생산을 해야만 하기 때문이지요. 그 회사에는 존 웨스터포드(John Westerford)라는 절대 권력을 발휘하는 경영자가 있었습니다. 그는 매우 남성적 경영자였으며, 회사는 그의 소유나 마찬가지였습니다. 그는 플로리다에 사냥을 하는 별장을 가지고 있었고, 캐나다에 낚시 전용 별장이 있었습니다. 그리고 수많은 손님들이 드나들었지요. 그들이 이 업계를 지배했습니다." 웹스터는 AIPC에 CEO로 근무하기 시작한 바로 다음 날 팀원들과 함께 웨스터포드를 만났다. 보든의 경영진은 AIPC 공장 가운데 하나를 인수하고 싶었다. 웹스터와 그의 동료들 또한 재무적인 목적에서 그 공장을 매각하는 편이 낫다고 생각했다. 그러나 보든 측에서 제시한 조건은 AIPC 기대에 조금도 미치지 못하는 것이었다. 웹스터는 협상

도중의 일을 생각했다. "웨스터포드는 새파란 눈으로 우리를 쳐다보았습니다. 그 눈빛, 우리를 위아래로 훑어보는 듯한 그 눈빛을 결코 잊을 수가 없지요. 그는 여기에 올 때 그의 대형 제트기를 타고 와서는 모피 코트를 입고 공항에 앉아서는 '당신네 회사를 파시오. 그렇지 않으면 당신네들을 벌레처럼 박살내버릴 테니까' 라 했죠. 나는 정말 겁에 질렸습니다. 속으로 생각했지요. "맙소사, 내가 무슨 짓을 하는 거냐. 나는 왜 그 완벽한 공인 회계 법인을 그만뒀을까. 이 시장을 지배하는 저 덩치 크고 추잡한 놈은 우리를 내쫓으려고 하는데. 그는 우리를 짓뭉개버릴 텐데."

"긴 이야기이지만 짧게 결론을 말하자면 그는 우리를 짓뭉개지 못했습니다. 그 회사는 이미 사라졌지요." 웹스터는 설명했다. "보든의 주주가 바뀐 다음, 새로운 주주는 웨스터포드가 무소불능의 권한을 가지고 있다는 이유로 그를 사퇴케 했습니다. 그 회사는 그와 동시에 추락하기 시작했지요. 나는 이 이야기를 우리의 현재와 관련짓습니다. 우리 임직원들에게 거의 날마다 이렇게 이야기합니다. 우리는 아무 것도 가지고 있지 않았다가 매우 짧은 시간 만에 이 업종의 선두주자가 되었습니다. 지금으로부터 십년 후, 우리도 보든처럼 허무하게 쓰러질 것인가, 그렇지 않으면 업계 선도의 위치를 고수할 것인가? 내 생각으로 우리에게 가장 중요한 것은 우리 태도입니다. 우리가 더 발전하지 못한다면, 그리고 만약 우리가 고객이 하나도 없던 그 때 고집을 지켜나가지 못한다면, 우리의 사업 초창기와 같은 겸손한 태도를 유지하지 못한다면 최종적으로 우리는 쇠약해질 수밖에 없습니다. 만약 어떤 사람이 길 건너편에 공장을 짓고 적은 비용과 나은 서비스로 우수한 제품을 생산한다면, 결국 그들이 우리의 고객을 가져갈 것입니다. 그건 시간문제지요. 그래서 나는 그것이야말로 진정한 도전이라 생각합니다. 우리는 현재 업계 정상을 지키고 있습니다. 그러나 그것은 신이 우리에게 준 권리가 아니므로, 우리가 노력을 게을리 한다면, 지속적으로 유지되지 못할 수도 있습니다." 다른 말로 하자면, 웹스터는 언제나 위기가 닥쳐올 수 있다는 사실을 잘 알고 있으며, 업계의 선두 위치를 고수하기 위해서 회사는 끊임없는 변화를 혁신적으로 수용해야 한다는 것을 알고 있다.

위험을 무릅쓰고 모험을 할 때에는 실패가 있을 수도 있다. 정체된 현실에 대해 변화 의지를 가진 리더는 이 사실을 잘 인식한다. 또한 실패 가능성과 변화를 통한 성장 가능성 사이의 균형을 맞추기 위해 노력한다. 홀마크 카드의 어브 하커데이는 홀마크에서는 계속해서 새로운 발상들이 튀어 나온다고 한다. 그들에게 문제점은, 그 새로운 아이디어를 실천에 옮기느냐 무시하느냐는 것이다. 우리가 인터뷰를 하는 시점에서 하커데이는 생화를 배달하는 아이디어에 대해 검토 중에 있었다. "우리는 홀마크라는 상표로, 홀마크 박스를 통해, 꽃 재배자로부터 소비자 문 앞까지 36시간 안에 꽃 배달을 하는 사업 가능성을 검증하고 있으며, 아마도 실행할 것입니다. 이 시장은 규모가 엄청나지요. 얼마나 큰 시장인지 짐작조차 할 수 없습니다. 국내만 해도 170억 달러 규모의 시장이니까요. 우리 회사가 그 시장 전체를 노리겠다는 것은 아닙니다. 우리는 일부분만을 노릴 것입니다. 하지만 이것은 큰 기회입니다. 우리 회사의 상표 이미지와도 잘 들어맞지요. 문제는, 우리가 그것을 어떤 식으로 할 것이냐는 거죠. 이것을 독립적 자회사 형태로 운영할 것인가, 아니면 브랜드 이미지를 지키기 위해 전체 회사 차원에서 운영할 것인가 하는 문제 말입니다." 하커데이는 과거에 이와 비슷한 발상을 실천해본 적이 있다고 했다. 그 때 그들은 두 가지 접근을 모두 사용했다. "그리고 우리는 카드 회사이면서 그 사업을 지나치게 중점적으로 추진했던 까닭에 촉망받는 젊은 인재를 많이 잃어버렸습니다. 그래서 이번에 우리가 할 일은 이 아이디어에 대해 충분한 토론을 거치는 일입니다. 우리는 말할 것입니다. '맞아요. 그 재주 있고 소중한 젊은 일꾼들을 잃은 것은 정말 실수였습니다. 여기서 배울 수 있는 것은 무엇입니까?' 실수를 반복하지 않기 위해서는 잠깐 시간을 두고 지켜보는 것이 필요하지요." 그러한 시간은 과거 실수를 반성하고 미래 행동을 준비하기 위해 더없이 좋은 기회다.

하커데이는 정말 좋은 도전을 하는 경우에는 실패조차 격려해야 한다고 한다. "우리는 홀마크 명예의 전당 쇼(Hallmark Hall of Fame Show)에서 종종 새로운 것을 시도합니다. 어떤 경우에는 실패하기도 하지요." 이 카드 회사는 최근 일요 홀마크 명예의 전당(Sunday Hallmark Hall of Fame)에서 '플라밍고 라이징(Flamingo Rising)' 이라는 텔레비전 특집을 방영하기로 결정했다. 이 쇼는 홀마크가 이전에 방영했던 전통적인 쇼와는 매우 다른 것이었다. "좀 더 신랄한 방송이지요. 우리는 이 방송이 우리가 이전까지 홀마크 명예의 전당 프로그램 타깃으로 삼던 젊은 여성들이 좋아할 것이라 생각했습니다. 물론 위험이 있었지요. 이제까지 우리 전통적인 소비자들이, 저게 뭐야? 저건 홀마크가 아냐. X 등급이 아니기는 하지만, 저건 해피엔딩으로 끝나지도 않잖아 하고 생각할 가능성이 있었습니다. 실패할 가능성이 높았지요. 우리로서는 장담할 수 없는 일입니다." 그러나 하커데이는 그 위험을 감수하기로 했다. 성공하지 못할 수도 있지만, 실패를 한두 번 겪는 것은 아니었다. "이전에도 그런 일이 있었습니다. 그래서 방송과 관련된 모든 사람이 모여 앉았지요. 만약 성공하지 못한다면, 나는 이렇게 말할 생각입니다. 우리가 그것을 시도해 그만한 수준으로 했다는 것만으로도 기쁩니다. 그런 다음에 질문을 던집니다. 좋아요, 그런데 이것이 성공하지 못한 까닭은 뭘까요? 다음 번에는 어떻게 하면 잘 할 수 있을까요?"

하커데이는 또한 다양한 사람의 생각으로부터 많은 것을 배운다고 이야기했다. 그는, 현재 상태를 변화시킬 위험한 모험에 대해서 평가할 때는 다양한 세대, 다양한 인종적 배경을 가진 사람의 이야기를 듣는 것이 중요하다고 했다. "어떤 일을 팀 또는 회사 전체에서 시도하고자 할 때, 다양한 세대와 인종이 모여 의견을 나누는 것은 매우 중요합니다. 예전 방식대로 그저 중년의 앵글로색슨계 백인들끼리 모여 앉아 이야기를 나누면, 무언가 중요한 것을 놓칠 가능성이 있습니다. 반면, 스물여덟 살의 열정적인 청년 기업가끼리 모여 있다면 역시 곤란한 문제에 봉착할 것입니다. 서로 섞여서 의견을 조율하는 편이 도움이 되지요." 적절한 여유를 가지고 모험을 시도하면, 그 모험이 성공할 것이며, 최소한 모험이 실패하더라도 미래를 위한 중요한 배움을 얻을 것이다. 홀마크의 경영진은 이러한 변화를 향한 모험을 할 준비가 되어 있다.

실수로부터의 배움, 성장하기 위한 위기

맥카시 빌딩 컴퍼니의 회장 마이크 맥카시는, 자신의 원칙을 지키는 것이 중요하다고 말한다. 왜냐하면 성장을 위한 모험을 할 때에는 실패를 함께 예측해야 하기 때문이다. "실패를 예측한다는 것은 매우 가치 있는 특성입니다. 우리는 우리가 시작한 프로젝트 가운데 상당수가 성공하지 못한다는 사실을 알고 있습니다. 그래도 회사 측에서는 프로젝트를 진행했던 직원만 나가떨어지지 않는다면 아무 문제가 없습니다. 우리는 그 직원이 최선을 다해 열심히 일하는 모습을 지켜볼 것이며, 그리고 다음에 더 큰 기회가 왔을 때 일을 맡길 것입니다. 우리 회사 직원들 가운데 상당수는 실패에 대해 진정으로 고민하며 그런 기회를 통해 성장합니다. 우리가 실패를 용납하는 이유는, 그러한 신뢰를 구축하기 위해서죠."

맥카시 남서 지부의 사장인 보 칼버트(Bo Calbert)는 마이크 맥카시가 자신에게 기회를 주었던 경험을 떠올렸다. 그것은 모험이었다. "내가 겨우 스물아홉 살 때, 우리 회사가 이제껏 수행한 적이 없는 초대형 프로젝트에 나를 참여케 했죠. 그것은 뉴햄프셔주 하노버에 다트마우스 매리 히치콕 기념 병원(Dartmouth Mary Hitchcock Memorial Hospital)을 짓는 프로젝트였어요. 이제껏 수주한 적이 없는 초대형 프로젝트인

데, 그는 나보다 훨씬 경험이 많은 사람들을 제쳐두고 나를 참가하게 했죠. 그 프로젝트가 끝난 지 며칠 후에 마이크는 뉴햄프셔로 와서 그 병원을 방문한 다음 내 앞으로 메모를 남겨놓았습니다. 그는 내가 해놓은 일에 대해서 큰 감동을 받았으며, 그 자신이 내 나이였다면 이만한 일을 할 수 있었을지 모르겠다고 했지요." 맥카시는 칼버트가 젊은 나이임에도 불구하고 어려운 프로젝트를 해내는 것을 지켜보아 왔고, 그래서 젊은 엔지니어에게 위험을 무릅쓰고 일을 맡겼다. 그리고 그 결과는 성공이었다.

맥카시는 그러나 그가 모험을 했다가 실패한 경우도 있다는 사실을 인정했다. "종종 이전에 특정 수준의 능력을 보여주었던 사람이 있다면, 그가 나 또는 다른 매니저를 찾아오기 전까지는 특별한 지시를 하지 않습니다. 그들이 찾아와서 '나는 새로운 것을 할 준비가 되어있습니다. 그 일에 대한 책임은 모두 내가 지겠다'고 말할 때가 있지요. 그런 때에 일단 결심하고나면, 그 일에 대한 책임의 상당 부분은 경영자의 것입니다. 숨을 곳이 없지요. 우리 예측이 대개는 매우 정확하다는 것은 장점이자 단점입니다. 그래서 나는 새로운 시도를 하겠다는 사람의 성공 가능성을 점쳐봅니다. 자신만만한 태도로 납득할만한 설명을 하는 사람은 대개 그 시도를 할 기회를 얻습니다. 만약 그들이 실패를 하게 되면, 우리는 그들 다른 프로젝트로 옮겨줍니다. 왜냐하면 우리는 그 사람이 한 번의 실패를 통해서 다음 번에는 실패를 하지 않는 방법을 배웠다고 생각하기 때문이지요. 미래에는 더 뛰어난 인재가 될 것입니다. 어떤 직원이라도 회사에 필요한 사람이 되어야 하지요. 모든 사람은 가치 있는 사람이 되고 싶어 하죠. 그래서 그들이 실수를 한다고 해도 이해해주어야 하죠. 경영인 자신도 실수를 할 수 있으니까요."

어윙 매리언 카우프만 재단의 루 스미스 또한 현재 몇 가지의 시행착오가 예상된다고 말했다. "거기서부터 배우는 것이지요." 스미스는 이 재단에 근무하던 초기의 일을 회상했다. 그와 동료들은 이사진에게 그들이 수행한 성공적 프로젝트에 대해 프리젠테이션을 하고 있었다. "이사 한 사람이 물었습니다. '잘 들었습니다. 이제 당신들이 실패한 이야기를 들어보고 싶군요.' 그 절차의 일부에서는 이사들이 이렇게 이야기하는 것입니다. '예, 우리는 당신의 성공 경험을 듣고 싶습니다. 하지만 우리는 당신이 성공하고자 했으나 그러지 못한 경험도 듣고 싶습니다. 그것을 통해 앞으로 당신이 어떻게 할 것인지를 평가할 수 있기 때문입니다.'"

스미스는 임직원들이 혁신적인 것에 도전하고 위험을 감수하며 모험을 할 때에는 그것을 보상해주는 환경이 중요하다고 말한다. 왜냐하면 그 프로젝트가 실패한다고 하더라도 실패로부터 교훈을 얻으면 다음 번 프로젝트는 더 나은 결과를 얻기 때문이다. 스미스는 또한 사람들이 '성공'을 어떻게 정의하는가에 대해 주의를 기울일 것을 제안한다. "내 생각에, 이만하면 성공했다고 자족하는 것은 조직에 치명적인 위험입니다. 개인에게 치명타도 '나는 성공했다'는 생각이에요. 왜일까요, 생각해보세요. 스스로 성공했다고 생각하는 순간부터는 더 이상 배우려고 하지 않습니다. 이미 성공했다고 생각한다면 굳이 위험을 감수하려고 하지도 않지요. 성공적인 개인과 성공적인 기업이란 끊임없이 듣고 배우고 실천합니다. 그것은 절대 끝나지 않는 절차입니다."

진정한 리더는 두려움과 의심이란 자연스러운 감정을 이해한다. 마스코테크 CEO인 프랑크 헤네시는 새로운 시도를 하는데 자신감이 결여되어 있을 경우에는 의심을 가지는 것이 당연하다고 주장한다. "당장 대중적 동의가 없다 하더라도 옳다고 생각하는 것을 주장하도록 하십시오. 자신의 생각을 사람들에게 보여주고 임직원들을 격려하는 것이 중요합니다. 생각하는 바를 신념으로 삼고, 실패를 두려워하지 마십시오. 나는 직원들에게, 실패라는 것은 존재하지 않으며 오직 성공과 진보가 있을 뿐이라 말합니다. 기꺼이 위험을 받아들이는 사람이 되십시오. 위험을 감수하지 않고는 리더가 될 수 없습니다. 믿는 바가 있으면 확신을 가지십시오. 그리고 다른 사람과 협동하십시오. 임직원들이 어떤 문제에 직면했을 때 리더에게 의논하고 의지할 수 있다는 사실을 일깨워 주십시오. 그것이 진정한 리더가 해야 할 일입니다."

피드백 플러스의 비키 헨리는 어떤 두 사람의 고객도 같지 않다고 말한다. 현재 상태에 정체되어 있다면 그런 생각을 가질 수가 없다. 헨리는 이야기한다. "우리는 식당에서 식사를 하고, 새벽 3시 견인소에 가서 차를 끌고 오기 위해 문서를 작성하면서 우리가 어떻게 취급받는지를 알 수 있습니다. 우리가 할 수 있는 일에는 아무런 제한이 없습니다. '현재 상태로의 정지'라는 것은 존재하지 않습니다. 발전하게 되거나 또는 퇴보하게 되는 것이지요. 그리고 우리는 발전할 것입니다." 헨리는 변화를 받아들이지 않는 기업은 장수할 수 없다고 생각한다. "때때로 수요가 많으며 마진폭이 큰 제품이 있기도 합니다. 우연하게도 적절한 시기에 그런 제품을 생산하게 되었다면, 회사를 어떻게 운영하든지 돈을 벌 것입니다. 하지만 그런 기업들이 돈을 버는 것은 단기적일 뿐이에요. 그들이 직원을 보살피며 변화를 수용하지 않는다면, 그 회사가 얼마나 지속할지 모를 일이지요."

PVS 케미컬의 제임스 니콜슨은, 리더가 변화를 두려워하면 조직 전체가 멈추어 버릴 수도 있다고 한다. 니콜슨은 임직원들에게 몇 번의 실수가 있어도 기꺼이 격려한다. 왜냐하면 위험을 무릅쓴 모험을 하지 않을 경우에는 실수는 없겠지만 성장도 없기 때문이다.

진정한 리더는, 위험을 무릅쓰고 모험을 해야 성장이 있다는 사실을 잘 이해하고 있다. 또한 빠른 속도로 변화하는 세계 시장에서 성장을 유지하기 위해서는 기꺼이 그리고 단호하게 변화를 받아들여야 한다는 사실 또한 잘 알고 있다.

귀하는 위험을 무릅쓴 모험을 얼마나 하십니까?

다른 사람에게 위험을 무릅쓴 모험을 하도록 장려하는 방법은 무엇입니까?

위험을 받아들이면서 무엇을 배웠습니까?

귀하의 조직에서 '변화가 필요한 상황' 의 다음 단계는 무엇입니까?

상황이 닥치기 전에 변화를 향해 얼마나 달려갑니까?

위험을 무릅쓴 모험을 할 때 가장 두려운 것은 무엇입니까?

변화에 얼마나 잘 적응하십니까?

얼마나 탄력성이 있습니까?

새로운 발상을 얼마나 잘 냅니까?

변화를 받아들이는 것이 중요하다는 것을 보여주기 위해서 개인적으로 무엇을 합니까?

11장

균형 잡힌 삶의 중요성

비즈니스 세계는 변화의 연속이기 때문에, 이 세계 속에서 균형 잡힌 생활을 영위하는 것은 불가능해 보인다. 그러나 진정한 리더에게는 해당되지 않는 이야기다. 진정한 리더라면, 완벽히 균형 잡힌 삶이야 불가능하다 할지라도 마음속으로는 균형을 유지하며 그것을 추구하는 것이 매우 중요하다는 사실을 잘 이해하고 있다.

"저는 삶에서의 균형이 개인적인 삶과 비즈니스적인 삶에 모두 큰 영향을 끼친다고 느낍니다." 샤또 커뮤니티의 CEO 개리 맥다니엘은 말한다. "사람들은 주어진 직무를 완수하기 위해 일주일에 100시간쯤 일해야 한다고 하는데, 결코 이해할 수가 없습니다. 효율적으로 일한다면 결코 100시간씩 일할 필요가 없지요. 만약 시간을 잘 관리하고, 필요 없는 일을 잘라낸다면 말입니다. 평생 일하는 페이스를 유지하기 위해서는 직장생활과 가족생활을 조화롭게 영위해야 합니다." 맥다니엘은 그의 임직원에게, 가족을 1순위로 두라고 한다. "저에게 가족은 직장보다 몇 배나 더 중요해요. 그것은 저만의 이야기는 아닐 것입니다. 여러 조직에서 임직원에게 주당 80~90시간씩 일할 것을 요구하는데, 이는 생산성을 떨어뜨릴 뿐이라고 생각합니다." 그러나 맥다니엘은 자유 시간 근무 제도가 바람직한 해결책이라 생각하지도 않는다. 어떤 경우에 특정 직무를 완수하는 데 걸리는 시간이 60시간이라면, 때로는 그보다 적게 걸리기도 하는 것을 대부분 사람들이 알고 있다. 가장 중요한 것은 근무하는데 소요되는 시간이 아니라 직무를 완수하는 것이다. "만약 오후 3시에 일을 마치고 개인적인 일을 보기 위해 퇴근한다면, 저는 그 판단을 믿습니다. 그 직원이 평소 열심히 일을 했으며, 해야 할 일을 미루지 않는다는 사실을 신뢰하는 것이지요."

맥다니엘은 자신의 경쟁사에서 근무하던 사람이 어느 날 샤또 커뮤니티로 이직하기 위해 찾아왔던 일을 상기했다. "그는 일주일에 100시간씩 일을 했지요. 그러다가 어느 날 아들을 데리고 야구 경기를 구경하기 위해 오후 두 시에 퇴근하려고 했습니다. 그의 상사가 말했지요. '안됩니다. 프로젝트들을 마저 완수해야지요. 그리고 다른 모든 사람들이 열심히 일하는 것을 보십시오. 당신도 오후 다섯 시까지 근무해야 합니다.' 바보 같은 이야기이지요. 이런 이유로 실제로 많은 사람들이 다른 근무지를 찾고 있습니다. 당장 이 사람만 해도 직장을 옮기려고 하고 있습니다. 모르지요, 어떤 사람들은 무조건 열심히 일하는 것을 선호할 수도 있어요. 이런 직장에서 일하기를 좋아하는 일벌레들도 있을 것입니다. 그런 경우에는 조직이 효율적일 수도 있겠지요. 하지만 제 경우는 절대로 그렇지 않습니다. 저는 그런 직장에서 절대 일하지 못합니다. 저는 사람들이 정직하게 일하며 임무를 완수하고자 노력한다고 생각합니다." 맥다니엘은 물건을 훔치는 사람에 대한 비유를 들었다. "한 사람이 물건을 훔쳤다고 해서, 물건을 훔치지 않은 사람 전체를 처벌해서야 되겠습니까? 한 두 사람이 게으르다고는 하지만, 그 한 사람 때문에 모든 사람의 삶을 더 팍팍하게 만들 수는 없습니다. 저는 모든 사람들이 다 도둑질을 하려 한다고 생각하지 않습니다." 맥다니엘은 대개의 직원들이 많은 시간을 들여서라도 임무를 완수하기 위해 애쓴다고 생각한다. 그래서 임무를 완수하기만 한다면, 아이들을 야구 경기에 데려가는 것 같은 개인적인 사정 때문에 일찍 퇴근하는 것이 별 문제 없다고 생각한다.

책임감 있게 열심히 일을 한다고 해서 개인적 삶의 즐거움을 버려야 하는 것은 아니다. 루 스미스는 그의 직장인 어윙 매리언 카우프만 재단에서 근무하는 시간이 즐겁다고 말한다. "그러나 직장이 인생의 전부는 아닙니다. 리더의 삶이 회사를 위해 희생되어서는 안 됩니다. 그것을 바로 균형 잡힌 삶이라 부르는 것이지요."

댄 우드워드는 균형 잡힌 삶의 중요성을 아주 어렵게 배웠다. 엔헤런트의 CEO이며 올해 40세인 우드워드는 이제 조상으로부터 물려받은 그의 몸이 다른 무엇보다 더 중요하다는 사실을 인정한다. 그의 몸을 위해서 삶의 균형이 필요한 것이다. "6개월 전만 해도 저는 5년 시한부 인생을 살게 될 줄 알았습니다." 35세부터 우드워드는 전력을 바쳐 열심히 일했고, 그 결과 그는 죽음의 문턱까지 다녀왔다. 당시 그는 조인트 벤처를 시작했고, 사업 시작 첫 해를 성공으로 이끌기 위해서는 무슨 일이라도 하기로 마음먹었다. 마침내 조인트 벤처 사업은 성공했지만, 그에 따른 대가는 엄청났다. 연말의 어느 날 그는 길고 피로한 업무를 마치고 집으로 돌아가다가 심장 발작을 일으켰다. 그는 지금도 어떻게 병원까지 갔는지를 기억하지 못한다. 아무튼 간신히 병원 응급실로 갔고, 의사는 천신만고 끝에 그의 목숨을 살려냈다. 당시 그는 가사 상태까지 갔다가 간신히 되살아났다. "운이 아주 좋았습니다. 약물 치료를 받는 덕택에 지금은 정상인과 똑같이 생활할 수 있습니다. 시한부 선고도 철회되었지요. 아마 남들 사는 만큼은 살 것 같습니다. 이런 경험을 하고 나니, 건강이 얼마나 중요한 재산인지를 깨닫게 되었습니다." 우드워드는 균형 있는 삶을 영위하는 것이 생각보다 어렵다고 털어놓으면서도 그것을 위해 열심히 노력하고 있다. "이제 저는 일도 열심히 하지만 아내, 아이들과 함께 시간을 보낼 때도 많습니다. 가장 소홀히 했던 부분이 제 자신이었던 것 같은데, 앞으로 더 이상은 그렇지 않을 겁니다.

이제는 저를 위해 열심히 할 것입니다. 어쩌면 투자해야 할 시간을 다 투자하지 않는지도 모르겠습니다만, 요즘에는 일을 할 때 예전보다 훨씬 더 집중해서 효율적으로 시간을 보냅니다. 이 편이 훨씬 나은 것 같아요."

"저는 아침에 일어나서 정말 축복받았다고 느낍니다. 아침에 일어나 기분이 좋으면 그 날 하루 종일 기분이 좋지요. 가끔 불만족스러운 기분이 들 때는 있지만, 불행하다고 느낄 때는 없습니다. 아침에 일어나서, 오늘도 즐거운 하루다, 세상이 즐겁다, 하고 생각하며 매사를 그렇게 바라봅니다. 이런 세계관이 지난 5년간 많은 도움이 되었습니다." 우드워드는 만약 임직원들의 개인적 삶에 대해 충분히 인정해주지 않는다면, 비즈니스와 관련된 의사 결정 또한 균형을 잃을 것이라 한다. "수익과 이윤만을 위해서 회사를 운영해서는 안 됩니다. 균형을 잡아야 합니다." 그렇다면 우드워드는 삶의 균형과 경영에 관해 어떤 생각을 가지고 있을까? "저는 임직원들이 자신을 반성할 기회를 가지고, 하고 싶은 일을 할 기회를 지니며, 행복한 삶을 누릴 수 있도록 도와주고 싶어요. 임직원들의 행복한 삶을 위해서 해 줄 수 있는 일을 해 주고 싶어요. 사람들에게 기회를 주고 싶으며, 그들이 성공하면서 동시에 행복하고, 그들도 다른 사람의 삶을 배려하게 된다면 좋겠어요. 그것이 제 철학입니다."

컨테이너 스토어의 킵 틴델은, 모든 사람의 인내력 정도가 다르다고 생각한다. 따라서 리더는 개인적 차이를 인지해야 하며, 개별 직원들이 생각하는 '삶의 균형'이 무엇을 뜻하는지를 이해해야 한다고 말한다. "그러나 정말로 열심히 일을 하는 순간에는 비즈니스와 개인적 삶을 구분 짓기가 힘이 듭니다. 일을 열심히 할 때에, 일은 단순한 '직업'이 아니라 '삶의 일부분'이 되지요." 틴델은 진정으로 일을 즐길 때에는 일과 개인적 삶의 경계가 흐려진다고 한다. "진정한 삶의 예술가는 그들이 진정으로 하고 싶은 일을 하는 순간에는 개인적 삶과 비즈니스 삶의 경계를 무너뜨리지요. 예를 들어 모네가 그림을 그릴 때, 그는 일을 하고 있었습니까, 아니면 즐기고 있었습니까? 그는 그가 하고 싶은 것을 하고 있었습니다." 틴델은 자신을 예로 든다. "만약에 내 부모님께 물어보신다면 부모님은 '우리 애는 일을 너무 많이 해. 그러지 말아야 해'라고 하실 겁니다. 하지만 이 일은 하고 싶어서 하는 것입니다." 틴델은 그러나 가족이 그에게 최고 가치임을 아울러 강조한다. "그것은 분명하게 짚고 넘어가야 하는 부분입니다. 가족과 친구는 제 삶의 가장 중요한 부분입니다. 그러니 순서로 따지자면 비즈니스는 두 번째가 아니라 세 번째이지요." 그런 뒤에 틴델은 덧붙였다. "회사 직원 가운데에는 중요한 직무를 맡으면서 동시에 아이를 돌봐야 하는 삼십 대 여성이 많습니다. 우리 소매 업종은 범위가 워낙 넓기 때문에 직무를 수행하는 데는 시간이 상당히 오래 걸립니다. 삼십 대 여성들은 직업에서도 최고를 추구하기 때문에, 그들을 다각도로 상담하고 도움을 주어야 합니다." 이렇게, 균형 있는 삶이란 개인이 처한 상황이나 나이, 직급에 따라 다르게 마련이다.

프루덴셜 자산 앤 햄블리는 균형 잡힌 삶이란 가장 기본적이면서 가장 중요하단다. "저는 잠시도 그 사실을 잊지 않으려 노력합니다. 글쎄요, 해야 할 일은 많고 열심히 하면 그 일을 다 할 수 있는데, 삶의 균형을 위해 일을 팽개치기는 어려운 것이 현실입니다. 그러나 아무튼 직원들이 일보다 사람이 우선이라는 사실을 확실히 느끼도록 해주어야 합니다. 그것이 균형 잡힌 행동이지요. 아마도 여성에게 좀 더 어려운 일일 것입니다. 지금 세대의 여성들은 힘겹게 투쟁해나가고 있습니다. 저의 세대들도 물론이고요." 햄블리는 많은 여성들이 아이들을 돌보고 싶어 하면서도, 동시에 그들이 아이 때문에 직장 생활을 제대로 하지 못할까봐 두려워하는 것을 보아왔다. "제 경우 아이들은 이미 다 자랐기 때문에 지금은 훨씬 짐을 던 것 같습니다. 그러나 저도 과거에는 언제나 죄의식을 가지고 있었지요. 그래서 저는 균형 잡힌 삶에 대한 감각을 가지기 위해서 노력합니다. 아이가 아파서 임직원이 조퇴하더라도,

맡은 바 직무만 완수했다면 아무 문제없습니다. 저녁 여덟 시까지 남아서 일하는 직원과 다를 바가 없습니다. 늦게까지 남아 일한다고 좋은 직원은 아니지요."

햄블리가 지적한 또 다른 균형의 이슈는 휴가다. 그녀는 자신이 결혼한 지 2년이 지났을 때 남편의 말을 떠올렸다. "그는 결코 잊을 수 없는 말을 했어요. '나는 그저 당신의 1년이라는 시간 가운데 이 주일만 바라는 거야. 당신은 1년 가운데 351일 동안 일을 위해 보내잖아. 나는 나를 위해서 이 주일만 할애해주면 좋겠어. 그리고 이 주일 동안은 전화나 이메일을 하지 않았으면 좋겠어. 당신에게 바라는 것은 단지 이 주일 뿐이야.' 그 때 저는 그의 요구가 정말로 정당하다고 생각했어요. 그래서 그 후로 빼놓지 않고 두 주 또는 세 주의 휴가를 내요. 회사에 전화를 하지 않고, 이메일도 하지 않습니다. 2, 3주 회사에 가지 않더라도 회사가 제대로 돌아갈 수 있어야 훌륭한 리더라 생각하기 때문에, 휴가를 가는 데 별 문제는 없습니다. 그것이 제게는 균형입니다." 햄블리는 휴가에서 돌아올 때면 완전히 재충전되어 있다고 한다. "3주 동안 배터리를 다시 충전하는 것이지요. 저는 완전히 새로운 기분으로 다시 일에 임합니다. 휴가에서 돌아오면 먼저 업무 파악을 위해 생각을 하지요. 일상적인 일들은 금방 적응할 수 있고, 머리를 쉰 덕택으로 사고력이 훨씬 나아지는 기분입니다. 휴가에서 돌아오면 일을 훨씬 잘 할 수 있어요. 자리를 비운다고 해서 엄청난 일이 벌어지는 것도 아닙니다. 가족에게도, 자신에게도, 특히 신체에 매우 좋은 일입니다. 그래서 저는 휴가 내는 것을 추천합니다."

만약 리더가 임직원 삶의 균형을 충족케 하지 못하면, 조직에는 잠재적인 비용이 발생한다. 예를 들면 병가(病暇), 업무상 실수 등이 있으며, 지친 나머지 임직원이 그들의 능력을 온전히 발휘하지 못하는 때도 있을 것이다. 퍼스트 텍사스 밴코프의 회장인 개리 넬론은 이야기한다. "만약 직원들이 육체와 정신적 건강을 제대로 챙기지 못한다면, 그리고 그들이 지속적으로 자신을 추스르지 않고 새로운 교육을 받지 않는다면, 전체 조직이 균형을 잃을 것입니다." 넬론은 육체, 정신, 영혼, 이 세 가지 요소 가운데 하나라도 소홀히 하면 조직 전체가 부조화를 겪게 될 것이라 믿는다.

피드백 플러스의 소유주인 비키 헨리는 사업을 처음 시작할 때에 균형의 중요성을 배웠다. "지난 십 년 간 CEO 협회의 멤버로서, 많은 회사들이 '임직원의 피로' 때문에 큰 고난을 겪는 것을 보아왔습니다." 헨리는 지쳐버리고서 그 사실을 깨닫지 못하는 경우도 많단다. 그런 일이 그녀에게도 있었기 때문이다. "그런 적이 있었어요. 어느 오후에, 네이만 마르쿠스(Neiman Marcus)에 보낼 서류를 바인더에 끼우려 하는데, 서류에 뚫린 세 개의 바인더 구멍을 한 줄로 맞출 수가 없었어요. 내가 도대체 왜 이러지? 하고 생각했지요." 그 때 어느 직원이 헨리에게 그녀가 모르고 있던 사실을 깨우쳐주었다. "제가 알려드릴게요. 왜냐하면 지치셨기 때문입니다." 그녀는 잠시 생각해보았다. 그 직원은 나에게, 내가 할 수 있는 가장 좋은 일은 해변으로 가서 일주일쯤 휴식을 취하는 것이라 했다. 헨리는 그 충고를 받아들였다. 그녀가 그 경험으로부터 배운 것은, 만약 기업의 리더가 피로 때문에 지친다면 그 회사의 모든 직원들이 함께 지쳐서 나가떨어질 가능성이 높다는 것이다. "피로는 정말 중요하게 다뤄야 할 이슈입니다." 그녀는 결론지었다. 현재 헨리는 자유 시간 근무 제도를 도입했으며, 기타 특별한 요청이 있는 경우에 대부분 받아들인다. "우리 사무실에 토요일이나 일요일 오후에 와 보세요. 사람들이 일하고 있는 것을 어렵지 않게 볼 수 있습니다. 우리 직원들은 성실하고 헌신적이지요. 그러나 만약 그들이 아들 축구 경기에 수요일 오후 3시에 가고자 한다면, 그들은 그렇게 합니다. 저는 그들을 믿습니다. 근무하는 시간이 얼마나 되느냐는 중요한 것이 아니지요. 그래서 우리는 유동적인 작업 스케줄로 움직이고 있죠.

오늘날의 젊은 사원들은 일도 중요하지만 삶의 균형이 더 중요하다는 사실을 이미 잘 알고 있다. 홀마크의 어브 하커데이는 젊은 직원들일수록 균형을 더욱 중요하게 여긴다고 한다. 하커데이 또한 균형 잡힌 삶의 중요성을 알고 있다. "개인적으로 삶에 대해 넓고 깊은 감각을 가진 리더일수록 임직원들을 더 잘 추스르고 격려하며 지지한다고 생각합니다. 이야기를 나눠보면, 젊은 사람들은 일과 생활의 구분을 명확히 하고 싶어 하는 것 같아요." 이것은 현명한 CEO의 날카로운 관찰이다. 최근 연구 결과들에 따르면 Y세대는 단지 수동적으로 삶의 균형을 기대하는 것이 아니라, 그들이 특정 직장에서 삶의 균형을 찾지 못하면 주저 없이 직장을 옮긴다고 한다. 새로운 세대의 리더들에게 삶의 균형이란 점점 더 중요한 이슈가 될 것이다.

행동에 균형을 잡기 어려울 때

아메리칸 이탈리안 파스타 CEO인 팀 웹스터는 가족을 사랑하며 가족의 곁에 있고 싶다고 한다. "하지만 연봉과 보너스, 스톡옵션에 상응하는 책임을 완수해야 합니다. 연봉에 상응하는 책임을 완수하려면 엄청난 양의 일을 해야 합니다. 저는 열심히 일해야 한다고 생각하며, 그리고 한 사람이 모든 것을 할 수 있다고 믿지 않습니다. 어떤 사람이 훌륭한 경영자이면서 지역 사회의 리더이고, 다섯 개 회사 주주이며, 집에서도 많은 가사 일을 돌보고, 축구 코치에, 교회 집사에, 이것에, 저것에, 요것까지 다 할 수는 없을 거예요. 전형적인 미국식 사고방식으로는 모든 것을 할 수 있다고 생각할 수도 있습니다. 그러나 이런 사고방식은 위험하며, 현실적이지도 않습니다." 웹스터는 예전에 자신이 하던 것 가운데 대부분을 더 이상 하지 않기로 결심했다고 한다. "아메리칸 이탈리안 파스타 컴퍼니의 최고경영자이면서 가정에서 좋은 남편이며 좋은 아빠가 되기 위해서는 개인적 희생이 있었습니다. 저는 더 이상 골프를 치지 않습니다. 카드놀이를 하지 않고요. 어제는 야구 경기를 보러 갔는데, 그건 2년 만에 처음이었습니다. 비즈니스상 두어 명의 사람들과 함께였죠." 삶의 균형을 위해서는 약간의 희생이 필요한 법이다.

라디오 셰크의 CEO이자 회장인 랜 로버츠 또한 비슷하게 이야기한다. "한꺼번에 세 가지 일을 할 수는 없습니다. 사업에서 성공하고, 훌륭한 가족의 일원이 되면서, 동시에 하고 싶은 모든 개인적인 취미를 다 하는 것은 불가능합니다. 무엇인가를 포기해야만 할 것입니다. 아마도 성공의 사다리를 밟아가는 것을 멈추는 내신 개인적인 취미를 누리고 가속과 함께 즐거운 삶을 살 수는 있겠지요. 세 가지를 동시에 할 수는 없습니다. 저는 CEO와 리더는 큰 책임이 있다고 생각합니다. 그래서 취미를 가질 수 없습니다. 저를 위해 하는 일을 할 수가 없으며, 친구들과 놀러 다닐 수가 없습니다. 어쩔 수 없이 몇 가지를 포기해야만 하지요." 로버츠는 그의 아버지가 심장 발작을 일으켰던 순간부터 균형 잡힌 삶의 중요성에 대해 진심으로 생각하기 시작했다.

로버츠는 그의 아버지가 죽기 몇 시간 전에 간신히 병원에 도착하여 아버지의 임종을 지킬 수 있었다. 당시 로버츠는 쇼니(Shoney's)라는 패스트푸드 업체 CEO로 있었는데, 당시 그 회사는 큰 어려움을 겪고 있었다. "월 스트리트 저널에는 [로버츠가 겪고 있는 어려움]이라는 헤드라인 기사가 나가던 때였습니다. 그런 상황에서 저는 아버지의 임종을 지키러 왔습니다. 아버지는 제 손을 꼭 쥐고 말했지요. '나중에는, 그러니까 말하자면 네 일이 끝나는 날에는, 그런 일들은 기억나지도 않을 거야. 대신에 생각하게 될 것은 친구와 가족들뿐이지. 이건 정말 사실이란다. 마지막에 너에게 남는 것은 그들뿐이야."

오늘날에는 기술의 놀라운 발달 때문에 일과 개인적 삶을 구분 짓는 것이 더욱 힘들어졌다. 더 많은 사람들이 호출기, 휴대 전화, 팜탑 컴퓨터 및 기타 전자 장치 때문에 하루 종일 일에 얽매이고 있다. 그러나 이것은 모두 개인적 선택의 결과다. 왜 그렇게 하느냐는 질문에 대한 대답은 각자 선택이 될 것이다.

진정한 리더는 자신이 하는 일에 최선을 다해 열중하며 사업을 확장하고 이익을 증대하는 일에 대한 강한 책임감을 가지고 있다. 동시에, 진정한 리더라면 나이나 성별에 관계없이 장기적인 성공을 위해서는 삶의 균형이 필수적이라는 사실을 알고 있다. 삶의 균형을 무너뜨리면 단기적으로는 성공할 수 있겠지만, 장기적인 관점에서 단기적 성공은 오히려 큰 비용이 될 수도 있다.

귀하의 삶은 얼마나 균형 있습니까?

열심히 일하기보다 똑똑하게 일하는 방법에는 어떤 것이 있습니까?

성공을 위해서만 달리는 경우 가족이나 친구, 건강 그리고 개인적 성숙에 어떤 희생을 치르게 됩니까?

지쳤을 때에 어떤 자각 증상이 있습니까?

심하게 지쳐 있는 사람을 알고 있습니까? 그 사람을 위해 무엇을 해 줄 수 있습니까?

늦게 퇴근해야만 하는 경우에 어떤 식으로 일을 조정할 수 있습니까?

귀하의 조직에서 다른 사람 삶의 균형을 위해 무엇을 배려해 줄 수 있습니까?

임직원들이 그들의 직무를 충실히 수행한 경우에, 그들이 개인적 삶을 챙기는 부분에 대해 얼마나 관대하게 허락하십니까?

회사 일에 전혀 신경을 쓰지 않고 보낼 수 있는 휴가가 얼마나 있습니까?

개인적 삶에 더욱 균형을 찾기 위해 지금 당장 할 수 있는 일은 무엇입니까?

12장

미래의 추세

이제까지 우리는 특출하게 인적 자원을 잘 관리하면서 바람직하게 회사를 운영하고 있는 회사의 CEO가 가진 생각을 알아보았고, 그것을 10가지 원칙으로 나누어 생각해보았다. 우리는 이러한 경영자들이야말로 미래의 진정한 리더의 표준이라 생각한다. 또한, 그들의 회사 운영 전략과 철학이 미래에는 성공적인 조직의 표준 운영 전략이 될 것이라 생각한다. 자, 그러면 이제 우리가 알아본 내용에 기초하여 미래의 추세를 예측해보자.

가치관의 중시(Valuing Values)

미래의 리더는 정립된 사회적 책임감을 가질 것이다 1장에서 우리는 진정한 리더가 가지는 네 가지 가치관에 대해서 이야기했다. 사회적, 실리적, 개인적, 전통적인 가치가 그 네 가지다. 과거 리더는 사회에 대한 의식이 거의 필요하지 않았으며, 특히 대규모 공공 조직의 리더들은 그 정도가 심했다. 그러나 최근에는, 임직원 및 여타 사회를 돕고자 하는 진정한 열망을 가진 사람에게 조직 운영을 맡기는 경향으로 바뀌고 있다. 실리성은 모든 성공적인 리더에게 꼭 필요한 가치관이다. 조직의 종류에 관계없이 이윤 및 가시적 성과를 만들어 내야만 하기 때문이다. 그러나 이윤을 만들어내는 당사자는 사람이다. 그러한 사람이 적절하게 평가되지 않는 비즈니스 환경이 일반적으로 유행하고 있을 때에는, 적절한 수준의 이윤을 내면서 동시에 임직원을 보살피는 리더가 장기적으로 성공하게 될 것이다. 돈을 버는 것은 물론 중요하다. 그러나 장기적으로 돈을 버는 것이 단기적으로 버는 것보다 훨씬 중요할 것이다.

높은 직책의 리더까지 승진하기 위해서는 자신의 운명을 개척하는 힘, 즉 개인적(Individualistic) 가치관이 필요하다. 하지만 미래의 진정한 리더라면 자신의 이기심을 죽여야 하는 것을 분명하게 인식하고 있다. 그들은 많은 사람의 자발적 협동이 얼마나 큰 위력을 만드는지를 인식하기 때문에, 개인의 힘과 권력을 추구하는 대신 모든 사람을 존중하게 될 것이다. 그러므로 조직을 잘 관리하는 리더는 자신뿐 아니라 다른 사람의 운명을 위해서도 최선을 다할 것이며, 자신의 승진에 집착하는 대신에 '우리'라는 말을 소중하게 여길 것이다. 즉, 진정한 리더들은 옛날의 악명 높은 리더들처럼 자기 스스로를 돋보이게 하기 위해 수단 방법을 가리지 않는 식의 행동은 하지 않을 것이다. 또 그들은 공공의 문제를 처리할 때에는 자신의 영예를 위해서가 아니라, 문제 자체의 처리를 위해 행동할 것이며 겸손할 것이다.

리더 채용에 회사 이념과 맞는 가치관을 가진 사람을 선택할 것이다 1장과 관련해 이야기할 또 한 가지 추세는, 채용에 회사 이념과 비슷한 가치관을 가진 사람을 중요하게 여긴다는 점이다. 장기적으로 볼 때 태도는 적성 및 능력보다 중요한 역할을 하므로, 감성적 지혜의 평가는 올바른 사람을 채용하기 위한 필수적 기준으로 사용될 것이다. 감성적 지혜의 평가를 통해 적절한 태도 소유 여부를 평가할 수 있기 때문이다. TTI의 "개인적 취미, 태도 및 가치관(Personal Interests, Attitudes, and Values) 평가"와 같은 감성적 지혜를 평가하는 절차는, 직무 능력 평가 또는 행동 평가와 마찬가지로 채용 절차 일부분이 될 것이다. 트라이콘의 회장인 데이빗 노박은 리더 채용 또는 개발에 대해 매우 간결하고 단호하게 이야기했다. "개별 리더들은 여러 가지 스타일이겠지요. 하지만 그들의 가치관은 동일해야 합니다."

열정에의 탐구(Probe for Passion)

열정을 보이기 위해 노력할 것이다 2장에서 우리는 진정한 리더가 되기 위해서는 반드시 열정이 있어야 한다고 강조했다. 리더와의 인터뷰를 통해 많은 예시를 보았기 때문에, 독자들 또한 열정의 중요성에 대해 충분히 이해하고 있을 것이다. 열정이라는 말이 과거에는 흔히 남자들끼리의 딱딱한 비즈니스 토론에나 사용되던 표현이었으나, 지금은 그렇지 않다. 열정은 리더가 되기 위해서는 꼭 필요한 요소이며, 앞으로는 더욱 더 공개적으로 토론 대상이 될 것이다.

리더는 임직원과 한데 어우러지기 위해서는 그들과 감성적인 친밀함을 지닐 필요가 있다. 저 멀리에서 홀로 앞장서고 있는 것처럼 보이는 리더는 친해지기 어렵기 때문이다. 재능 있는 인재를 구하기가 점점 어려워짐에 따라, 훌륭한 인재를 회사에 끌어들이고 싶다면 그 인재를 자신에게 호감을 가지고 따르게 만들기 위한 노력이 필요하다. 호감을 가지고 따르게 하기 위한 가장 좋은 방법은 열정이다.

덧붙이자면 열정은 그것을 느끼는 사람들끼리 복제되는 경향이 있다. 따라서 결국 회사 직원 모두가 회사를 위해 노력하겠다는 열정으로 가득 차게 된다. 리더에게 더 많은 열정이 있으면 그는 더욱 더 권위를 가지게 될 것이다.

미래를 보는 시각(Seeing the Future)

모든 리더들은 비전을 가져야 할 것이다 우리는 3장에서 진정한 리더는 남들이 보지 못하는 것을 볼 수 있어야 한다고 배웠다. 조직 내 모든 위치의 관리자들은, 기회를 감지하고 미래를 예측하는 능력을 가져야 할 것이다. 최근 조직이 인수 합병, 경영 구조조정 등을 통한 성장을 생각할 때에, 앞으로는 조직의 모든 위치에서 새로운 발상이 등장하는 게 매우 중요하다. 그 결과 앞으로의 리더는 전략적 사고방식을 가진 사람과 미래를 볼 줄 아는 사람을 구분하게 될 것이다.

전략적인 사고방식을 가진 사람이 늘 미래를 생각할 수 있는 것은 아니다. 전략적 사고방식을 지닌 사람은 정보를 폭 넓게 파악하고 분석하는 데는 뛰어날지 모르지만, 그 생각을 특정 상품이나 시장과 관련짓는 능력은 부족할 것이다. 그러나 미래를 볼 줄 아는 사람은 기회를 적절하게 활용할 수 있으며, 변화를 만들기 위해서 실제로 해야 할 일은 무엇인지를 알고 있다. 전략을 생각하는 사람과 비전을 생각하는 사람을 적절하게 짝 지워 주는 것이 기회를 최대화하기 위한 좋은 전략이 될 것이다. 조직 내 여기저기에서 이러한 사람들을 잘 식별해 내는 능력이 필요함은 물론이다.

공감을 위한 의사소통(Communicate to Connect)

리더로서의 성공을 위해서는 잘 들어주는 능력이 필요하게 된다 4장에서는 의사소통의 중요성에 대해 강조했다. 커뮤니케이션이 발달해야 한다고 했을 때, 이 말은 통신 기술의 진보를 통한 고속 통신, 대중 미디어, 일대 다수 통신 매체 등을 일컫는 것이 아니다. 그런 기술들은 트렌드가 아니라 현실이다. 본문에서 말하고자 하는 트렌드는, 듣는 능력을 개발하는 것이다.

만약에 수행하는 업무나 숫자로 표현되는 기록에만 관심이 있다면, 듣기 능력 따위는 아무 필요가 없다. 그러나 오늘날 숫자를 위주로 생각하는 것은 경쟁력에서의 매우 작은 단면에 집착하는 것이다. 그 이상의 것을 위해서는 능동적으로 잘 들어주는 능력이 필요하다. 앞 페이지에서는 사회적 가치관이 사람에게 중점을 두는 방향으로 변화한다고 언급한 바 있는데, 남의 말을 경청하는 능력의 향상 또한 그와 같은 맥락에서 요구될 것이다. 사람에게 중점을 두고 있음을 실천하는 첫 번째 행동이 바로 잘 들어주기다. 덜 말하고 많이 들어라. 그것이 회사 내부의 부하 직원이든, 또는 회사 외부 고객이든 말이다. 고객 및 임직원들은 모두 겉만 요란하고 알맹이는 없이 떠드는 소리에 질려 있다. 설령 '고객 서비스'라는 간판을 본다 하더라도 별로 서비스를 받고 싶어 하지 않을 정도다. 대화가 된 내용이 실천되지 않으며, 개인의 요구와 관심이 실제로 실행된 적이 없을 때가 너무 많다. 이제 신뢰를 회복하기 위해서는, 말하는 것을 그만두고 들어야 할 때다. 진실하게 듣는 능력은 너무나 중요하기 때문에, 이 능력이 없다면 다른 무슨 노력도 별 소용이 없을 것이다. 진지하게 듣는 능력이 결여되어 있다면, 효율적으로 리드할 수도 없고 효율적으로 배울 수도 없게 될 것이다.

리더는 경계를 짓고 관계를 쌓기 위해 노력할 것이다 의사소통의 기술적인 면에 대해 말하자면, 현재 이메일은 지나칠 정도로 위력을 떨치고 있다. 이메일은 통제가 불가능하여, 효율적인 수준에서 사용되는 것이 아니라 대인 관계를 회피하는 장벽으로까지 기능하고 있다. 이것은 조직 리더들이 비난받아 마땅한 문제다. 이것에 관해 우리는 두 가지 추세를 예측하고 있다. 첫 번째는, 리더로서 이메일의 사용 수준에 대한 경계를 짓는 것이다. 이것은 인사부서에 따라 결정될 수 있는 이슈가 아니라, 최고경영자 책임이다. 두 번째는 이메일을 통한 의사소통에 현실적인 경계가 세워진 이후에는 예전 방식대로 동료들이 사람 대 사람으로 만나서 편안하게 대화하는 분위기가 권장되는 바다. 이것은 퇴보가 아니다. 오히려 이것은 기술과 인간관계를 적절히 조화, 상호 이해와 신뢰, 효율과 생산성을 극대화하는 그러한 발전을 향한 도약이다.

끝이 없는 배움(Never Ending Learning)

세대간 배움이 있을 것이다 우리는 5장에서 배움을 마치 설거지감처럼 결코 끝나지 않는 일로 생각해야 한다고 했다. 정년퇴직에 대한 이야기를 잠시 해보자. 정년퇴직 개념에 대해서 우리는 조금 다르게 생각한다. 이제 정년퇴직 나이는 65세가 아니다. 50대 중반이 된 대다수 베이비붐 세대가 퇴직을 하게 됨과 동시에 그들이 가진 지혜도 사라지게 될 것이다. 그래서 앞으로는 경험 있는 일꾼들의 가치관이 조직 미래를 결정할 수도 있다는 생각을 하게 될 것이다. 이와 밀접하게 관련지어 말할 수 있는 추세가 바로 스토리텔링(storytelling)이다. 대표적인 상품, 또는 회사 명칭에 감정적 결속력을 부여하는 것이 바로 스토리텔링이다. 마이크로소프트 예를 들어보자. 마이크로소프트의 창업자인 빌 게이츠는 대학을 그만두고 마이크로소프트를 세웠는데, 이 이야기는 회사 이미지 및 정체성과 밀접하게 관련되어 있다. 마이크로소프트는 엄청난 속도로 성장하고 변화함에도 불구하고, 이 이야기는 끊임없이 반복되면서 회사 이미지와 정체성을 지켜주고 있다. 포드 자동차는 오늘날까지도 젊은 헨리 포드와 그의 모델-T에 대한 이야기를 되풀이하고 있다. 스토리텔링은 상호간 정체성을 구축하기 위한 중요 전략이다.

임직원들이 점점 더 자주 이직하면서 평생직장 개념은 사라지고 있으며, 이에 따라 회사 문화와 가치관 보전을 위해 스토리텔링이 점점 더 중요하게 취급될 것이다. 스토리텔러들을 통해 문화를 전파하고 회사 전통을 잇기 위해서는 예전 사람들과 새로운 임직원을 통합케 할 방법을 찾는 것이 매우 중요하게 된다. 이 통합은 젊고 똑똑한 임직원들을 매혹시켜야 할 뿐 아니라 지혜를 가지고 있는 베테랑 직원들을 그대로 회사에 남겨두는 역할도 맡아야 한다. 이런 상황에서 최선의 해결책은 세대간 동시 교육일 것이라 예측할 수 있다. 이 교육을 통해, 회사 문화를 잘 알고 있는 노장들은 젊은 임직원들에게 그들의 지혜를 말해줄 것이고, 젊은 직원들은 그들이 알고 있는 새로운 정보와 기술을 가르쳐줄 것이다. 이러한 추세를 받아들이는 회사는 곧 강력한 경쟁 우위를 가지게 될 것이며, 소모적인 일을 반복하느라 고생하지 않을 것이다.

비용 절감 목적의 전자 학습이 줄어들 것이다 전자 학습이 사라지지는 않을 것이다. 그러나 진정한 리더는 단지 비용 절감 목적으로 이 도구를 사용하지는 않게 될 것이다. 전자 학습이 언제나 가장 훌륭한 배움의 도구는 아니기 때문이다. 따라서 진정한 리더는 교육에 비용의 효율성보다는 학습의 효율성을 더 중요하게 고려할 것이다.

텔레포트-멀지 않았다! 화상 회의 및 화상 교육에 가장 최신 기술은 텔레포트다. 홀로그램을 적절히 활용한 텔레포트 기술을 통해, 전 세계 어디에 있는 사람들에게도 발표자는 마치 그가 앞에 서있는 것처럼 프리젠테이션할 수 있다. 이 기술의 가장 큰 장점은 여러 사람들이 다른 곳에 있어도 마치 같은 곳에 앉아 있는 것처럼 느끼면서 상호 의사소통을 할 수 있다는 점이다. 현재 이 기술을 실제로 구현하려면 매우 비싸지만, 상용화됨에 따라 가격은 점점 싸질 것이며 마치 실제로 얼굴을 맞대면서 대화하고 회의하고 교육하는 듯한 장점 덕택으로 이 기술은 값으로 따질 수 없을 만큼 소중한 것을 제공할 것이다.

개인은 그들 자신의 경력 관리에 책임감을 느낄 것이다 교육과 관련된 또 하나의 추세는, 자신의 경력 관리를 위해서 개인이 책임감을 더 느끼게 된다는 사실이다. 확실히, 개인의 승진을 회사에서 일정 부분 책임져주던 과거 경향은 사라지고 있다. 아직도 우리는 회사가 개인에게 교육을 제공해 성장 기회를 줄 책임이 있다고 생각하지만, 앞으로는 승진이 개인의 책임이 될 것이다. 개개인 또한 그들 자신의 경력 관리에 최종적 책임이 있음을 깨닫고 있다. 일자리를 잃지 않기 위해서 필요한 항목은 직무 수행 능력이다.

진실 말하기(Tell the Truth)

리더들은 솔직한 설명을 할 기회를 더 많이 만들 것이다 6장에서 우리는 정직함과 성실함, 진실의 중요성에 대해 이야기했다. 리더가 모범이 되어 솔직한 설명을 할 때에 그 효과가 더욱 커질 것이다. 리더가 성실하게 설명하는 모습을 보여준다면 다른 사람들도 마찬가지로 성실하게 말하려 할 것이다. 따라서 리더들은 더욱 왕성하게 그들이 무엇을 옳다고 생각하는지에 대한 진실을 설명하려 할 것이다.

우리는 또한 진실한 리더는 주식 시장에 대해 더 진실한 자세를 보일 것이라 생각한다. 그들은 주주와의 장기적 신용을 높이기 위해 주력할 것이다. 진정한 리더라면 짧은 순간의 이익을 위해 정보를 왜곡하고 거짓말을 하기보다는 진실을 밝히는 편이 훨씬 더 낫다는 사실을 금방 깨달을 것이다.

신뢰 구축(Building Trust)

리더는 신뢰성을 가지기 위해서 노력할 것이다. 7장에서 우리는 신뢰도를 높이는 것이 중요하다는 사실을 이야기했다. 이것은 명백한 추세다. 상호 신뢰의 중요성은 계속해서 높아지고 있다.

임직원과 고객들은 모두 리더에 대한 신뢰를 잃어가고 있다. 시장에서는 많은 유명 업체의 상표들이 신뢰를 잃고 있다. 파이어스톤(Firestone)이 대표적인 예시다. 신뢰를 다시 구축하기 위해서 우리는 신뢰 마크(trust mark) 또는 러브 마크(love mark)의 예를 보았다. 이 마크들은 회사가 그들의 브랜드 이미지에 대한 신뢰를 유지하고, 혹시 발생할지 모르는 문제에 대처하기 위해 사용된다. 상품이나 서비스에 상표를 붙임은 리더가 무엇을 어떻게 하고자 하는가의 표현이다. 리더는 책임감, 설명, 신용과 같은 관점에서 어항처럼 투명해야 한다. 말로만 해서 되는 것은 없으며, 행동은 말보다 발언력이 더 크다. 만약 리더가 그다지 믿음직스럽지 못하다면 그 상표는 신뢰받지 못할 것이다. 신뢰가 떨어지면 그 결과 수익이 줄어들고 시장 점유율이 낮아질 것이다. 만약 회사가 상장사라면 그 주가는 곤두박질칠 것이다. 리더를 믿지 않는 임직원들은 최선을 다하지 않을 것이며 회사를 위해 열정을 불사르지 않을 것이다.

근시안적인 리더십의 대표적인 예시가 있다. 업무를 위해 수백 대의 트럭을 사용해야 하는 회사 매니저에 관한 이야기다.(그는 이 책에 소개된 진정한 리더의 일원은 아니다) 그 회사의 한 직원이 매니저로부터 이번 분기가 끝날 때까지 차량의 유지 보수를 하지 말라는 지시를 받았다. 그렇게 해야 비용을 절약하며, 주식 시장에서 좋은 결과를 얻을 수 있단다. 하지만 이 지시의 결과로 회사는 이후 정상적인 서비스를 수행하지 못해 수익이 감소했을 뿐 아니라, 나쁜 속임수 때문에 사내외에 불신을 낳게 되었다. 이런 종류의 불신이 반복되면 마침내 회사는 장기적으로 치명적인 타격을 입기도 한다. 필요한 수리를 제때 하지 않을 경우 그 때문에 사고가 발생한다면 비즈니스는 잠재적으로 어떤 타격을 보게 될지를 생각해보자. 그 실패를 회복하고 신뢰를 복구할 방법은 아무 것도 없다.

사람의 가치 인식(Recognizing the Value of People)

리더는, 인적 자원에게 더 많은 성의를 표시하기 위한 방법을 개발할 것이다. 우리는 8장에서 진정한 리더가 얼마나 사람을 소중하게 여기는지를 살펴보았다. 진정한 리더들은 인적 자원을 회사의 가장 소중한 자산으로 여기고 있다. 그런데 인적 자원의 중요성이란 개인적 판단이나 추세로 해석할 문제가 아닌, 명백한 객관적 사실이다. 이 사실을 인식하지 못하는 리더는 능력 있는 인재를 회사에 공헌하게 만드는 데 실패할 것이다. 아무튼, 회사에서 그들의 가장 소중한 자산인 인적 자원을 인식하기 위해 더욱 더 독특한 방법의 개발을 예측할 수 있다. 또한 미래의 리더는 작업 환경에서 형식적인 수직 관계를 제거하여 다양한 계층에서 혁신이 일어나도록 유도할 것이다. 그리고 리더들은 도전 정신으로 회사를 충만하게 만들고자 할 것이다.

직감의 활용(Increased Intuition)

리더는 직감의 힘을 점점 더 신뢰할 것이다 9장에서 우리는, 예전에는 터부시되었던 직감이라는 주제에 대하여 이야기했다. 숨가쁘게 변화하는 비즈니스 세계에서, 훌륭한 비전을 가졌다는 것만으로는 부족하다. 실무적인 상황이 발생했을 때, 현실을 점검하고 그 방향을 수정하는 일에 직감의 역할이 점점 커지고 있다. 그래서 우리는 미래에는 직감의 사용이 더욱 활발해질 것이라는 예측을 하게 된다. 점점 더 많은 회사들이 경영자에게 직감의 활용을 교육할 것이며, 더 많은 과학자들이 직감적 생각의 과학적 근거를 밝혀낼 수 있다.

모험의 장려(Foster Risk Taking)

위험을 기꺼이 감수하며 모험을 하는 일이 많아질 것이다 10장에서 우리는 빠르게 변화하는 사회에서 기회를 잡기 위해서는 더욱 더 많은 모험을 해야 한다는 이야기를 했다. 앞으로는 점점 더 많은 사람들이 위험을 무릅쓴 모험을 하게 될 것이다. 차별화되기 위해서는, 특히 상품 시장이나 배달 서비스, 고객 서비스 등에서는 혁신이 필요하다. 그리고 혁신을 위해서는 모험을 감수해야 한다. 혁신적인 회사라고 해서 꼭 성공한다는 것은 아니지만, 혁신 없이 주목할만한 성과를 내기는 어려울 것이다.

실수를 용서하는 분위기가 조성될 것이다 혁신적인 모험을 하고자 한다면, 실수가 있게 마련이다. 앞으로의 작업 분위기에서는 실수를 더욱 너그럽게 용서할 것이라 생각한다. 많은 기업들이 실수를 두려워하지 않고 정직한 실수를 너그럽게 용서하는 분위기로 바뀌며, 이에 따라 임직원들은 더 많이 배우고 성장할 수 있다. 만약 실수를 처벌한다면 실수를 두려워하는 문화가 생기게 되고, 따라서 임직원들은 더 이상 모험을 하지 않으려 한다. 혁신을 원한다면 실수가 생기더라도 그것을 당연하게 받아들이며 너그럽게 용서해야 한다.

삶의 균형 유지(Believing in Balance)

균형 잡힌 삶을 위한 실질적 변화가 있을 것이다 11장에서 우리는 균형 잡힌 삶의 중요성에 대한 몇 가지 인상 깊은 예시를 살펴보았다. 댄 우드워드의 심장 발작, 랜 로버츠가 아버지 임종 때 들었던 이야기가 그것. 우리는 리더들이 앞으로는 삶의 균형과 관련된 이슈를 해결하기 위해 더 많이 투자하고 노력하리라 예상한다. 일에만 초점을 맞추면 오히려 효율이 떨어지게 된다. 따라서 리더들은 점점 더 개인적 삶에 대해 허가해줌을 관대하게 여기는 가치관을 가질 것이다. 쑥스러운 나머지 솔직한 감정을 표현하지 못하는 시대는 지났다. 더 많은 개인적 시간을 원하는 사람은 그러한 생각의 표현을 주저하지 않게 될 것이다. 잭 칼은 사람들에게, 가슴에 고삐를 죄지 말라고 했다. 그의 말은 옳다. 이제는 누구나 그들의 머릿속에 든 생각뿐 아니라 가슴 속에 든 감정까지 표현하는 시대다.

젊은 세대의 사람들은 삶의 균형을 수동적으로 기대하는 데서 그치지 않고, 그 균형을 적극적으로 추구한다. 많은 잠재력을 가진 훌륭한 인재들은, 개별 직원의 균형 잡힌 삶을 고려해주지 않는 분위기를 참지 못할 것이다. 균형 잡힌 삶을 고려해주지 않는 회사라면, 그들은 즉시 직장을 옮길 것이다. 젊은 세대에게는 회사가 끝난 이후 개인적 삶의 비중이 커질 것이며, 젊은 남녀들은 빠른 승진보다는 삶의 균형을 추구할 것이다. 이러한 추세가 이해되지 않는 회사라면 젊은 인재들을 경쟁자에게 빼앗긴다는 사실을 명심해야 한다.

다른 경향들(Other Trends)

더욱 솔직한 피드백이 제공될 것이다 그 피드백은 더욱 상세해질 것이며, 업무 능력 및 성취에 관한 새로운 기준으로 활용될 수 있다. 이 기준을 통해 임직원의 강점과 약점이 적나라하게 드러날 것이며, 맞지 않는 직무를 수행하기 위해 고생하기 보다는 다른 직무를 수행하도록 권고될 것이다. 개인은 그의 전반적인 능력보다는 직책에 필요한 전문적 능력으로부터 평가를 받게 될 것이다. 리더십의 개발에서는, 과거에 비해 유연성의 기술을 더 강조하게 될 것이다.

퇴직자 면담에 더 많은 주의를 쏟을 것이다 어떤 직원이 회사를 그만 둘 경우, 퇴직 희망자에게 별도의 면담을 하게 될 것이다. 이 추세는 효율적인 듣기 능력이 필요한 트렌드와 밀접하게 연관되어 있다. 직원이 퇴사하는 이유를 진실하게 들어준다면, 회사의 개선점 파악을 위한 가치 있는 배움을 얻을 수 있게 된다.

리더 모습이 더 맵시 있게 될 것이다 우리는 회사들의 복장 규정이 바뀔 것이라고 생각한다. 대부분 신생 회사에서 여전히 캐주얼을 입겠지만, 리더가 되고자 하는 사람일수록 좀 더 품격 있는 캐주얼을 입으려 할 것이다.

좀 더 전통이 있는 회사 경우에는 리더들이 좀 더 리더답게 차리고 다니기를 원할 것이다. 이미 양복 소매 업계에서는 맞춤복 또는 고급스러운 신사, 숙녀복의 판매가 증가하고 있다. 표현이야 어쨌든 간에 "리더다운 모습"은 계속 존재할 것이며, 만약 리더처럼 보이지 않는다면 리더를 할 수 없다고 간주될 수도 있다.

비즈니스 구조(Business Structure)

조직이 위에서 설명한 조류를 따라 변하면서, 이사회 사람들에게도 생각의 변화가 생길 것이다. 앞선 생각을 하는 회사는, 회사의 핵심 가치관에 공감하는 이사진에게 훨씬 매력이 있을 것이다. 이사들은 회사의 가장 핵심적인 가치관에 관한 이슈에 대해서는 훨씬 더 명료한 결정을 내릴 수 있다.

우리는 연구 과정에서 JC 페니의 선례를 살펴보았다. 만약

JC 페니가 변화 물결을 따르지 않고 옛 가치관을 고수했다면, 그러니까 중소도시 및 시골에서 평균 수준의 소득을 버는 사람들만을 주요 시장으로 삼고자 했다면, 지금 그들은 월마트라는 소매 업계의 공룡과 파트너를 맺지 못했을 것이다. 우리는 이 사실을 매우 흥미 있게 생각했다. 회사 가치관이 바뀌게 되면 그것은 모든 것을 처음부터 시작하는 것과 같다. 가치관을 변경하지 않는다면, 문제는 변화에 반응하는 전략과 전술 수준이 되겠는데, 이것은 가치관 전체를 바꾸는 것보다 훨씬 빠르고 쉽다.

귀하는 어떤가?

이 책에 수록된 진정한 리더들은 명료하고 시종일관의 가치관을 가지고 있다. 만약 이 책을 읽는 당신이 이제 막 리더로서의 일을 시작하고 있거나 또는 리더가 되기 위한 과정에 있다면, 진정한 리더들의 가치관 가운데 필요한 부분을 잘 명심하면 앞으로의 자기 계발에 초석이 될 것이다. 당신 스스로의 가치관과 비교해서 생각해보고, 진정한 리더들의 원칙과 예시를 배운 다음 그것을 당신의 리더로서의 여행에 동반자로 삼아라.

비테 프라이스(Bette Price)

　비테 프라이스는 작가, 컨설턴트 겸 강사로서 1982년부터 프라이스 그룹(The Price Group)의 사장 겸 CEO를 맡고 있다. 프라이스 그룹은 경영 전략, 리더십 및 직무 수행 능력 관련 업무를 전문으로 하고 있다. 그녀의 주요 고객은 기술, 엔지니어링, 환경, 전문 서비스 및 건강 관련의 다양한 업종에 있는 중소기업으로부터 대기업까지를 모두 포괄할 만큼 폭이 넓다. 지난 10년간 그녀는 애리조나주 스콧데일(Scottsdale)에 위치한 TTI 퍼포먼스 시스템(TTI Performance System, Ltd)과 함께 일을 했으며, TTI 퍼포먼스 시스템의 평가 도구는 현재 행동 과학의 측정 및 원인 분석 분야에서 널리 인정받고 있다. 프라이스는 이러한 경력으로 그동안 IBM 글로벌, 알카텔, 소니 전자, 스머핏 스톤 웨이스트 리덕션(Smurfit-Stone Waste Reduction Services) 및 JC페니 본부 등의 굵직굵직한 회사 업무를 수행해왔다.

　프라이스는 컨설턴트로서 구태의연한 상황을 혁신케 할 새로운 사고방식을 제시해왔다. 특히 비즈니스 관련 강사로서 리더십이나 시장 개척에 관련된 수제를 상의할 때에는 삶의 경험을 풍부하게 인용했다. 그래서 인지 텔레비전 쇼 프로그램 진행 당시 표창을 받았으며, 캔사스 시티 스타(Kansas City Star)라는 신문에서 칼럼을 연재, 인기를 끌기도 했다. 이 신문사가 하이얏트 호텔 구름다리의 비극적 붕괴 기사를 실어 퓰리처상을 수상했을 때 그녀는 해당 기사를 작성한 팀의 일원이었다.

전국 연사 모임(National Speakers Association)의 멤버이기도 한 그녀는 왕성한 활동으로 1993년에 우수 회원상을 수상하기도 했다. 현재 그녀는 전국 강사 모임 고문 위원장 및 컨설팅 전문가 모임(Consultant Professional Expertise Group), 실용 개발 위원회(Practice Development Committee)의 회장이다. 또한 경영 컨설턴트 협회(Institute of Management Consultant), 댈러스 챕터 이사회(Board of Directors of the Dallas Chapter)의 회원이다. 그녀의 이메일은 bette@pricegroupleadership.com이다.

조지 리체스키(George Ritcheske)

조지 리체스키는 조직 효율 컨설턴트, 경영 자문 위원 및 강사다. 다트마우스 컬리지(Dartmouth College) 학사과정에서 경제학을 공부하며 대학 풋볼팀에서 활약하기도 했던 그는 미시간 대학(University of Michigan)에서 MBA 과정을 마쳤다. 이후 디트로이트에 있는 쿠퍼 & 리브란드(Coopers & Lybrand)의 인적 자원 관리 부서에서 직장 생활을 시작했고, 지역 내 인사 부장으로서 미시간, 오하이오, 인디애나 및 켄터키 주에서 사내 컨설팅을 수행했다. 1989년에 댈러스로 이주하여 4년간 딜로이트 & 터슈와 함께 합병 업무에 매진하였으나 여러 그룹들이 함께 근무하면서 더 좋은 효과를 내는 일에 대해 다각도로 생각하면서 마침내 HR 파트너(HR Partners)를 설립하였다.

1999년, 조지는 코치웍스(CoachWorks)와 제휴를 하고 그의 비즈니스를 두 부문으로 나누었다. 그런 후 개별 회사에 대한 맞춤 교육 설계 서비스 및 인적 자원 개발 워크숍 업무에 전념했다. 그 밖에도 혁신적 리더, 변화와 응전, 21세기를 위한 팀 구축, 교사-리더-코치로서의 매니저, 효과적인 자기 개발 등의 주제에 관해 세미나를 개최하고 강연을 했다.

사람들이 기꺼이 따르고자 하는 리더십을 개발하고 강의하는 데 주력했던 그는 현재 부인 바비(Bobbi)와 텍사스주 코펠(Coppell)에 거주하고 있다. 조지, 바비 부부는 21살의 쌍둥이인 존과 케이트의 자랑스러운 부모다. 그의 이메일 주소는 george@coachworks.com이다.

부록

- 댄 우드워드의 리더십 평가
- TD 인더스트리의 일 대 일 면담카드
- 진정한 리더가 이끄는 회사에 대한 정보

댄 우드워드의 리더십 평가

리더십의 속성 |

강한 개인적 신념을 가진다(Strong Personal Convictions) 리더들은 그들의 삶을 영위하기 위한 핵심적인 믿음과 가치관, 그리고 조직의 성공을 위해 필수적이라 생각하는 이슈에 대해 강한 신념을 보인다.

비전이 있다(Visionary) 리더는 미래의 추세를 감지하는 데 잘 발달된 감각을 지니고 있다. 또한 그들은 미래를 위한 비전을 만들기 위해 열심히 노력하며, 그에 대한 책임감을 가지고 있다.

감정적 연결이 있다(Emotional Bond) 성공적인 리더는 팀 상호간에, 그리고 팀원들 간에 신뢰를 통한 감정적 연결을 가지고 있다.

고무적이다(Inspirational) 고무적인 리더는 팀 상호간에, 그리고 팀원들 간에 신뢰를 통한 감정적 연결을 가지고 있다.

팀 지향적이다(Team Oriented) 리더는 잘 짜인 팀이 개별 개인들의 단순한 집합보다 더 큰 힘을 낸다는 사실을 알고 있다.

위험을 감수하고 모험한다(Risk Taker) 리더는, 무엇인가를 얻기 위해서는 그만한 크기의 위험을 감수해야 한다는 사실을 잘 이해한다.

최고를 위해 노력한다(Drive to Excel) 리더는 그들 자신과 그들의 팀, 그리고 회사를 발전시키기 위해 끊임없이 노력한다.

리더의 행동

(O:언제나 그렇다, M:거의 그렇다, B:관심을 가지고 있다)

강한 개인적 신념을 가진다	평 가
행동과 태도의 일관성이 있어 다른 사람의 존경을 받는다.	_______
언제나 열중하며 약속을 지킨다.	_______
좋은 본보기를 세움으로써 리드한다.	_______

어떤 상황에서든지 정직이라는 가치를 실천한다. _______

회사의 가치관을 열심히 실천한다. _______

직장 내의 공정함에 대해 중요하게 생각한다. _______

개인적 가치관에 신념을 가지고 리더십을 몸소 실천하여

타의 모범이 된다. _______

비전이 있다   평 가

복잡한 문제를 해결하기 위해 혁신적인 생각을 한다. _______

비즈니스와 인간관계 사이에서 적절한 균형을 유지한다. _______

회사에 도움이 되는 정보를 지속적으로 탐색하고 공부한다.

____

생산적인 토론과 토의를 장려한다. _______

지속적으로 발전적인 혁신을 이끌어 현재 상태를 역동적이고

건설적으로 변화하려 노력한다. _______

회사의 사업 영역을 확장하는 데 유망한 기회를 탐색한다.

______

지적이며 비전에 가득 찬 리더십을 몸소 실천하여 모범이 된다.

______

감정적 연결이 있다	평 가

인간관계에 성실하고 인내심이 있다. ______

다른 사람과 의견 및 관점에 대해 즐겨 토론한다. ______

개인의 인간적 성숙에 대해 독자적인 의견이 있다. ______

긍정적이고 진취적인 전망과 태도를 가지고 있다. ______

개인적 성공을 앞세워 상황을 조작하지 않는다. ______

상호 존중에 바탕을 둔 인간관계를 쌓는다. ______

감정적 성숙을 통한 좋은 인간관계에 모범이 된다. ______

고무적이다	평 가

사람들이 최선의 능력을 발휘하도록 고무한다. ______

조직에 긍정적인 흥분이 형성되게 하는 능력이 있다 ______

건설적인 피드백에 바탕을 두고 행동한다. ______

사람들이 자신의 일에 최선을 다하도록 고무한다. ______

기존보다 향상된 업무 수행에 대해 칭찬 및 보상을 충분히 한다.

______

다른 사람에게 동기 부여를 위해 적절한 의사소통 기술을 사용한다.

______

고무적인 리더의 이상적 모델로서 모범이 된다. ______

팀 지향적이다	평 가

팀의 노력에 따라 얻어진 성공을 공개적으로 보상한다.

______

다양한 기술과 스타일을 가진 팀들이 힘을 합쳐 최상의 성과를 얻
도록 돕는다. ___________

권한을 위임하는 것과 지키는 것 사이의 적절한 균형을 유지한다.

____

그룹 사이의 생산적 협동을 장려한다. ___________

팀 멤버 사이에서 상호 존중의 감정을 장려하도록 노력한다.

____

팀의 다양성을 매우 중요시한다. ___________

훌륭한 리더십 기술을 통한 팀워크 장려에 모범이 된다. ___________

위험을 감수하고 모험을 한다	평 가

상황이 어려울 때 용기와 끈기를 가지고 대처한다. ___________

매우 어려운 환경 속에서도 건강한 의사 결정을 내릴 만큼 자신감
이 있다. ___________

위험을 감수하다가 발생하는 부정적인 결과를 기꺼이 받아들인다.
____

정당하지만 인기가 없는 의사 결정에 대해 공정하게 지지하는 자신
감이 있다.
____

새로운 발상, 접근 및 방법이 있을 경우 위험을 무릅쓰고 기꺼이 시
도한다.
____

새로운 아이디어를 시도하는 일에 열성적이며 다른 사람에게도 장
려한다.
____

자신감으로 무장한 채 건설적인 모험을 하는 리더십의 모범이 된다.
____

최고를 위해 노력한다	평 가

스트레스가 심한 환경에서도 최선을 다한다.
____

미래에 발생하는 도전을 기쁘게 받아들인다.
____

업무 수행에 기준 이상의 능력을 발휘하기 위해 최선을 다한다.
____

조직 내 정보를 정확하고 빠르게 순환하기 위해 노력한다.

주어진 프로젝트에서 기대 이상의 결과를 얻도록 장려한다.

열정적이면서도 잘 짜인 페이스로 업무에 임한다.

최고를 향한 목적의식이 충만한 리더십의 모범이 된다.

TD 인더스트리의
일 대 일 면담 카드

TO ________________

귀하의 일 대 일 미팅 일정은 아래와 같습니다.

____

일 대 일 미팅은 귀하와 귀하의 직속상관 간에 허심탄회한 대화를 돕기 위한 것입니다.

해마다 귀하와 귀하의 직속상관은 편리한 시간을 택하여 대화시간을 가져야 합니다. 대화는 귀하 사무실 및 기타 근무지역에서 자유롭게 이루어질 수 있습니다. 다만 허심탄회한 대화를 위해서 개인적 비밀이 보장되는 공간이어야만 합니다.

우리는 이 대화시간을 통해서 귀하와 귀하의 직속상관 사이에서 서로의 일에 대해 좀 더 이해를 할 수 있기 바라며, 또한 귀하의 직무가 우리 회사에서 어떤 비중을 차지하는지를 이해하게 되기를 바랍니다.

TD 인더스트리의 관리자가 임직원과 일 대 일로 면담을 나눌 때, 임직원과 관리자는 모두 이 카드를 작성하여 대화를 효율적으로 이끈다.

귀하는 귀하의 상관에게 다음과 같은 질문을 하십시오.

1_   저의 직속상관으로서 저의 장점은 무엇이라고 생각하십니까?

2_   저의 직속상관으로서 저의 개선점은 무엇이라고 생각하십니까?

3_   좀 더 훌륭한 팀원이 되기 위해 제가 할 수 있는 것은 무엇입니까?

직속상관은 다음과 같은 질문을 할 것입니다.

1_   저 또는 우리 회사에서 귀하의 직무에 도움을 준 것은 어떤 것이 있습니까?

2_   저 또는 우리 회사가 귀하의 직무 수행에 방해가 되었다면 어떤 부분 때문입니까?

3_   귀하의 더 나은 직무 수행을 위해 제가 무엇을 도울 수 있습니까?

진정한 리더가 이끄는
회사에 대한 정보

아메리칸 이탈리안 파스타(American Italian Pasta Co.)

팀 웹스터(Tim Webster), CEO

본사는 미저리주의 캔사스 시티에 있다. 미국 내 최대 파스타 생산 및 판매 업체이며 생산 및 유통 시설은 미저리주의 엑셀시오 스프링(Excelsior Springs), 사우스 캐롤라이나주의 컬럼비아(Columbia), 위스콘신주의 케노샤(Kenosha) 및 이탈리아의 벨로라누바(Verolanuova)에 있다. 총 직원 수는 550명이다.

→ www.aipc.com

AppGenesys Inc

브루스 심슨(Bruce Simpson), CEO

본사는 캘리포니아주의 산호세에 있다. 웹 어플리케이션의 인프라스트럭처 관리를 주 업무로 하는 회사이며, 구축, 평가, 튜닝, 설치, 모니터링 및 스케일링 서비스를 제공한다.

→ www.appgenesys.com

BHE 인바이런먼털(BHE Environmental, Inc.)

존 브룩(John Bruck), 회장 겸 사장

본사는 오하이오 주의 신시내티에 있으며, 오하이오, 텍사스, 테네시, 미저리, 펜실베이니아에 지사가, 캘리포니아에 필드 오피스가 있다. 개인 소유 회사이며 산업, 상업, 정부를 주 고객으로 환경 개선과 관련된 모든 서비스를 제공한다.

→ www.bheenv.com

샤또 커뮤니티(Chateau Communities)

개리 맥다니엘(Gary McDaniel, CEO)

본사는 콜로라도주의 그린우드 빌리지(Greenwood Village)에 있으며, 34개 주에 사무실이 있다. 미국 내 최대의 개인 소유 부동산 투자 관리 전문 회사다. 전문 분야는 장기 대여, 관리, 취득 및 주택가 개발 등이다.

→ www.chateaucomm.com

컨테이너 스토어(The Container Store)

개릿 분(Garret Boone), 회장 겸 공동 창업자
킵 틴델(Kip Tindell) 회장 겸 CEO 겸 공동 창업자.

본사는 텍사스주 댈러스에 있다. '뛰어난 성능의 보관함 및 정리 도구를 제공함으로써 그들의 삶을 더 깨끗하고 단순하게 하도록 한다' 가 회사 기치다. 미국 내에 약 2000명의 임직원이 있다.

→ www.containerstore.com

딜로이트 & 터슈(Deloitte & Touche)

제임스 코프랜드 주니어(James Copeland. Jr), CEO

미국 내 100개 이상의 도시에 사무실이 있다. 세무 및 회계에 관련된 컨설팅 전문 업체다. 미국 내 30000명 이상의 임직원이 있다.

→ www.us.deloitte.com

엔헤런트(Enherent Corp)

댄 우드워드(Dan Woodward), 회장 겸 CEO

텍사스주의 댈러스에 본사가 있으며 커네티컷(Connecticut), 뉴욕, 바바도스 등에 지사가 있다. IT 아키텍처의 설계, 구축 및 기술 지원에서 엔헤런트는 뛰어난 솔루션을 보유하며 고객에게 지속적인 서비스를 제공한다. 엔헤런트는 포춘 선정 1000대 기업에서부터 신생 닷컴 기업에 이르기까지 여러 회사의 E-Business에 대한 뛰어난 솔루션을 가지고 있다. 그들의 클라이언트로는 보험, 캐피털, 은행 등 금융권 주요 회사 및 제약 회사, 병원, 첨단 기술 회사 및 여행사 등이 있다.

→ www.enherent.com

어윙 매리언 카우프만 재단(Ewing Marion Kauffman Foundation)

루 스미스(Lou Smith), 사장 겸 CEO

미저리주의 캔사스 시티에 있다. 자신에 대하여 만족하는 사람들의 건강한 사회를 위해 노력하는 개인 재단이다. 카우프만 기업가 센터를 통해 젊은이들의 기업가 정신 계발 및 활동을 위해 노력하고 있다.

→ www.emkf.org

피드백 플러스(Feedback Plus, Inc)

비키 헨리(Vicki Henry), CEO

본사는 텍사스주 댈러스에 있다. 개인 소유의 마케팅 조사 회사이며, 클라이언트에게 임직원과 고객 간 상호 작용에 관한 개별화된 조사 프로그램을 제공한다. 수십만 명의 소비자에 관한 데이터베이스를 보유하고 있다.
➡ www.gofeedback.com

퍼스트 텍사스 밴코프(First Texas Bancorp, Inc)

개리 넬론(Gary Nelon), 회장 겸 CEO

본사는 텍사스주의 킬린(Kileen)에 있다. 카퍼라스 코브(Copperas Cove), 라운드 록(Round Rock), 조지타운(Georgetown) 및 벨튼(Belton)에 사무실이 있다. 금융, 부동산, 입출금 서비스, 현금 관리 및 ACH 프로세스 등 은행 업무 전반을 취급한다.
➡ www.firsttexasbank.com

감사원(General Accounting Office)

데이빗 워커(David Walker), 감사원장(Comptroller General)

워싱턴 D.C.에 본사가 있으며 국내에 여러 지사가 있다. 의회 연구 업무의 중요 부분을 수행하는 감사원은 의회의 입헌 상 책임을 지원하며, 미합중국 정부의 회계 업무를 향상케 하기 위해 존재한다. 그 밖에 공적 자금의 사용을 감독하며 연방 정부 활동에 대해 분석, 조사하여 적절한 충고를 한다. 또한 의회의 자금과 관련된 여러 가지 활동을 효율적으로 하도록 직간접으로 지원한다. 이런 맥락에서, 감사원은 재정 감사, 프로그램 리뷰, 평가, 분석, 조사 및 기타 서비스를 통해 연방 정부가 더 효율적이고 효과적인 활동을 할 수 있도록 해준다. 감사원은 기본적으로 정부의 행정 활동을 의회에, 미국 정부의 활동을 국민에게 납득케 하기 위한 활동을 한다.

→ www.gao.gov

홀마크 카드(Hallmark Cards Inc)

어브 하커데이(Irv Hockaday) 회장 겸 CEO

본사는 미저리주의 캔사스 시티에 있으며, 전 세계에 지점이 있다. 엽서, 카드 등의 관련 업종에서 선두를 점하고 있으며, 동시에 엽서 업계에서 소비자 선호도가 가장 높다. "따뜻한 사람에게 마음을 전하고 싶을 때"라는 모토를 내세우고 있다.

→ www.hallmark.com

맨코(Manco, Inc)

잭 칼(Jack Kahl), 창업주

본사는 오하이오주의 아본(Avon)에 있으며, 전국의 공구상에서 제품을 취급하고 있다. 헨켈 그룹(Henkel Group)의 계열사로 가정, 사무실 등에서 필요한 각종 공구 관련 제품을 개발한다.

→ www.manco.com

마스코테크(MascoTech)

프랑크 헤네시(Frank Hennessey), CEO

본사는 미시간주의 테일러(Taylor)에 있다. 산업용 강철 제품을 생산하며, 세계 수준의 주물 처리 능력 및 다양한 특허 상품을 보유하고 있다. 주 고객은 운송 업계 및 기타 산업체다. 60여개 공장에서 매년 17억 달러의 매출을 올리고 있으며, 임직원은 약 9500명이다.(마스코테크는 2000년 후반기에 개인 회사인 하트랜드 인더스트리얼 파트너(Heartland Industrial Partners)에서 인수했다.)

→ www.mascotech.com

맥카시 빌딩 컴퍼니(McCarthy Building Companies, Inc)

마이크 맥카시(Mike McCarthy), 회장

본사는 미저리주의 세인트루이스에 위치. 댈러스, 피닉스, 라스베이거스, 뉴포트 비치, 샌프란시스코, 새크라멘토, 포틀랜드 및 시애틀에 지사가 있다. 미국 내에서 가장 오랜 전통을 가진 거대 규모의 건설회사로 미국 내 10위권, 전 세계 100위권에 랭크된다. 약 2500명의 임직원이 있다.

→ www.mccarthy.com

플란테 & 모란, LLP(Plante & Moran, LLP)

빌 매튜(Bill Matthews), 경영 이사

미시간과 오하이오주에 15개 사무실이 있다. 미국 내 9위의 공인 회계 및 경영 컨설팅 업체이며 회계, 세무, 컨설팅 및 재무 서비스를 수행한다. 주 고객은 정부, 일반 기업, 비영리 조직 및 개인 등이다.

→ www.plante-moran.com

프루덴셜 자산(Prudential Asset Resources)

앤 햄블리(Ann Hambly), 경영 이사

본사는 텍사스주 댈러스에 위치. 상업 부지 융자 업계 리더이며, 고객 필요에 맞는 맞춤 서비스를 제공한다. 대출자와 투자자를 동시에 만족케 하기 위한 고객 지향의 철학을 가지고 있다.

→ www.prudential.com

PVS 케미컬(PVS Chemicals, Inc)

제임스 B. 니콜슨(James B. Nicholson), 사장 겸 CEO

미시간주의 디트로이트에 본사가 있다. 뉴욕, 오하이오, 일리노이, 인디애나, 조지아, 온타리오, 캐나다, 멕시코 및 타이에 지점이 있다. 황산, 유황, 염화철기 반제품, 쓰레기 재활용, 염화수소, 염화알루미늄 및 기타 화학제품을 생산한다.

→ www.pvschemicals.com

라디오 셰크(Radio Shack Corporation)

랜 로버츠(Len Roberts), 회장 겸 CEO

본사는 텍사스주의 포트 워스(Fort Worth)에 있으며 전국에 지사가 있다. 주 업종은 라디오 유통망을 통한 전자제품을 소매 판매. 2000년 12월 31일 현재 미국 전역에 라디오 셰크의 유통 매장은 5109개다. 대략 25000명의 임직원이 있다.

➡ www.radioshackcorporation.com

슬리프 아메리카(Sleep America)

데비 개비(Debbie Gaby), 사장. 랜 개비(Len Gaby), CEO

본사는 애리조나주 피닉스에 있다. 피닉스 및 턱슨과 같은 애리조나의 대도시에 10여개 상점이 있다. 침대용 매트리스를 주로 생산하며 그들의 최종 목표는 "애리조나 주민들에게 매트리스를 편리하고 즐겁게 구매할 수 있도록 하기"다.

➡ www.sleepamerica.com

자유 기업 학회(Students In Free Enterprise)

앨빈 로어(Dr. Alvin Rohrs), CEO

미저리주의 스프링필드에 본부가 있으며 전 세계적으로 조직이 있다. 대학생으로 구성된 전 세계 최고 수준의 자유 기업 관련 조직이다. SIFE는 전 세계 20개국에서 리더십 교육, 지역별 경연 대회 및 취업 박람회를 개최한다. 매년 경연 대회에서는 40만 달러 이상의 상금을 수여한다.

➡ www.sife.org

TD 인더스트리(TD Industries)

잭 로워(Jack Lowe), CEO

본사는 텍사스주 댈러스에 있다. 애틀랜타, 오스틴, 휴스턴, 샌 안토니오 및 워싱턴 DC에 지점이 있다. 기계, 냉장, 전기, 수도, 빌딩 제어 및 에너지 서비스 관련 업계를 리드하고 있으며, 텍사스 및 미국 남서부 지역에서 50년간 서비스를 제공해왔다. 임직원은 약 1400명이다.(현재는 파트너(partners)로 불린다)

→ www.tdindustries.com

테리 뉴 & 컨사인 퍼니싱(Terri's New and Consigned Furnishings)

테리 바워삭(Terri Bowersock), 창업자

본사는 애리조나주의 피닉스에 있으며 애리조나, 조지아, 캘리포니아, 콜로라도 및 네바다에 지사가 있다. 가구 위탁 판매 업종에서 가장 큰 회사이며 고객들에게 중고 가구를 위탁받아 판매하고 있다. 미국 내 17개 지역에 지점이 있다.

→ www.consignanddesign.com

트라이콘 글로벌 레스토랑(Tricon Global Restaurant, Inc)

데이빗 노박(David Novak), 회장 겸 CEO

KFC는 켄터키주의 루이스빌(Louisville)에 본사를 두고 있다. 트라이콘 글로벌 레스토랑은 전 세계 100여 개 국에서 30,400개의 체인점을 운영하고 있다. 그들의 주요 회사로는 켄터키 프라이드치킨(KFC), 피자 헛(Pizza Hut), 타코 벨(Taco Bell) 및 트라이콘 레스토랑 인터내셔널(TRICON Restaurant International)이다. 트라이콘은 그들 자체 철학을 통해 전통적인 식품 및 비

전통적인 식품의 퀵 서비스 레스토랑 업계를 운영하고 발전시키며 프랜차이
즈를 운영한다.

웨이트 와처 인터내셔널(Weight Watchers International, Inc)

린다 후잇(Linda Huett) 사장 겸 CEO

본사는 뉴욕의 우드버리(Woodbury)에 있으며 전 세계적으로 지사가 있다.
체중 조절 관련 업계를 선도하고 있으며, 단체 미팅 및 음식 섭취와 칼로리
계산을 통한 체중 조절 프로그램을 운영하고 있다.

중앙경제평론사
중앙생활사

Joongang Economy Publishing Co./Joongang Life Publishing Co.

중앙경제평론사는 앞서가는 오늘, 보다 나은 내일이라는 신념 아래 설립된 경제·경영 전문 출판사!
성공을 꿈꾸는 직장인, 경영인에게 전문지식과 자기계발의 지혜를 주는 책을 발간하고 있습니다.

트루 리더스
True Leaders

초판 1쇄 발행 | 2003년 3월 5일
초판 2쇄 발행 | 2005년 9월 7일

지은이 | 비테 프라이스·조지 리체스키(Bette Price · George Ritcheske)
편 역 | 김영우(Youngwoo Kim)
펴낸이 | 최점옥(Jeomog Choi)
펴낸곳 | 중앙경제평론사(Joongang Economy Publishing Co.)

대 표 | 김용주
편 집 | 한옥수·최진호
디자인 | 박근영·유문형
마케팅 | 임교택·윤재노
인터넷 | 김회승

잘못된 책은 바꾸어 드립니다.
가격은 표지 뒷면에 있습니다.

ISBN 89-88486-46-3(03320)

등록 | 1991년 4월 10일 제2-1153호 주소 | ㉾100-430 서울시 중구 흥인동 3-4 우일타운 707·708호
전화 | (02)2253-4463(代) 팩스 | (02)2253-7988
홈페이지 | www.japub.co.kr | 이메일 | japub@unitel.co.kr | japub21@empal.com
♣ 중앙경제평론사는 중앙생활사와 자매회사입니다.

▶홈페이지에서 구입하시면 많은 혜택이 있습니다.

국립중앙도서관 출판시도서목록(CIP)

트루 리더스 / 비테 프라이스 ; 조지 리체스키 공저 ; 김영우 편역 -- 서울 : 중앙경제평론사, 2003
    p. ;   cm

원서명: True leaders
ISBN 89-88486-46-3 03320 : ₩12,000

325.21-KDC4
658.4092-DDC21   CIP2003000164